Reinhard Pohanka

Die Römer

W0045549

Reinhard Pohanka

Die Römer

Kultur und Geschichte

marixverlag

Bibliografische Information der Deutschen Nationalbibliothek
Die Deutsche Nationalbibliothek verzeichnet diese Publikation in der
Deutschen Nationalbibliografie; detaillierte bibliografische Daten sind im
Internet über
http://dnb.d-nb.de abrufbar.

Es ist nicht gestattet, Abbildungen und Texte dieses Buches zu scannen,
in PCs oder auf CDs zu speichern oder mit Computern zu verändern oder
einzeln oder zusammen mit anderen Bildvorlagen zu manipulieren, es sei
denn mit schriftlicher Genehmigung des Verlages.

Alle Rechte vorbehalten

2. Auflage 2014

© by marixverlag GmbH, Wiesbaden 2012
Lektorat: Dr. Lenelotte Möller, Speyer
Covergestaltung: Nicole Ehlers, marixverlag GmbH
nach der Gestaltung von Thomas Jarzina, Köln
Bildnachweis: akg-images GmbH, Berlin
Satz und Bearbeitung: C&H Typo Grafik, Miesbach
Gesetzt in der Palatino
Gesamtherstellung:
CPI books GmbH, Ulm
Printed in Germany

ISBN: 978-3-86539-963-2

www.marixverlag.de

INHALTSVERZEICHNIS

EINLEITUNG   9

1. DIE ÄLTESTE GESCHICHTE ITALIENS
(1200–753 V. CHR.)   13

ITALIEN IM 1. JAHRTAUSEND V. CHR.   13
ITALIENS UREINWOHNER   14
DIE EINWANDERUNG DER GRIECHEN   15
DIE ETRUSKER   17
   STÄDTE- UND WOHNBAU DER ETRUSKER   19
   RELIGION   19
   POLITISCHE GESCHICHTE   20

2. DAS ARCHAISCHE ROM (753–510 V. CHR.)   23

DIE GRÜNDUNG ROMS   23
VOM KÖNIGTUM ZUR REPUBLIK   25
DIE SOZIALE ORDNUNG DER KÖNIGSZEIT   27

3. DIE RELIGION ALS GRUNDLAGE DES STAATES   29

DIE GÖTTER   29
DIE PRIESTERSCHAFT   33
KULTSTÄTTEN UND KULTHANDLUNGEN   35

4. DAS ZEITALTER DER STÄNDEKÄMPFE
(509–396 V. CHR.)   37

PATRIZIER UND PLEBEIER   37
DIE INNERE ORGANISATION   39
DIE EROBERUNG LATIUMS DURCH ROM   40
KELTENEINFALL UND LATINERKRIEG   41

5. Die Erringung der römischen Hegemonie in
   Italien (327–265 v. Chr.)   45

   Die Eroberung Mittelitaliens in den Samni-
      tenkriegen (327–304 v. Chr.)   45
   Die Übernahme der Magna Graecia
      (282–264 v. Chr.)   47

6. Die Eroberung des Mittelmeerraumes
   (264–134 v. Chr.)   51

   Die Geschichte Karthagos   51
   Die Kriege gegen Karthago   52
      Die Ursachen   52
      Der erste Punische Krieg (264–241 v. Chr.) . .   53
   Der Zweite Punische Krieg (218–201 v. Chr.) . . .   55
   Die Unterwerfung der hellenistischen
      Staaten (201–146 v. Chr.)   59
   Die Sicherung der römischen Herrschaft in
      Ost und West   62
   Die Innenpolitik Roms von 264 bis 133 v. Chr.   65

7. Kultur und Wirtschaft der römischen
   Republik   69

   Tägliches Leben in Rom   69
   Hausbau und Wohnen   71
   Die Stellung der Frauen   73
   Hochzeit   75
   Kindererziehung   75
   Alter, Tod und Begräbnis   78
   Das Los der Sklaven   79
   Landwirtschaft und Handel   83
   Münzwesen   85
   Das römische Recht   85
   Lateinische Sprache und Literatur   89

8. Von der Republik zum Prinzipat
   (133–31. v. Chr.)   95

   Die innere Krise Roms zur Zeit der Gracchen   95
   Gaius Marius   99

KIMBERN UND TEUTONEN (113–101 V. CHR.) 101
DER BUNDESGENOSSENKRIEG (91–88 V. CHR.) 103
DER ERSTE MITHRIDATISCHE KRIEG
   (89–84 V. CHR.) 103
LUCIUS CORNELIUS SULLA 104
GNAEUS POMPEIUS MAGNUS 106
DAS ERSTE TRIUMVIRAT (60 V. CHR.) 107
DER GALLISCHE KRIEG (58–50 V. CHR.) 108
GAIUS IULIUS CAESAR 111
OCTAVIAN UND MARCUS ANTONIUS 114

9. DIE RÖMISCHE KULTUR BIS ZUM BEGINN DER
   KAISERZEIT 117

DAS HEERWESEN 117
STRASSENBAU 121
WASSERVERSORGUNG 122
KLEIDUNG 124
ERNÄHRUNG 126
ZEITRECHNUNG 128
MASSE 129
GESCHICHTSSCHREIBUNG 129
REDNER UND PHILOSOPHEN 131

10. VON AUGUSTUS ZU DEN FLAVISCHEN KAISERN
   (31. V. CHR. – 96 N. CHR.) 135

AUGUSTUS (63 V. CHR. – 14 N. CHR., KAISER AB
   27 V. CHR.) 135
DIE KULTUR DES AUGUSTEISCHEN ZEITALTERS 137
   DICHTUNG.............................. 138
DAS IULISCH-CLAUDISCHE KAISERHAUS 140
DIE FLAVIER (69–96 N. CHR.) 144
DIE ANFÄNGE DES CHRISTENTUMS 147
DIE DICHTUNG DES FLAVISCHEN ZEITALTERS 149
BROT UND SPIELE 151

11. DIE ZEIT DER ADOPTIVKAISER (96–192 N. CHR.) .. 155

DIE FÜNF „GUTEN KAISER" 156
COMMODUS 163

Regierung und Volk zur Zeit der Adoptiv-
kaiser 164
Religion und orientalische Kulte 166
Literatur 170
Musik 172
Philosophie und Wissenschaft 173

12. Die Zeit der Soldatenkaiser (193–285 n. Chr.) 175

Die Wirtschaftskrise des 3. Jahrhunderts 179

13. Letztes Aufbäumen der römischen Herrschaft (286–395 n. Chr.) 181

Das Reich im 4. Jahrhundert 184
Die barbarische Bedrohung 186
Das gotische Problem 376–396 n. Chr. 189
Das spätantike Heer 190
Gallien und Italien 192

14. Die Reichsspaltung und das Ende des weströmischen Reiches (395–476 n. Chr.) 195

Das Christentum in der Spätantike 202
Die Literatur 204
Der Untergang des Weströmischen Reiches
(457–476 n. Chr.) 205

15. Die Ursachen des Untergangs des Weströmischen Reiches 211

Das römische Erbe 213

Anhang 217

Zeittafel 217
Literaturauswahl 223

Einleitung

War es die Gier nach Reichtum, war es eine Ideologie oder waren es religiöse Gründe, welche die Römer dazu brachten, ein antikes Weltreich zu errichten? Wahrscheinlich war es keines davon, es war wohl der Ruhm, nachdem die Konsuln, die Ritter und der Senat, die Generäle und Heermeister strebten, es war die Suche nach der Vergöttlichung, welche die römischen Kaiser dazu bewog. Kein anderes Volk im Altertum ist so dem Diesseitigen verpflichtet gewesen wie die Römer, keines der anderen antiken Völker brachte denselben Pragmatismus auf wie die Bewohner der Siebenhügelstadt, der sie befähigte, ohne jedwede Ideologie zu handeln und wenn es ihnen angebracht schien, auch grausam zu sein und ganze Völker in die Sklaverei zu verkaufen. Es gibt wenig, was die Römer selbst erfunden haben, den Kalender mit den 365 Tagen übernahmen sie von den Ägyptern, die Baukunst bis hin zur Ingenieursleistung des Wasserleitungsbaues von den Griechen, von denen sie auch die Kunst, Literatur und Philosophie importierten, und von den Karthagern lernten sie den Schiffbau. Nur die Schaffung dessen, was ihnen die Beherrschung dieser Dinge garantierte, die Organisation des Staates und der Befehl über eine der mächtigsten Armeen aller Zeiten, waren ihre ureigenste Schöpfung.

Die Römer waren die Meister der Kriegskunst, die zwar immer wieder Schlachten verloren, ihre Kriege aber die längste Zeit gewonnen haben. Allerdings beließen sie es nicht allein bei der Eroberung und Ausbeutung von Provinzen, sie brachten den eroberten Ländern auch ihre Kultur mit, ihre Sprache, ihre Straßen, Thermen, Brücken und Aquädukte. Sie gründeten Städte rund um das Mittelmeer und erschlossen öde Landstriche mit ihren hier angesiedelten Veteranen. Sie brachten das „Feuer der Zivilisation" oder das, was sie darunter verstanden, den Barbaren jenseits ihrer Grenzen. Ihr Verdienst ist die Schaffung einer einheitlichen Kultur, die den gesamten Mittelmeerraum und ein Viertel der damals existierenden Menschheit umfasste.

Aber sie brachten nicht nur den sichtbaren Ausdruck ihrer Zivilisation mit, wichtiger waren ihre unsichtbaren Monumente, Recht und Politik. In ihrem Imperium galt das Recht für alle freien Menschen und es war geschriebenes Recht, auf das man vertrauen konnte. Auch für die Sklaven wurden Rechte geschaffen um ihr Los zu erleichtern, wenngleich sich das Römische Reich, auch unter dem Einfluss des Christentums, niemals von dieser Institution befreien konnte. In ihrer Politik nach außen waren die Römer großzügig, unterworfene Völker konnten ihre Eigenheiten, ihre Könige und Teile ihrer alten Macht behalten, wenn sie sich Rom unterordneten. Die Römer waren tolerant, Religion war, mit zeitweiser Ausnahme des Christentums, in jeder Form erlaubt, solange man dem Staatskult ein Opfer brachte.

Jedes Weltreich hat einen Anfang. Rom entstand der Sage nach durch einen Brudermord, als Romulus den Remus erschlug und sich mit wenigen Getreuen in einer sumpfigen Ebene zwischen sieben Hügeln ansiedelte. Von hier ging der Weg hinaus, die Königsherrschaft wurde abgeschüttelt, die Republik überzog Italien so lange mit Krieg, bis es unter der alleinigen Herrschaft Roms stand. Dann griff man über die Grenzen der Halbinsel hinaus, man besiegte den Handelskonkurrenten Karthago und brachte Griechenland und Kleinasien unter Kontrolle, Caesar eroberte Gallien, und Octavian schloss Ägypten an das Reich an. Unter Kaiser Traian reichte das römische Imperium vom Persischen Golf bis nach Schottland, vom Karpatenbogen bis an den Rand der Sahara. Wohin der römische Legionär auch kam, brachte er die römische Zivilisation mit und ab dem 1. Jahrhundert n. Chr. hatten die Römer ein Reich errichtet, indem dasselbe Gesetz, dieselben Maße und dieselbe Währung galten wie anderswo. Vierhundert Jahre hielt dieses Staatswesen unter guten und schlechten Kaisern zusammen, aber stets so in sich gefügt, dass es auch Katastrophen hinnehmen und überleben konnte. Sein Ende fand das Reich nicht allein durch die Barbaren der Völkerwanderung, innere Streitigkeiten über einen Zeitraum von 100

Jahren brachten es zu Boden, es wurde nicht ermordet, es verdämmerte langsam.

Die eigentliche Leistung der Römer war die Befreiung Europas und der Mittelmeerwelt von ihrer Kleinräumigkeit. Der Mittelmeerraum und die nördlich daran anschließenden Länder waren einst fragmentiert in viele kleine Kulturräume. Erst das Imperium Romanum gab diesen Gebieten ein Recht, eine Kultur und eine Geschichte, ohne Rom wäre Europa zu einem zersplitterten Territorium geworden, das niemals die Kraft gehabt hätte, die Weltgeschichte für fast zwei Jahrtausende zu dominieren. Die Römer sind die Gründerväter unserer Staatsform und unserer Lebensart geworden, den selbst als Westrom 476 n. Chr. unterging, eiferten die Nachfolgestaaten dem Gedanken des Imperiums nach und der deutsche König Otto III. sah sich mit einer Erneuerung des Römischen Reiches und nach seiner Krönung in Rom wieder als legitimer römischer Kaiser, wie viele andere Herrscher vor und nach ihm.

Mit der Wirkung, die Rom auf die Welt hatte, ist römische Geschichte Universalgeschichte, es gibt kein Verständnis der heutigen Geschichte, ohne dass man den Lauf der Zeiten unter den Römern verfolgt.

1. Die älteste Geschichte Italiens (1200–753 v. Chr.)

Italien im 1. Jahrtausend v. Chr.

In geographischer Hinsicht umfasste der Begriff Italien bei den Römern nur einen Teil der Halbinsel, beginnend im Norden mit einer Linie, die etwa von Rimini nach Pisa verläuft. Die Poebene wurde erst in der Kaiserzeit zu Italien gerechnet, Inseln wie Sizilien und Sardinien gehörten in römischer Zeit nicht zu Italien.

Der Name Italien dürfte auf einen süditalischen Stamm zurückgehen, der sich die „Jungstierleute" (*Itali*, von *vitulus* – das Rind) nannte. Gebräuchlich wurde der Name durch die ab dem 8. Jahrhundert v. Chr. einwandernden Griechen in Süditalien, die als erste mit diesem Stamm in Berührung kamen. Danach übernahmen die anderen Bewohner der Halbinsel diese Bezeichnung.

Es ist typisch für Italien, dass die Halbinsel ein geographisch stark gegliedertes Gebiet ist. Es gibt große zusammenhängende Landstriche wie die latinische, die kampanische, die südostitalienische und die apulische Ebene, die durch Flüsse wie Po und Tiber, *Volturno* und *Aufidus* (Ofanto) unterteilt werden. In Nord-Süd-Richtung verläuft das Gebirge des Apennin, der in seinem Verlauf mehrere kleine Ebenen freilässt. Dazu kommt wie in der Toskana, dem alten Etrurien, ein starker Wechsel von Hügelland und kleinen Ebenen.

Die Topographie Italiens präsentierte sich in der Antike anders als heute. Weite Teile des Landes, besonders in Süditalien und Sizilien, waren dicht bewaldet und in Kalabrien erstreckte sich bis zum Golf von Tarent der riesige, fast undurchdringliche Sila-Wald, der zur Holz-, Pech- und Honiggewinnung genutzt wurde. Erst die Verwendung der Wälder zur Gewinnung von Holzkohle und zum Schiffbau sowie die Ziegenwirtschaft haben bis zum Beginn der Kaiserzeit einen starken Rückgang in der Bewaldung Italiens gebracht.

Auch die Küstenlinie hat zahlreiche Veränderungen erfahren. Flüsse wie Po, Arno und Tiber haben in Deltas das Land gegenüber dem Meer vorgeschoben, ein Ansteigen des Meeresspiegels hat wie etwa in *Puteoli* (Pozzuoli) antike Siedlungen unter Wasser gesetzt.

Italiens Ureinwohner

Betrachtet man die ethnische Zusammensetzung Italiens zur Zeit der frühen Republik um 300 v. Chr. so wird deutlich, dass das Land von zahlreichen Stämmen besetzt war, von denen ein Teil zur Urbevölkerung, ein anderer zu späteren Einwanderern gerechnet werden muss[1].

In der Poebene siedelten zu dieser Zeit keltische, daran nach Süden anschließend italische Stämme, die sich in die zur Gruppe der nördlich siedelnden Umbro-Sabeller (Umbrer, Sabiner, Äquer und Marser) und in die südlich siedelnden Osker (Samniten) zusammenfassen lassen. Im westlichen Mittelitalien und am unteren Tiber siedelte die mit den Italikern verwandte Gruppe der Latino-Falisker und in den Tiefebenen des Nord- und Südostens die Veneter in der später nach ihnen benannten Landschaft Venetien. In den apulischen Ebenen lebten mit den Illyrern verwandte Stämme wie die Daunier, Peuketier, Messapier und Salentiner. In der Toskana siedelten die Etrusker, die, anders als die anderen Stämme, die Ackerbaugemeinschaften waren und in Dörfern lebten, eine Stadtkultur aufgebaut hatten. Nördlich von Genua saßen die Ligurer, die zur Urbevölkerung zählten wie auch die in Sizilien beheimateten Sikaner. Unteritalien war das Land der Griechen, die hier seit dem 8. Jahrhundert v. Chr. ansässig waren und ihre heimatliche Siedlungsform der Stadtkultur (*polis*) mitgebracht hatten.

Wie die Einwanderung der Stämme nach Italien vor sich gegangen ist und welche Völker zur Urbevölkerung zu rechnen sind, ist nach wie vor Gegenstand der Forschung.

---

[1] Gianna G. Buti / Giacomo Devoto, Preistoria e storia delle regioni d'Italia, Sansoni Università, 1974.

Zu den vorindogermanischen Urbewohnern scheinen die Ligurer gezählt zu haben, denen in der Bronzezeit auch die Pfahlbaukulturen an den oberitalienischen Seen zuzurechnen sind. Die in der Emilia nördlich des Apennin anzusetzende Terramare-Kultur gehörte vermutlich zu einer ersten von 1600–1200 v. Chr. andauernden indogermanischen Wanderungsbewegung, die eine historische Parallele im zeitgleichen indogermanischen Einwanderungsschub in Griechenland findet. Um die Jahrtausendwende scheint eine neue Wanderungsbewegung die Italiker, die ebenfalls zu den Indogermanen zu rechnen sind, in mehreren Wellen ins Land gebracht zu haben. Zu ihnen gehörten die Latino-Falisker, die im Umland des späteren Rom siedelten, sowie die zahlreichen italischen Stämme, welche die Halbinsel besiedelten, dazu kamen illyrische Stämme im Norden und Südosten, die etwa im 9. Jahrhundert v. Chr. eingewandert sein dürften. Diese teilten sich in Venetier und Messapier, die sich in Apulien und Kalabrien ausbreiteten.

Eine Sonderstellung unter den Einwanderern nach Italien nehmen Etrusker und Griechen ein, die seit dem 8. Jahrhundert v. Chr. auf der Halbinsel nachweisbar sind. Besonders die Frage der Herkunft der Etrusker ist seit langer Zeit Gegenstand der Forschung. Der früher vorherrschenden Meinung, sie seien Einwanderer aus Kleinasien gewesen, steht heute die Theorie einer autochthonen Herkunft gegenüber, wobei diese Frage von der Interpretation der Villanova-Kultur in der Toskana, in der Emilia und am Tiber abhängt, die entweder für die Etrusker oder für die Italiker beansprucht wird.

Die letzten vorgeschichtlichen Einwanderer in Italien waren die aus Mitteleuropa stammenden Kelten, die vom 5. bis zum 3. Jahrhundert v. Chr. die Poebene besetzten.

DIE EINWANDERUNG DER GRIECHEN

Eines der wesentlichen Bevölkerungselemente der italischen Halbinsel waren die Griechen, die in Unteritalien ab dem 8. Jahrhundert v. Chr. einwanderten. Sie kamen als Kolonisten, da die Überbevölkerung des Mutterlandes und dessen wirtschaftliche Probleme sie zur Auswanderung zwangen. Die ersten Kolonien entstanden an der Westküste Italiens, *Kyme* (*Cumae*) in Kampanien scheint als älteste griechische Siedlung um 750 v. Chr. gegründet worden zu sein. Von dort zog sich bald eine Kette griechischer Stadtstaaten südwärts um die Spitze Italiens bis zum Golf von Tarent, wobei sich die Griechen an jenen Orten ansiedelten, die ihnen zur Beherrschung des Seehandels mit Griechenland und Kleinasien günstig erschienen, wenngleich die ersten Siedlungen als Ackerbaukolonien angelegt wurden und der Handel als Einnahmequelle erst später dazukam. An der Kolonisationsbewegung beteiligten sich alle griechischen Stämme des Mutterlandes, die, nachdem die Ufer des Festlandes südlich des Flusses *Volturno* fest in griechischer Hand waren, auch auf Sizilien übergriffen. Die älteste griechische Siedlung hier war *Naxos*, gegründet 741 v. Chr. von den Ioniern von Chalkis auf Euböa, die auch *Katane* (Catania) und *Leontinoi* (Lentini) besiedelten. Eine zweite Siedlungswelle ging von den griechischen Dorern aus, das mächtige Korinth gründete 735 v. Chr. *Syrakus*, das zu einer der bedeutendsten Griechenstädte Italiens wurde. Weitere große Städte wie *Selinunt* (629 v. Chr.) *Segesta* und *Akragas* (Agrigento), gegründet 582 v. Chr., *Messene* (Messina), *Rhegion* (Reggio di Calabria) *Kroton, Sybaris* und *Taras* (Taranto) umfassten eine städtische Kultur, die auf Ackerbau und Handel basierte und die so bedeutend war, dass sie unter dem Begriff Großgriechenland (*Magna Graecia*) zusammengefasst wurde.

Als mächtigster Konkurrent der griechischen Städte entstand ab dem 6. Jahrhundert v. Chr. das karthagische Reich[2], welches das westliche Sizilien mit dem Hauptort *Lilybaeum* (Marsala) in seinen Besitz brachte und für lange Zeit auch behaupten konnte. Damit und mit dem Zusammenschluss der Etrusker war auch dem Expansionsdrang der Griechen in der *Magna Graecia* ein Ende gesetzt; man begann die errungenen Positionen auszubauen und zu verteidigen. Die Griechen hatten sich vor allem an den Küsten angesiedelt, eine Einflussnahme auf das Landesin-

---

[2] Maria Eugenia Aubet, The Phoenicians and the West: Politics, colonies and trade, Cambridge 1987.

nere fand nur in geringem Maße statt. Die Siedlungsform der Polis machte den Zusammenschluss der griechischen Kolonien zu größeren politischen Gebilden unmöglich, auch die Versuche von Syrakus unter Dionysius I. (405–367 v. Chr.) ein größeres zusammenhängendes Territorium in Italien zu errichten, fanden keinen Erfolg.

DIE ETRUSKER

Rom gilt als eine Gründung der Etrusker[3], jenes geheimnisvollen Volkes, welches das Gebiet zwischen Arno und Tiber bewohnte. Die Etrusker lebten in Städten, und hier entwickelte sich auch ihre politische Kultur. Diese unterschied sie wesentlich von den anderen Völkern der italischen Halbinsel und verband sie mehr mit den in Süditalien siedelnden Griechen. Ihr antiker Name war *Tyrrhener*, die Römer nannten sie *Tusci* (danach die Toscana) und ihr Siedlungsgebiet *Etruria*, sie selbst nannten sich die *Rasenna*[4].

Die Herkunft der Etrusker liegt nach wie vor im Dunkeln, die Theorien darüber reichen von einer Einwanderung aus Kleinasien bis zur autochthonen Entstehung in Italien. Die Mehrzahl der Wissenschaftler neigt heute zur Ansicht, sie seien ein autochthones Volk gewesen, dem ein Substrat an äußeren Einflüssen übergestülpt wurde, eventuell als eingewanderte Oberschicht, welche die Macht übernahm und diese in Form eines Königtums in den Städten ausübte. Die Könige hätten dann aus dem einheimischen und dem mitgebrachten eine eigenständige etruskische Kultur geformt, die sich von derjenigen der Nachbarn unterschied. Deutlich wird dabei, dass die Kultur der Etrusker stark von ihren südlichen Nachbarn, den Griechen, abhängig war. Zahlreiche Importe von griechischer Kunst wie Vasen oder Bronzearbeiten lassen sich durch Funde aus etruskischen Gräbern belegen, die Etrusker haben nach griechischem Vorbild aber auch zahlreiche Kunstwerke und Gegenstän-

---

[3] Bernard Andreae / Heinz Spielmann (Hrsg.), Die Etrusker. München 2004, Ausstellungskatalog.

[4] Dionys von Halikarnassos 1,30,3.

de des täglichen Gebrauchs selbst geschaffen. Das Wissen über die Etrusker stammt aus zahlreichen Grabfunden, wobei die Gräber mit ihrer expressiven Form der Wandmalerei das Leben der Etrusker deutlich vor Augen stehen lassen.

Die Schrift haben die Etrusker von den Griechen vermutlich in *Kyme* übernommen, aber da die Sprache der Etrusker, die in der Struktur vorindogermanisch und mit keiner der anderen italischen Sprachen verwandt war, bis heute nicht genügend erforscht ist und nur wenige schriftliche Dokumente vorliegen, ist die Kenntnis der etruskischen Geschichte begrenzt. Es scheint aber festzustehen, dass es den Etruskern niemals gelungen ist, eine geschlossene politische Einheit zu bilden, sondern jede Stadt stand für sich, und das Leben war von den Rivalitäten der Städte bestimmt. Es gab einen Zwölfstädtebund (bestehend aus *Tarquinii, Caere, Veii, Rusellae, Volsinii, Vetulonia, Clusium, Perusia, Cortona, Arretium, Populonia und Voltaterrae*), der von einem Vorsteher (*praetor Etruriae*) geleitet wurde, diese Organisation scheint aber keine große Rolle im politischen Leben gespielt zu haben. Für die Religion gab es ein Zentrum in einem heiligen Hain der *Voltumna* (*ad fanum Voltumnae*), wo man sich alljährlich zum Frühlingsbeginn zu Zeremonien und Spielen versammelte.

Die Gesellschaft der etruskischen Städte war als Monarchie organisiert, der Stadtherr wurde als *lucumo* bezeichnet, ob man daraus die Zugehörigkeit zur Familie der Lucomonen ableiten kann, ist zweifelhaft. Gegen Ende des 6. Jahrhunderts v. Chr. gab es eine Adelsschicht, welche die Herrschaft in Etrurien an sich gerissen hatte und deren Herrschaftsinsignien Goldkranz, Axt mit Rutenbündel, Amtsdiener, bestimmte Kleidung und der Amtssessel (*sella curulis*) waren. Die einfache Bevölkerung stand nur wenig über dem Status von Sklaven, vermutlich gab es aber zahlreiche soziale Abstufungen, die auch zu Revolten führen konnten. Eine vergleichbare Demokratisierung des Lebens wie in den gleichzeitigen griechischen Stadtstaaten fand nicht statt. Eine besondere Stellung hatte die etruskische Frau, die auch an Spielen und Banketten teilnehmen konnte.

Städte- und Wohnbau der Etrusker

Der Städte- und Wohnbau der Etrusker schuf die Grundlage jener Bauformen, deren sich die Römer später bedienen sollten. Die Anlage der etruskischen Städte folgt stets gleichen Regeln. Man baute auf Hügeln und Bergen und mied, mit Ausnahme von *Polonia*, die Ebenen. Die Städte folgten einem rechteckigen Plan mit zwei sich im Zentrum kreuzenden Straßen. Die Gründung von Städten war ein feierlicher Akt, bei dem mit einem Gespann aus Stier und Kuh eine Furche gezogen wurde, wobei die Furche den Graben und die aufgeworfene Scholle die Mauer repräsentierte. Die Stadtmauern wurde aus gewaltigen Steinblöcken erbaut und haben sich bis heute in Perugia, Volterra und Fiesole erhalten. Eine Besonderheit der etruskischen Architektur ist der Bogenbau, den später die Römer übernahmen und der sie zum Keilsteinbogen und zum Gewölbe führte. Aschenurnen und Grabkammern wurden in Form von etruskischen Häusern gestaltet und lassen Einblicke in die Hausarchitektur zu. Daraus lässt sich schließen, dass die Etrusker schon das quadratische Haus mit einer Dachöffnung (*compluvium*) im Mittelpunkt kannten, unter der das stützenlose Atrium (*tuscanium*) lag, ein Bautyp, der später bei den Römern zur Regel werden sollte.

Die Gräber der Etrusker wurden in Nekropolen angelegt, deren Grabkammern Wohnbauten nachempfunden waren. Die Wandmalereien der Gräber, deren Technik von den Griechen übernommen wurde, geben einen Einblick in das tägliche Leben der gehobenen Klassen.

Religion

Die etruskische Religion scheint eng mit der griechischen verwandt gewesen zu sein. An der Spitze des Pantheons stand eine Götterdreiheit mit *Tinia* (Iupiter), *Uni* (Juno) und *Menvra* (Minerva). Anders als die Griechen hatten die Etrusker aber einen ausgebildeten Jenseitsglauben und stellten sich in der Frühzeit das jenseitige Leben als Spiegelbild des Irdischen vor. Erst in der Zeit des etruskischen Niederganges nahm die Vorstellung von einem düsteren Totenreich, in dem schreckliche Dämonen herrschten, überhand. Stark war der Glaube an die Mantik, das Deuten von Vorzeichen (*disciplina etrusca*) verbreitet. Man versuchte den Willen der Götter aus der Natur herauszulesen wie in der Eingeweideschau (*haruspicina*) bei Tieren, dabei besonders der Leberschau, der Deutung von Blitz und Donner (*ars fulguratoria*), die Auslegung des Vogelfluges (*auspicium*) und vor allem aus der Beobachtung von fressenden Hühnern (*signa ex tripudiis*).

Die Verehrung der Götter und die Deutung von Vorzeichen fanden in einem abgegrenzten Bereich statt, der *templum* genannt wurde. In der Folge wurde der Name auf die Verehrungsbauten, die Tempel, übertragen, die in etruskischer Zeit im Grundriss eine eigenständige Schöpfung, in ihren allgemeinen Bauformen und in der Dekoration aber von den griechischen Vorbildern beeinflusst waren. Im Regelfall war der etruskische Tempel nur zu einer Ansichtsseite hin orientiert, in die eine Vorhalle mit Säulen in mehrfacher Reihung zur dreigeteilten Cella führte. Diese enthielt die tönernen Standbilder der Hauptgottheiten mit Iupiter als Mittelpunkt. Anders als bei den griechischen Tempeln ist der etruskische nicht völlig von Säulen umgeben, erst später begleitete ein Säulenreihe die Seitenfronten, die Rückseite blieb säulenlos. Als bestes bekanntes Beispiel für den etruskischen Tempelbau gilt der von König Tarquinius Superbus am römischen Kapitolshügel errichtete Tempel im tuskischen Stil, der sich auf einem hohen Tuffquaderfundament erhob, zu dem Treppen an der Stirnseite hinaufführten. Die Cella war ein Ziegelbau, Architrav und Dach bestanden aus Holz, das Giebelfeld war mit Terrakottafiguren ausgestaltet.

Politische Geschichte

Im 7. Jahrhundert v. Chr. griffen die Etrusker erstmals über ihr eigentliches Siedlungsgebiet nach Süden aus und gründeten bis zum 5. Jahrhundert v. Chr. zahlreiche Städte, darunter auch *Ruma* (Rom), *Praeneste* (Palestrina) *Tusculium* (Tivoli), *Capua, Nola, Nuceria* (Nocera) *Pompeii und Herculaneum*, ehe sie in ihrem Expansionsdrang von den Griechen und den Oskern gestoppt wurden. Eine ähnliche Expansionsbewegung ließ sie ab dem 6. Jahrhundert v. Chr. auch nach Norden hin ausgreifen, sie erreichten die Poebene, gründeten *Manto* (Mantua) und bauten Hafenstädte im Po-Delta an der Küste der Adria. Alle diese Kolonisationsbewegungen wurden nicht vom Staat gefördert, sondern waren Initiativen einzelner Adeliger und deren Familien.

Besondere Bedeutung hatten die Etrusker als ein Volk von Händlern und Seefahrern. Sie betrieben im westlichen Mittelmeer Handel und besuchten auch die französischen und spanischen Küsten, wo sie mit den Griechen in Konkurrenz traten. 535 v. Chr. schlug eine etruskische Flotte die Griechen vor Korsika, wobei die Etrusker von den Karthagern unterstützt wurden. Ein halbes Jahrhundert später versuchten die Etrusker, die Griechen auch aus Kampanien zu vertreiben, mussten aber in einer Seeschlacht vor *Kyme* 474 v. Chr. eine empfindliche Niederlage einstecken, was in der Folge zum Zusammenbruch der etruskischen Herrschaft in Kampanien und Latium führte.

Am Ende des 5. Jahrhunderts v. Chr. wanderten keltische Stämme in die Poebene ein und vertrieben hier die Etrusker, während sich die etruskischen Städte im Süden bereits mit den aufstrebenden Römern auseinanderzusetzen hatten, die 396 v. Chr. ihren Hauptrivalen *Veii* in einem Vernichtungskrieg besiegten. In der Mitte des 4. Jahrhunderts v. Chr. konnte Rom auch die etruskischen Städte *Caere* und *Tarquinii* einnehmen und ihrem Gebiet anschließen. Im Krieg gegen die Samniten (343–290 v. Chr.) mussten die Etrusker bereits auf Seiten Roms kämpfen, welches die letzte unabhängige etruskische Stadt *Volsinii Veteres* 265 v. Chr. eroberte, zerstörte und als Stadt aufhob, was als das Ende der etruskischen Unabhängigkeit angesehen werden kann.

2. Das archaische Rom (753–510 v. Chr.)

Die Gründung Roms

Die Gründung Roms liegt im sagenhaften Dunkel, nicht zuletzt auch deshalb, da die römische Geschichtsschreibung erst unter dem Einfluss der Griechen im 3. Jahrhundert v. Chr. einsetzte. Der Legende nach ist der mythische Gründungsvater Roms Ascanius, der Sohn des nach der Eroberung Trojas geflüchteten Aeneas, der über Karthago nach Latium kam und der Schwiegersohn des hier herrschenden Königs Latinus wurde. Ascanius gründete die Stadt Alba Longa am Albanerberg, deren 30 Pflanzstädte sich über ganz Latium verteilten und wovon eine Rom war.

Etwa 300 Jahre später herrschte König Numitor in Alba Longa, der von seinem Bruder Amulius vom Thron gestürzt wurde und dessen Tochter Rhea Silvia gezwungen wurde, eine keusche Vestalin zu werden, um so auf Heirat und Nachkommenschaft zu verzichten. Eines Tages floh sie vor einem riesigen Wolf in eine Grotte, dort nahte ihr der Kriegsgott Mars und machte sie wenig später zur Mutter der Zwillinge Romulus und Remus, wofür sie als Vestalin mit dem Tode bestraft wurde. Amulius ließ die Kinder in einer Wanne im Tiber aussetzte, diese wurde am Fuß des Palatinshügels angetrieben, wo eine Wölfin die hilflosen Kinder säugte, bis sie vom Hirten Faustulus gefunden wurden, der sie aufzog. Nachdem sie das Geheimnis ihrer Herkunft erfahren hatten, stießen sie Amulius vom Thron und setzten Numitor wieder als König ein, an der Stelle ihrer Auffindung gründeten sie die Stadt Rom. Bei der Frage, wer hier König sein sollte, zerstritten sich die Brüder, und Remus wurde von Romulus, welcher der erste König von Rom wurde, erschlagen.

Um die neue Siedlung mit Menschen zu füllen, richtete Romulus hier eine Freistätte für Flüchtlinge von allen

Stämmen der Nachbarschaft ein und konnte, da er das Bürgerrecht und Land versprach, Abenteurer und Verbannte anziehen. Um seinen Männern auch Frauen zu verschaffen, ließ er Festspiele abhalten, und währenddessen raubten seine Männer die Frauen des Sabinerstammes. Um diesen Frevel zu rächen, zog der Sabinerkönig Titus Tatius gegen Rom, der Kampf wurde aber von den Frauen, die sich zwischen die Kämpfenden warfen, verhindert. Danach bildeten beide Stämme eine Bürgerschaft unter einem Doppelkönigtum, das nach dem Tode des Sabinerkönigs allein an Romulus fiel. Nach vielen Heldentaten wurde dieser unter Donner und Blitz zu den Göttern entrückt und von den Römern, die sich danach Quiriten benannten, als Gott Quirinus verehrt.

Tatsächlich scheint die Gründung Roms auf das etruskische Geschlecht der *Ruma* oder *Romulier* zurückzugehen, welche die auf den Hügeln des späteren Rom verstreuten Dörfer zu einer städtischen Gemeinschaft zusammenfassten. Eventuell leitet sich der Name Rom auch vom etruskischen Wort *Rumon* für Fluss ab, danach wäre Rom die Stadt am Fluss gewesen. Durch den römischen Gelehrten M. Terentius Varro (116–27 v. Chr.) wurde in späterer Zeit das Gründungsdatum der Stadt für den 21. April 753 v. Chr. errechnet, was aber ein eher willkürliches Datum darstellen dürfte.

Nach den archäologischen Funden gab es bereits im 10. und 9. Jahrhundert v. Chr. auf dem Palatin (*Roma quadrata*) und dem Esquilin früheisenzeitliche Siedlungen, im 8. Jahrhundert v. Chr. wurde auch der Quirinalshügel besiedelt. Grund für die Anlage von Siedlungen an diesem Ort könnte eine Furt über den Tiber gewesen sein, der von hier bis zur Mündung ins Mittelmeer schiffbar war. Etwa ab dem 6. Jahrhundert v. Chr. scheinen sich die verschiedenen Dörfer unter etruskischem Einfluss zu einem städtischen Gemeinwesen zusammengeschlossen zu haben, wobei sich diese These auf manche religiöse Einrichtungen stützt, die in Rom später in doppelter Ausführung bestanden. Vermutlich war es ein unbekannter etruskischer König (*rex*) der die Stadt gründete und zunächst ihre Geschicke lenkte. Mit ihm kam eine etruskische Oberschicht und brachte ihr religiöses und kulturelles Leben in die Stadt. Zahlreiche Bräuche der Römer wie der Goldkranz des Herrschers, seine Purpurtunika, Schnabelschuhe, Rutenbündel, die *sella curulis*, die Liktoren, der Triumph sowie die Vorzeichenschau sind von diesen etruskischen Königen herzuleiten.

Vom Königtum zur Republik

Noch unter Romulus hatte sich die römische Ansiedelung auf dem Palatin durch die Einbeziehung weiterer Hügel, des Germalus, der Velia und des Caelius sowie der drei Erhebungen des Esquilin, Oppius, Cispius und Fatugal, erweitert. Unter dem Doppelkönigtum mit Titus Tatius scheint der Mons Capitolinus als Fluchtburg und Höhenheiligtum befestigt worden zu sein. Der Nachfolger des Romulus, Numa Pompilius, war ein Priesterkönig, der die römische Staatsreligion begründen sollte. In der Zeit des dritten Königs, Tullus Hostilius, kam es zu Kämpfen mit der Stadt Alba Longa, was sich in den Sagen der Einzelkämpfe der römischen Drillinge der Horatier mit den Drillingen der Familie der albanischen Curatier niederschlug. Das Ergebnis dieser Auseinandersetzungen war die Zerstörung Alba Longas und die Umsiedelung seiner Bewohner auf den Hügel Caelius. Trotz dieser Niederlage galt die Abstammung von den Albanern als besonders vornehm und selbst Iulius Caesar hat sich noch darauf berufen. Unter dem vierten König, Ancus Marcius, fasste die Siedlung auch am rechten Ufer des Tiber auf dem Hügel Janiculus Fuß, der mit einer ersten Tiberbrücke unter Benutzung der Tiberinsel mit der Stadt verbunden wurde.

Bald danach kam es zu einer Übernahme Roms durch ein etruskisches Königsgeschlecht, als sich L. Tarquinius Priscus der Herrschaft bemächtigen konnte. Wenn er auftrat, gingen ihm 12 Liktoren (Amtsdiener) mit Rutenbündeln voraus, um seine Amtsgewalt als Richter zu demonstrieren, er führte Krone, Zepter und Purpurtoga ein und residierte von einem elfenbeinernen Thron aus. Angeblich geht auf ihn der Bau des ersten großen Iupitertempels auf dem Kapitol zurück, der im ersten Jahr der Republik

509 geweiht wurde.[5] Ihm wird auch die Trockenlegung der Niederung zwischen Kapitol und Palatin zugeschrieben, welche durch die Anlage eines unterirdischen Kanals (*cloaca maxima*) entwässert wurde, der bis heute noch besteht.

Sein Nachfolger war sein Schwiegersohn Servius Tullius, der die Stadt auf die sieben Hügel Palatinus, Capitolinus, Quirinalis, Viminalis, Esquilinus, Caelius und Aventin erweiterte und sie mit einer ersten Mauer umgab.

Unter dem letzten etruskischen König Tarquinius, wegen seiner Hochmuts von den Römern mit dem Beinamen Superbus versehen, kam es zur Ausbeutung der Bürger und zu rechtlicher Willkür, die 510 v. Chr. dazu führte, dass der König von den Römern unter der Führung von L. Iunius Brutus vertrieben und so die Herrschaft der Etrusker in Rom beendet wurde.

Rekonstruiert man die Verfassung Roms in der Königszeit, so scheint dem König ein Adelsrat zur Seite gestanden zu haben, der Senat (von *senex* – Greis). Die staatliche Macht beschränkte sich auf die Kriegsführung, der König war in erster Linie der Heerführer. Daneben vertrat er den Staat gegenüber den Göttern und lenkte die Sitzungen des Senats und die Versammlungen der Bürger. Diese traten zweimal im Jahr zusammen und waren nach Sippenverbänden (*comitia curiata*) gegliedert, um über Krieg und Frieden und innere Angelegenheiten zu beraten. Ihnen waren auch die Entscheidungen in Prozessen und in der Verfolgung von Straftaten zugeordnet.

Aus den Legenden der Gründungszeit und der nachfolgenden Könige lässt sich herauslesen, dass sich in Rom die Siedlungen der Latiner und Sabiner zusammengeschlossen haben und später unter die Herrschaft der Etrusker kamen, die sie erst nach einer hundertjährigen Herrschaft wieder abschütteln konnten. Rom dürfte schon in der Königszeit keine unbedeutende Stadt gewesen sein und scheint gegenüber anderen latinischen Städten allmählich eine Vorrangstellung errungen zu haben. Die latinischen Städte bildeten keine politische Einheit, besaßen aber ein gemein-

---

[5] Livius, Ab urbe condita 1,38 und 2,8.

sames religiöses Zentrum auf dem Albanerberg, das *Iupiter latiaris* geweiht war. Es gab auch ein zeitgleiches Heiligtum der Diana am Nemisee bei Aricia, das von allen Städten genutzt wurde.

Ihre gesellschaftliche Prägung, die Religion, die staatlichen Insignien und Ämter sind Rom als etruskisches Erbe geblieben.

Die soziale Ordnung der Königszeit

Die soziale Ordnung Roms in der Königszeit beruhte auf einem Zusammenschluss von etruskischen und latinischen Familien, die sich in Sippen (*gens*) organisierten und zu gemeinsamer Verteidigung und zum Beutezug zusammenschlossen. Die kleinste soziale Einheit war die Familie (*familia*), an deren Spitze der Hausvorstand (*pater familias*) stand, der mit einer formellen Rechtsgewalt (*patria potestas*) über seine Familie ausgestattet war. Bestimmend in der Familie waren immer die Herkunft von väterlicher Seite und die männlichen Nachkommen (*agnates*), die allein erben konnten, gab es keine Agnaten, so konnten auch Familienangehörige der weiblichen Linie (*cognati*) ein Erbe antreten. Der Herr der Familie hatte ein uneingeschränktes und nur von den Sittenvorstellungen begrenztes Recht und die Gewalt über seine Frau, seine Kinder, die Sklaven und über die *clientes*, die sich seinem Schutz und seiner Herrschaft unterstellten. Diese Familienoberhäupter und ihre Söhne dürften das Patriziat, den Adel, gebildet haben, das römische Volk, auch die Bauern, waren als Klienten unter den Patriziern verteilt.

Die Familien und Sippenverbände fassten sich in den Kurien zusammen, daneben gab es noch drei als *tribus* bezeichnete Personenverbände, die als *Tities, Ramnes* und *Luceres* etruskische Namen trugen und militärische Einheiten oder sippenmäßige Großverbände gewesen sein könnten. Daneben gab es noch eine regionale Einteilung des Stadtgebietes von Rom, die ebenfalls als Tribus benannt und als *Suburana, Palatinam, Esquilina* und *Collina* bezeichnet wurden.

3. Die Religion als Grundlage des Staates

Religion spielte im Leben der Römer, sowohl im Bereich des Einzelnen wie auch im Gefüge des Staates, eine überragende Rolle wobei es galt, zur Erhaltung der Gunst der Götter zahlreiche sakrale Handlungen auf das Genaueste auszuführen. Typisch für die römische Religion war, dass sie mit dem Leben in der Familie und im Staat eng verbunden war. Jedes private und staatliche Ereignis musste von festgesetzten Zeremonien umgeben sein, wobei diese im Ritus genau einzuhalten waren. Daher durfte bei den oft uralten Weihesprüchen, auch wenn sie längst nicht mehr dem Volk verständlich waren, kein Laut geändert werden, da sie sonst ihre Wirkung verloren hätten.

Die Götter

Die Römer waren ein frommes Volk, das an die beständigen Eingriffe der Götter[6] in ihr Leben und in die Geschicke des Staates glaubte. Die Achtsamkeit der Menschen auf das Verlangen der Götter war die *religio* und die Forderungen der Götter an die Menschen zeigten sich in ihren Zeichen (*prodigii*), Vorgänge in der Natur und im Leben der Menschen, die auf eine Störung im Verhältnis von Mensch und Göttern hinweisen[7]. Traten solche ein, so musste das richtige Verhältnis durch Sühne und Opfer wiederhergestellt werden. Gleichzeitig verlangten die Römer von ihren Göttern aber auch nach dem Prinzip des *do ut des* (Ich gebe, damit du gibst) eine Gegenleistung, wenn sie ihnen Opfer brachten, ihre Feste feierten und ihre Zeichen beachteten. Dafür waren die Götter verpflichtet Haus und Heim zu

---

[6] Stewart Perowne, Römische Mythologie, Wiesbaden 1971.

[7] David Engels, Das römische Vorzeichenwesen (753–27 v. Chr.), Quellen, Terminologie, Kommentar, historische Entwicklung, Stuttgart 2006.

schützen, den Reichtum des Menschen zu mehren und den Heeren der Römer Siege zu verleihen.

Der Götterhimmel der Römer lässt sich in die 12 alten (*dii indigetes*) und die 12 neuen Gottheiten (*dii consentes*) unterteilen. Die ältesten Gottheiten der italischen Bevölkerung scheinen die *Numen* gewesen zu sein, die als Kräfte und noch nicht als personifizierte Götter über Geburt und Tod, das Schicksal des Hauses, der Felder, Herden und der Menschen bestimmten. Erst unter etruskischem und griechischem Einfluss bekamen die Götter Gestalt und verschmolzen mit dem alten Götterglauben, wobei der Götterhimmel der Griechen von den Latinern übernommen wurde. Die älteste Gottheit war der doppelköpfige *Ianus*, der Gott des Hauses und des Feldes, der am Anfang jedes Gebetes angerufen wurde. Durch seinen Bogen zogen die Soldaten in den Krieg, die ersten Münzen Roms trugen sein Antlitz und ihm war der erste Monat des Jahres als *Ianuarius* heilig.

Ebenso zu den ältesten Gottheiten gehört *Saturn*, der vom Götterhimmel vertrieben nach Italien gekommen sein soll. Er war der Gott der Saat und der Erde und hatte schon im 5. Jahrhundert v. Chr. einen Altar am Abhang des Kapitols. An seinem Fest, den Saturnalien (17. Dezember), schenkte man sich kleine Gaben und gedachte der alten Zeiten, die den Menschen als ein goldenes Zeitalter (*aurea aetas*) erschienen.

Für die Ernte war *Consus* zuständig, den man an den *consualia* am 21. August mit Pferderennen feierte und der seinen Altar dort hatte, wo später der Circus Maximus erbaut wurde. Ihm zur Seite gestellt waren die Gottheiten der Blüten und Blumen *Flora* und des Obstes *Pomona*, während in den Bergen *Faunus* herrschte, wo für die Wälder *Silvanus* zuständig war. Die Herden und Weiden wurden von *Pales* beschützt. Ihr zu Ehren wurden am 21. April Strohfeuer entzündet, über die man springen musste, wollte man ein gutes Gedeihen seiner Herden sichern. Der Gott des Weinbaues war *Liber*, an dessen Feiertag den Jünglingen die Toga zur Aufnahme unter die erwachsenen Männer überreicht wurde. Dazu kam noch der *Genius* als persönlicher Schutzgeist jedes Menschen, der sich auch auf Orte als *Genius loco* erstrecken konnte. *Terminus* beschützte die Grenzen.

Im Gegensatz zu den zwölf alten Göttern stehen die zwölf neuen Götter, welche die Römer über den Umweg der Etrusker und Griechen in ihre Kultur aufgenommen haben. Im Wesentlichen sind sie den griechischen gleichgesetzt und überlagerten mit der Zeit manche der alten Gottheiten. An der Spitze steht *Iupiter* in verschiedensten Formen, als *Victor* spendet er den Sieg und als *Stator* ermuntert er den Krieger zur Standhaftigkeit. In seinem Tempel am Kapitol wurde er als *Optimus Maximus* verehrt. Er war es, der die Beschlüsse der Gemeinde lenkte und sein Wohlgefallen oder seinen Groll durch Blitz und Donner kundtat. Als *Iupiter Latiaris* einte er die Stämme der Latiner und hatte am 956 m hohen Monte Cavo im Albanergebirge ein Heiligtum als sakralen Mittelpunkt der Latiner.

Ihm zur Seite steht *Iuno* als Inbegriff des Weiblichen, sie gebietet über die Sphäre der Frauen, als *Iuno pronuba* beschützt sie die Heiligkeit der Ehe, als *Iuno lucina* ist sie die Göttin der Geburt. Als *Iuno regina* wurde sie mit *Iupiter* am Kapitol verehrt, wo sie einen eigenen Tempel als *Iuno monetas* (Mahnerin) hatte. Ihre Tiere waren Gans und Pfau und der Monat Juni war ihr geweiht.

Minerva ergänzte die Göttertrias als Göttin der Künste, der Kunstfertigkeit und der Wissenschaften und wurde mit dem Fest des *Quinquatrus* (19–23. März) von den Lehrern, Künstlern und Handwerkern geehrt.

Der griechischen *Hestia* entsprach die römische *Vesta* als Göttin des Herdfeuers, die im Vestatempel auf dem Forum verehrt wurde. Ihr Rundtempel mit 20 Säulen war eine Nachahmung der alten italischen Rundhütten, in dem das ewige Feuer brannte, das von sechs vestalischen Jungfrauen beschützt wurde, die in einem dem Tempel benachbarten Haus wohnten. Ihr Dienst dauerte 30 Jahre, aber auch danach bleiben viele von ihnen in dieser hohen Stellung. Sie mussten keusch und jungfräulich leben, verstieß eine gegen dieses Gebot, so wurde sie lebendig eingemauert. Ließ eine Vestalin das Feuer ausgehen, so wurde sie vom *pontifex maximus* zu Tode gegeißelt. Begegnete ein Verbrecher einer Vestalin am Weg zur Hinrichtung, so war er begnadigt. Ihr hoher Rang ließ selbst Senatoren auf der Straße zur Seite treten und die römischen Herrscher hinterlegten ihre Testamente im Tempel der Vesta.

Als 496 v. Chr. in Rom eine Hungersnot herrschte, wurde der Kult der *Ceres*, der Göttin des Ackerbaues (griech. *Demeter*) neu eingeführt und ihr mit *Liber* (*Dionysos*) und *Libera* (*Persephone*) ein Tempel gestiftet. Sie wurde besonders von den Plebeiern verehrt, deren Ädilen ihre Festspiele (*cerealia*) vom 12. bis zum 19. April ausrichteten.

Der Gott der Soldaten und des Militärs war der Kriegsgott *Mars*. Als *Mars gradivus* war er „der zum Kampf Schreitende", ursprünglich war er aber als *Mavors* der altlatinische Gott des Ackerbaues und des Frühlings, weshalb ihm der Monat März geweiht ist. Am 1. März hielten die zwölf aus vornehmen Familien stammenden Marspriester ihre Feiern ab und am Land gingen die Bauern in seinem Namen mit Stier, Schwein und Schafbock über die Felder, ehe sie die Tiere dem Gott opferten. Nach dem Zusammenschluss der Römer mit den Sabinern wurde neben ihm auch der sabinische Kriegsgott *Quirinus* verehrt.

Der Gott des Handels war *Merkur*, der seinen Tempel beim *Circus Maximus* hatte, der zugleich auch die Getreidebörse von Rom und der Sitz des Gremiums der Kaufleute (*mercuriales*) war.

Venus ist die Mutter des Aeneas und gilt damit als die Stammmutter der Iulier, die sie als *Generix* verehrten. Sie ist die Göttin der Liebe und der Schönheit und für die Bauern auch die Göttin des Gartens.

Neptun war der Gott des Wassers und entsprach dem griechischen *Poseidon* und unter dem von den Etruskern entlehnten *Vulcanus* verbirgt sich der griechische Gott des Feuers und der Schmiedekunst *Hephaistos*. *Apollo* galt anfangs nur als Heilgott (*Paean*), erst später wurde er auch zum Gott der Künste, der Weissagung, der Verbannten und Vertriebenen. In der Kaiserzeit legte er sich den Beinamen *Sol* als Sonnengott zu. Seine Schwester war *Diana*, die als Göttin der Jagd der griechischen *Artemis* entsprach.

Zusätzlich zu diesen Göttern wurden im römischen Haushalt auch die *Laren, Penaten* und *Manen* verehrt. Die *Laren* waren als *Lares familiares* die Schutzgötter des Hauses und die verklärten Geister der Verstorben, die über das Haus wachten. Verließ eine römische Familie ihr Haus, so bleiben die Laren zurück.

Die Schutzgötter der Hausbewohner waren die *Penaten*, die über deren Gesundheit und Wohlstand wachten und deren Namen sich von den Vorräten (*penus*) ableiten lässt. Die Penaten gehörten zur Sippe und wanderten mit den Familien mit, auch der römische Staat, den man sich als große Sippe vorstellte, hatte seine Penaten.

Wichtig im Leben der Römer war die Verehrung der *Manen*, der Seelen der Toten. Man ehrte sie und versuchte sie durch ein jährliches Fest, den *feralia* am 21. Februar, gnädig zu stimmen. An diesem Tag waren alle Tempel geschlossen, Heiraten verboten, und die Beamten durften keine Amtskleidung tragen. Die Manen finden sich oft auf römischen Grabsteinen unter dem Kürzel DM (*dis manibus* – den Totengöttern) erwähnt.

Die Priesterschaft

Ursprünglich waren die priesterlichen Aufgaben[8] ein Teil des Königtums, als diese Aufgaben aber immer umfangreicher wurden, richtete man Priesterkollegien für die Pflege des öffentlichen Kultes ein, wobei die oberste Kultusbehörde das *collegium pontificium* war, an dessen Spitze der *pontifex maximus* stand. Der *pontifex* (Brückenbauer) wird einerseits vom Brückenbau abgeleitet, der den Flussgott Tiber unterwarf, eine andere Deutung lässt ihn als „Wegebahner" zwischen der irdischen und der göttlichen Sphäre erscheinen[9]. Die lebenslang bestellten Oberpriester vollzogen die sakralen Handlungen, verkündeten Neu- und Vollmond, bestimmten den Zeitpunkt für Gerichtsverhandlungen und Festtage und führten die *annales maximi*, die Aufzeichnungen der Ereignisse des Jahres. Ihr Amtslo-

---

[8] Robert Muth, Einführung in die griechische und römische Religion, Darmstadt 1988.
[9] Françoise Van Haeperen, Le collège pontifical (3ème s. a. C. – 4ème s. p. C.), in: Series Études de Philologie, d'Archéologie et d'Histoire Anciennes, Bd. 39, Brüssel 2002.

kal war die ehemalige Königsburg (*regia*) auf dem Forum, das sagenhafte Haus König Numas.

Ihnen zur Seite stand das *collegium augurum*, zuständig für die Erforschung des Willens der Götter durch Wetterbeobachtung, Vogelflug, Eingeweideschau und der Beobachtung der Fresslust der Hühner.

Dazu kam das Priesterkollegium der 20 *Fetialen*, die das Völkerrecht zu hüten hatten und eine wichtige Rolle bei Kriegserklärungen und Friedenschlüssen spielten. Die *viri sacrorum*, zuerst zwei, dann zehn und seit Sulla (134–78 v. Chr.) 15 Männer, befragten in Zeiten der Not die von ihnen streng und geheim gehüteten Sybillinischen Bücher, die König Tarquinius Superbus der Legende nach dem Orakel der Sybille von Cumae abgekauft hatte und die Orakelsprüche enthielten. Nach ihrer Vernichtung durch einen Brand des Jupitertempels auf dem Kapitol 83 v. Chr. wurden sie aus Abschriften teilweise wiederhergestellt und bis 405 n. Chr. noch genutzt. Zur Priesterschaft gehörten auch die Vestalinnen.

Kultvereine waren neben den Einzelpriestern und Kollegien ebenfalls zuständig für die religiöse Organisation der Römer. In Vereinigungen (*sodalitates*), die stadtrömische Einrichtungen waren, wurden alte Kulte und Riten gepflegt, für welche die Staatspriester sich als nicht zuständig erachteten. Die *fratres arvales* (Arvalbrüder) vollzogen den Kult der Göttin *Dea Dia*. Den *luperci* (von lupus, Wolf) oblagen der religiöse Schutz der Herden vor Wölfen und Fruchtbarkeitsrituale. Die *Salii* (Salier) huldigten mit archaischen Tänzen und Gesängen kriegerischen Göttern. Die *Titii* (Titier) scheinen sabinischen Ursprungs gewesen zu sein und über sie ist kaum etwas bekannt. In der Kaiserzeit wurde der Herrscherkult durch die *augustales* vollzogen.

Der römische Bürger hatte vor allem religiöse Kontakte mit den Priestern der Tempel und im Opferdienst. Davon gab es drei *maiores*, den *flamen dialis*, den Eigenpriester Iupiters, den *flamen quirinalis* für die Anrufung des Romulus und den *flamen martialis* für Mars, dazu kamen zwölf *minores* für die niederen Gottheiten. Der ranghöchste *flamen dialis* war bestimmten Regeln unterworfen, er musste Patrizier sein, durfte keine Nacht außerhalb Roms verbringen, kein

Pferd besteigen, kein bewaffnetes Heer zu Gesicht bekommen, an Festtagen niemanden arbeiten sehen und keinen Ring oder Knoten tragen.

KULTSTÄTTEN UND KULTHANDLUNGEN

Die ältesten Kultstätten der Römer waren Grotten, heilige Haine und das *fanum*, ein von Priestern geweihter Bezirk mit oder ohne Gebäude. Man verrichtete ursprünglich den Gottesdienst auf der *sacella*, einem eingefriedeten Bezirk mit einem aus Rasenziegeln aufgeschichteten Altar. Entsühnen konnte man sich mit fließendem Wasser in einem *delubrum* (Schrein). Erst unter etruskischem Einfluss wurden in Rom die ersten Tempel gebaut, die in einer Nord-Süd-Linie ausgerichtet waren, damit der *augur*, also der Beamte, der die Vogelschau durchzuführen hatte, nach Süden blicken konnte. Diese Tempelarchitektur wurde später unter griechischem Einfluss von der klassischen Tempelform des Peripteros (Umgangstempel) mit einer Ost-West-Orientierung abgelöst, dazu gab es Rundtempel, welche die Form der altitalischen Häuser nachbildeten.

Die wichtigste Kulthandlung der Römer war das Opfer. Im Haushalt brachte man unblutige Opfer wie Kuchen, Feldfrüchte, Wein und Milch dar, bei staatlichen Sakralhandlungen dominierte das Tieropfer. Dabei wurden die Eingeweide des geschlachteten Tieres zu Ehren des Gottes verbrannt und das Fleisch unter den Opfernden aufgeteilt

Wichtig war das persönliche Gebet an die Götter, wobei man sich der Götterstatue zuwandte und das Haupt verhüllte, man hob die Arme empor und wendete die Handflächen aufwärts. Für die Erfüllung der Wünsche und Gebete wurden Gelübde geleistet. In Notzeiten wurden öffentliche Bittgänge abgehalten, hatte man damit Erfolg, veranstaltete man Dankfeste. Zahlreiche Feste zu Ehren der Götter bestimmten den Jahreslauf, dabei wurde zwischen öffentlichen und Familienfesten unterschieden, wobei es an den öffentlichen Feiertagen verboten war zu arbeiten oder Gerichts- und Volksversammlungen abzuhalten. Es gab festgesetzte Feiertage und solche, deren Datum jedes Jahr neu vom Priesterkollegium bestimmt wurde.

4. Das Zeitalter der Stände-kämpfe (509–396 v. Chr.)

Patrizier und Plebeier

Nach der Vertreibung des etruskischen Königs Tarquinius Superbus durch Iunius Brutus waren zahlreiche etruskische Familien in Rom zurückgeblieben. 508 v. Chr. gelang es dem Etruskerkönig Lars Porsenna von Clusium, Rom zu belagern und zu erobern, er zog sich aber um 504/503 v. Chr. wieder zurück. Eine weitere territoriale Entwicklung Roms schien durch den Druck, den die Etrusker auf Rom ausübten, nicht möglich zu sein, bis Hieron I. von Syrakus vor Kyme 474 v. Chr. die etruskische Flotte entscheidend besiegen konnte. 470 v. Chr. wurde die Flotte der Etrusker bei Himera an der Nordküste Siziliens nochmals von den Griechen geschlagen, und sie mussten sich auf die Gebiete nördlich des Tiber zurückziehen.

Der permanente Kriegszustand zwischen Rom und seinen Nachbarn band weite Teile der Bevölkerung in den Kriegsdienst ein, was auch mit der Übertragung politischer Rechte an diese Gruppen einherging. Die Patrizier (von *patres* - Väter, Vorfahren) mussten Zuwanderern aus den Rom umgebenden Ortschaften gestatten, sich in Rom anzusiedeln, um die Zahl der waffenfähigen Männer zu erhöhen. So bildete sich neben ihnen eine neue Bevölkerungsschicht, genannt die Plebeier (von *plebs*, Menge, Volk), die zwar persönlich frei waren, vor Gericht selbständig auftreten und mit Patriziern rechtsgültige Verträge schließen konnten, aber sonst von den Staatsgeschäften ausgeschlossen waren und nicht in patrizische Familien einheiraten konnten.

Die Errichtung der Republik bedingte auch eine Neuorganisation des römischen Staatswesens. Die religiösen Aufgaben des Königtums übernahm ein *rex sacrorum* (Priesterkönig), für den aber tatsächlich das *collegium pontificium,* das Gremium der *pontifices,* die priesterlichen Aufgaben vollzog.

Der neue römische Magistrat war durch eine Machtaufteilung in seinen Ämtern gekennzeichnet, die stets auf ein Jahr beschränkt waren (Annuität und Kollegialität). Die offiziellen Stellen waren Ehrenämter (*honores*), bezahlt wurde nur der Aufwand, der durch die Ausübung des Amtes entstand. Die obersten Beamten wurden zunächst als *praetores* bezeichnet und erhielten ab 449 v. Chr. den Titel Konsul (Pl.: *consules*) und hatten den Oberbefehl über das Heer, die Justiz und die Strafgewalt sowie das Recht auf die Einberufung des Senates und der Comitien (Volksversammlungen in verschiedenen Gliederungen). Dazu kamen neue Ämter wie die der Prätoren als Stellvertreter der Konsuln und der Quästoren, welche den Staatsschatz verwalteten und als Kriegszahlmeister ins Feld zogen.

Diesen Ämtern stand der Senat mit 300 Mitgliedern gegenüber, welche die Konsuln unterstützen und beaufsichtigten. War der Staat in Not, so konnten die Konsuln einen für sechs Monaten bestimmten Diktator (*dictator*) als Alleinherrscher ernennen, der von einem Reitergeneral (*magister equitum*) unterstützt wurde.

Diese stark auf den Adel ausgerichtete Verfassung rief mit der Zeit energischen Widerstand von Seiten der Plebeier hervor, die nach Gleichberechtigung und Teilnahme an der städtischen Verwaltung strebten. Dies führte zu jahrelangen Auseinandersetzungen zwischen den sozialen Gruppen und gipfelte der Sage nach im Auszug der Plebeier aus Rom auf den Heiligen Berg (*mons sacer*) 494 v. Chr., die erst wieder nach der Gewährung von Zugeständnissen zurück nach Rom gebracht werden konnten.

In der Folge wurde das Volkstribunat geschaffen, das nur von Plebeiern besetzt wurde und das diesen Rechtssicherheit bei Soldatenaushebungen, in Steuerangelegenheiten sowie bei Verhaftungen und Prozessen geben sollte und das selbst Verfügungen der Konsuln und des Senates durch ein Veto für ungültig erklären konnte. Plebeiische Ädile (niedere Beamte) unterstützten die Volkstribunen, und die Plebeier konnten in ihren Tribus zu Wahlen zusammentreten, wovon es in der Stadt Rom vier, im umgebenden Land 16 gab, die sich mit der Zeit auf 35 erhöhten.

Die innere Organisation

Der Gegensatz zwischen Patriziern und Plebeiern verlangte mit der Zeit nach einer grundlegenden Rechtssicherheit, die durch die 451 v. Chr. von einem Zehnerkollegium geschaffenen Zwölftafelgesetze gewährleistet wurde. Diese Kodifikation des Rechtes auf zwölf Holz- oder Bronzetafeln brachte den Plebeiern zwar nicht die erhoffte Entlastung vom Kriegsdienst und der Schuldknechtschaft, löste sie aber aus der persönlichen Willkür der Rechtsprechung, wobei die Verfahren unter die Aufsicht des Senates gestellt wurden. Eine Erleichterung brachte die 445 v. Chr. erlassene *lex Canuleia*, ein Gesetz, das die Eheschließung zwischen Patriziern und Plebeiern gestattete, das aber vermutlich nur auf die reichen plebeiischen Familien Anwendung fand.

In dieser Zeit dürfte auch die Zenturienverfassung entstanden sein, welche die Bürger nach ihrer Steuerleistung ordnete und damit dem Staat die Möglichkeit gab, das gesamte Volk zum Kriegsdienst einzuberufen. Es wurden 193 Zenturien geschaffen, die in der neuen Volksversammlung (*comitia centuriata*) jeweils eine Stimme hatten, wobei das Stimmgewicht stets zu Gunsten der reichsten Klassen verteilt war. So entstand die Gesellschaftsform einer Timokratie (Herrschaft der Besitzenden), indem die alteingesessenen adeligen Familien im Senat mit der Zeit durch einen neuen Besitzadel, meist reiche Grundbesitzer, ersetzt wurden und in der die Zenturien, je nach Vermögen, verschiedene Rechte und Pflichten hatten. Die Einschätzung des Vermögens und damit die Möglichkeit zur politischen Wirksamkeit führten die Konsuln und ab 443 v. Chr. eigene Beamte, die Zensoren (*censores*) durch, die auch die Staatsausgaben zu überwachen hatten. Zu ihren weiteren Pflichten zählte die Bewahrung der Moral der Bürger, und sie hatten auch das Recht, Unwürdige aus dem Senat auszustoßen.

Die Eroberung Latiums durch Rom

Die Geschichte der römischen Kriegs- und Außenpolitik vom Ende des Königtums bis zum Beginn der Samnitenkriege liegt durch das Fehlen entsprechender Quellen im Dunkel. Nach dem Zusammenbruch der etruskischen Macht in Latium im frühen 5. Jahrhundert v. Chr. scheinen Rom und die Latiner enger zusammengerückt zu sein, besonders auch deshalb, weil in das politische Machtvakuum nach der Vertreibung der Etrusker die Äquer und die Volsker vorzustoßen versuchten. Beide Völker wurden in langen Kämpfen zurückgeschlagen, fassbar sind diese Kriege nur aus den römischen Sagen, welche Männer wie Coriolanus[10] und Cincinnatus[11] verklärten. Bis zum Ende des 5. Jahrhunderts v. Chr. konnten Rom und die Latiner ihr Gebiet festigen und begannen selbst Kolonisationspolitik zu betreiben, die zur Gründung von Pflanzstädten am Fuß der Lepinischen Berge und in der Ebene führte, wobei Rom in dieser Konstellation allmählich zur führenden Stadt aufgestiegen sein dürfte.

An der Nordgrenze musste sich Rom alleine mit den Etruskern bekriegen, besonders die Orte *Caere* und das nur 20 Kilometer entfernte *Veii* blieben hier für lange Jahre ihre Hauptgegner. Am Ende des 4. Jahrhunderts v. Chr. scheint es einen Vernichtungskrieg zwischen Rom und Veii gegeben zu haben, der aus machtpolitischer Rivalität die Städte zehn Jahre lang (405–396 v.Chr) beschäftigte. Er endete mit dem Sieg Roms, das die verhasste Stadt Veii völlig zerstörte, die Bewohner auswies und das Territorium Veiis in sein Staatsgebiet übernahm, das damit auf etwa 1500 qkm anwuchs, was Rom zur größten Stadt im westlichen Mittelitalien machte.

---

[10] Coriolan führte Krieg gegen seine Heimatstadt Rom, den er erst auf Bitten seiner Mutter abbrach (Livius, Ab urbe condita 2,33,5; 2,39–41).
[11] Römischer Konsul und Diktator, der seine Macht stets vorzeitig und freiwillig wieder abgab (Livius, Ab urbe condita 3,26–29).

KELTENEINFALL UND LATINERKRIEG[12]

Unmittelbar nach dem Sieg über Veii kam es zum Einfall der Kelten in Latium, ein Ereignis, das für den römischen Staat alles Erreichte wieder in Frage stellte. Die Kelten waren im 6. Jahrhundert v. Chr. unter dem Druck der Germanen aus Mitteleuropa nach Westen gewandert und hatten als ein Verband von Stämmen im 5. und 4. Jahrhundert v. Chr. Gallien, Irland, die britischen Inseln und Spanien besetzt, wo sie die heute nach La Téne benannte Kultur etablierten. Kriegszüge führten sie später auch auf den Balkan, nach Griechenland (279 v. Chr.) und Kleinasien (278 v. Chr.), wo sie als Galater sesshaft wurden.

In Italien besetzten sie am Ende des 5. Jahrhunderts v. Chr. die Poebene und Norditalien und vertrieben von hier die Umbrer und Etrusker. Sie griffen in Einzelaktionen Latium, Kampanien und Etrurien an und spielten in machtpolitischen Überlegungen des syrakusischen Tyrannen Dionysios I. (405–367 v. Chr.) eine Rolle.

Am 18. Juli 387 v. Chr. besiegten sie unter der Führung des Brennus (Name oder Titel) ein römisches Heer am Flüsschen Allia und eroberten danach Rom, nur die Burg auf dem Kapitol konnte sich halten. Nach Plünderung und Zerstörung der Stadt und der Zahlung eines hohen Lösegeldes (*Vae victis* – Wehe den Besiegten)[13] zogen sich die Kelten wieder zurück.

Der Aufbau Roms scheint danach schnell wieder vonstattengegangen zu sein, und unter dem Eindruck der keltischen Invasion und auch des Vordringens der Volsker, Herniker und von etruskischen Städten schlossen die latinischen Städte mit Rom einen neuen Bund. Dieser ging über ein Militärbündnis hinaus und gewährte den Mitgliedern im *foedus Cassianum* ein gegenseitiges Heirats- (*ius conubii*) und Handelsrecht (*ius commercii*) und damit rechtliche Gleichstellung.

---

[12] Alföldi, Andreas, Das frühe Rom und die Latiner, Darmstadt 1977, 314 ff.

[13] Livius, Ab urbe condita, 5,48,9.

Das Bündnis konnte durch seine Stärke die Volsker zurückdrängen und Städte wie *Antium* (Anzio) und *Anxur* (Terracina) gründen, auf etruskischem Gebiet entstanden die Kolonien *Sutrium* und *Nepete* und auch das mächtige etruskische *Caere* wurde bezwungen und in den römischen Staat integriert. Gleiches wiederfuhr den Hernikern, deren Hauptort *Anagnia* unter römische Herrschaft kam und als Stadt ohne Bürgerrecht (*civitas sine suffragio*) in ein Bundesverhältnis gezwungen wurde.

Innenpolitisch ging die Emanzipation der Plebeier im römischen Staat voran, besonders als unter den Volkstribunen C. Licinius Stolo und L. Sextius Lateranus neue Gesetze geschaffen wurden, welche die Schuldverhältnisse regelten, das Staatsland zur Verteilung brachten und dem Plebs den Zutritt zu einer der beiden Konsulstellen einbrachte. 366 v. Chr. wurde L. Sextius Lateranus zum ersten plebeiischen Konsul gewählt. Diese Reformen, die auch den Aufstieg reicher plebeiischer Familien als *homines novi* in den Amtsadel möglich machten, beruhigten in außenpolitisch kritischen Zeiten das Innere des Staatswesens. Zwar verlor das alte Patriziat gegenüber einer neuen Schicht der Nobilität weiter an Boden, konnte aber bestimmte Vorrechte wie die Besetzung der Priesterämter weiterhin halten. Erst mit der Zeit fanden auch hier die Plebeier Zutritt, 337 v. Chr. ist der erste plebeiische Prätor bekannt und 300 v. Chr. konnten in der *lex Ogulnia* die Plebeier das Recht erringen, auch in die beiden höchsten Priesterämter, das *collegium augurium* und das *collegium pontificium,* einzutreten.

Ein Problem blieb die Rechtsgleichheit im latinischen Bund zwischen Rom und den latinischen Städten, die in der Feindseligkeit der Latiner gegenüber Rom mündete. Es ging dabei um Fragen des politischen Einflusses, aber auch um Probleme bei der Verteilung der Beute innerhalb des Bundes.

Einer der Gründe der Unzufriedenheit war das Verhalten Roms im ersten Samnitenkrieg (343–341 v. Chr.), von dem aber unklar ist, ob er tatsächlich stattfand oder als legendär anzusehen ist. Danach schlossen 345 v. Chr. die Samniten ein Bündnis mit den Sidicinern. Rom reagierte darauf, indem es 343 v. Chr. einen Bündnisvertrag mit der

Stadt *Capua* schloss. Auf Grund dieses Bündnisvertrages (*foedus aequum*) brach der erste Samnitenkrieg aus. Da keine Seite einen Vorteil erzielen konnte, kam es 341 v. Chr. zum Friedensschluss, indem die Samniten das Bündnis Roms mit Capua billigten und Rom das Bündnis der Samniten mit den Sidicinern akzeptierte.

Das Verhalten der Römer nach diesem Krieg, der ihnen Gebietsgewinne brachte, aber die latinischen Städte beiseiteließ, führte unter diesen zur Unzufriedenheit. Ab 340 v. Chr. kam es zu einem Zusammenschluss latinischer Städte gegen Rom und zum Aufstand der Latiner, den Rom nur unter größten Mühen niederwerfen konnte. Mit Ausnahme einiger weniger Städte wie *Tibur* und *Praeneste*, die auf Seiten Roms geblieben waren, wurde die Souveränität und Autonomie der latinischen Städte aufgehoben und ihre Bevölkerung in den römischen Staatsverband integriert, der auf eine Fläche von 6100 qkm und auf etwa 500 000 Bewohner anwuchs.

Selbst die Seehandelsstadt *Antium* musste sich den Römern beugen, und aus sechs Schiffsschnäbeln zerstörter Schiffe baute man in Rom die *Rostra*, die Rednertribüne, als Zeichen des Sieges. Die Römer zogen aus diesem Aufstand ihre Lehren, sie bemühten sich in der Folge um eine weitergehende Integration der latinischen Städte und stellten sie, besonders bei der Gründung neuer Kolonien, den Römern gleich. Der wesentliche Unterschied zwischen dem römischen Territorium und anderen Städten der italischen Halbinsel war, dass Rom den Landstädten (*municipia*) zahlreiche Aufgaben wie die niedere Gerichtsbarkeit, das Marktrecht und die kommunale Verwaltung selbständig übertrugen und somit ein Modell für die Aufnahme weiterer Städte schufen, das eine leichte Integration ermöglichte.

5. Die Erringung der römischen Hegemonie in Italien (327–265 v. Chr.)

Die Eroberung Mittelitaliens in den Samnitenkriegen (327–304 v. Chr.)

Nach dem Latinerkrieg 340–338 v. Chr. grenzte Rom an der Südflanke seines Staatsgebietes an Kampanien und wurde so in die politischen Verhältnisse dieser Landschaft hineingezogen. Kampanien war seit dem 5. Jahrhundert v. Chr. immer wieder von Einfällen der im Apennin siedelnden Osker heimgesucht worden, die im Laufe der Zeit zahlreiche Städte, darunter auch Capua und Nola besetzt hatten. In der Mitte des 4. Jahrhunderts v. Chr. kam es zu einer neuen Auswanderungswelle der Osker, welche nicht nur die kampanischen Städte, sondern auch die Griechen in Süditalien bedrohten. Dazu schlossen sich zahlreiche oskische Stämme zum Bund der Samniten zusammen, der sich auf die Schaffung einer Wehrgemeinschaft zur Eroberung des Landes beschränkte. Rom scheint schon während des Latinerkrieges in die Kämpfe mit den Oskern hineingezogen worden zu sein. Der Zweite Samnitenkrieg gegen den samnitischen Bund dauerte 326–304 v. Chr., der Dritte 298–290 v. Chr., tatsächlich scheint aber diese Periode bis 272 v. Chr. mit Kämpfen gegen die Kelten und den Molosserkönig Pyrrhos eine einzige kriegerische Zeit gewesen zu sein, an deren Ende die Hegemonie Roms über alle Völker und Städte Italiens stand.

Die ersten Jahre des Krieges gegen die Samniten zeigten den Römern deutlich die Grenzen ihrer Macht auf. Besonders ihre militärischen Ausrüstung und Taktik war für einen Kampf in den Bergen nur wenig zu gebrauchen. Die Römer kämpften zu Beginn des Krieges in der Schlachtreihe der aus Griechenland übernommenen Phalanx mit langen Speeren, die sich im gebirgigen Terrain gegen die mit kurzen Spießen kämpfenden Samniten als hinderlich erwiesen. So wurde 321 v. Chr. ein römisches Heer in den Caudinischen Pässen besiegt und gefangengenommen und schmachvoll unter dem Joch hindurchgeführt, was Rom zu einem Frieden nötigte.

Nach der Wiederaufnahme des Krieges 316 v. Chr. beschlossen die Römer ihre langfristige Strategie zu ändern. Man errichtete im Süden in Apulien eine zweite Front gegen die Samniten und besetzte ihr Vorland mit zu Festungen ausgebauten latinischen Kolonien als Stützpunkten und Rückhalt der Armee. Bis 304 v. Chr. folgten Jahre beständiger Kämpfe, ehe beide Gegner, mehr aus Erschöpfung als wegen eines wirklichen Friedenswillens, einen Friedenschluss herbeiführten. Rom konnte nach dem Zweiten Samnitenkrieg durchaus nicht als Sieger der Auseinandersetzung angesehen werden, hatte aber seine Position in Mittelitalien durch Kolonien ausgebaut. Zugleich wurde eine Militärreform durchgeführt, man übernahm den kurzen Spieß der Samniten (*pilum*) und kämpfte nicht mehr in der Schlachtreihe der Phalanx, sondern gliederte die Frontreihe in kleinere Abteilungen (*manipulus*), die in der Schlacht selbständig kämpfen konnten.

Allerdings brachte der Frieden von 304 v. Chr. den Römern keine Ruhepause, da sie sofort danach mit den Sabinern Krieg führen mussten, die sie zwar am Ende wie die Marser und Päligner in ein Bundesverhältnis zwingen konnten, deren Angriffe aber zu Beginn des Dritten Samnitenkrieges noch nicht beendet waren.

298 v. Chr. brach der Krieg mit den Samniten erneut aus und sollte sich zu einem gesamtitalischen Krieg entwickeln, in dem sich Stämme, Städte und Völker in unterschiedlichen und manchmal auch wechselnden Koalitionen mit oder gegen Rom verbündeten. Die Römer hatten den Krieg gleichzeitig an mehreren Fronten zu führen, im Norden gegen die Sabiner, Etrusker und Kelten, im Süden gegen die Samniten und Lukaner. Nachdem die Feinde im Norden in der Schlacht bei *Sentinum* 295 v. Chr. durch den legendären Opfertod des Konsuls P. Decius Mus, der sich freiwillig dem Tode geweiht hatte, besiegt und unterworfen worden waren, richtete sich das Kampfgeschehen

gegen den Süden. Hier erwiesen sich die seit Jahren plan-mäßig angelegten Festungen der Römer als strategischer Vorteil und dieser wurde 291 v. Chr. durch die gewaltige Festung *Venusia* (Venosa) mit 20 000 Siedlern ausgebaut. Diese Einkreisungspolitik zwang die Samniten 290 v. Chr. zum Frieden mit Rom, das aber selbst an Ressourcen und Männern erschöpft war. Es hatte zwar keinen entscheiden-den Sieg errungen, seine Kolonialpolitik, seine Festungen und sein Bundesgenossensystem machten es aber von nun an zur hegemonialen Macht in Italien.

Der Friedensschluss mit den Samniten machte den Rö-mern den Rücken frei, um sich gegen die Sabiner zu wen-den, die 289 v. Chr. unterworfen wurden.

Einen schweren Stand hatten die Römer zunächst gegen die mit den Etruskern verbündeten Kelten, die 285 v. Chr. erneut in Mittelitalien einfielen. Sie konnten zunächst ein römisches Heer bei *Arretium* (Arezzo) fast völlig vernichten, ehe sie in Südetrurien am Vadimonischen See, nur 60 km von Rom entfernt, geschlagen wurden. Die Römer trieben die keltischen Boier zurück in die Poebene und vertrieben die Senonen aus ihrem Gebiet am adriatischen Meer. Bis 280 v. Chr. konnte auch das etruskische *Vulci* bezwungen werden, während sich *Volsinii* bis 264 v. Chr. halten konnte.

Nach den Samnitenkriegen hatten die Römer die Mehr-zahl der italischen Stämme entweder unterworfen, zu ihren Bundesgenossen gemacht oder soweit eingekreist, dass diesen kaum noch militärischer und politischer Hand-lungsspielraum blieb. Nur die Samniten und einige grie-chische Städte in Unteritalien konnten sich noch halten, und es schien so, als ob Rom nun die ganze italische Halb-insel in Händen hatte, als sich durch das Eingreifen eines ehrgeizigen griechischen Königs noch einmal das Blatt zu wenden schien.

Die Übernahme der Magna Graecia (282–264 v. Chr.)

Das Interesse Roms an Unteritalien kam hier in Konflikt mit der Politik der mächtigen griechischen Handelsmetro-pole Tarent. Ein Kriegsgrund war rasch gefunden als 282

v. Chr. einige römische Schiffe gegen Verträge im Hafen von Tarent anlegten und daraufhin von den Tarentinern überfallen wurden. Eine römische Gesandtschaft in dieser Sache wurde schmählich abgewiesen. Tarent war sich aber dessen bewusst, dass es gegen die römische Militärmacht kaum allein bestehen konnte und rief deshalb Pyrrhus (319/318–272 v. Chr.), den König der Molosser, aus Griechenland zu Hilfe. Dieser, den man in seinen Bestrebungen mit einem Condottiere der Renaissance vergleichen könnte, hatte versucht, in der Nachfolge Alexanders des Großen in Griechenland einen hellenistischen Staat aufzubauen, war aber dabei gescheitert und versuchte nun, sich in Unteritalien einen solchen zusammenzuraffen. Er galt als ehrgeiziger und skrupelloser Politiker, war aber nach seinen Zeitgenossen auch einer der bedeutendsten Strategen und ein bemerkenswerter General der antiken Welt.

Pyrrhus kam 280 v. Chr. mit einem Heer von 30 000 Mann und 20 Kriegselefanten nach Unteritalien und konnte noch im selben Jahr die Römer nach schwerem Kampf bei *Herakleia* besiegen. Sich seiner begrenzten Ressourcen bewusst, sandte er einen Unterhändler eines Friedensschlusses wegen nach Rom, der aber von den Römern unter dem Einfluss des blinden und greisen Konsuls Appius Claudius Caecus abgelehnt wurde, welcher eher auf ein Bündnis mit Karthago setzte, das um seine Besitzungen in Sizilien fürchten musste. Pyrrhus konnte bei *Ausculum* in Apulien 297 v. Chr. die Römer nochmals besiegen, doch als er sah, dass die Gefallenen der Römer alle ihre Todeswunde an der Brust trugen und wie viele seiner eigenen Leute gefallen waren, soll er erstaunt von deren Tapferkeit gewesen sein und gemeint haben: *Noch so ein Sieg und ich bin verloren* (daher der Begriff Pyrrussieg)[14]. Nach diesem Sieg wurde er von den Syrakusanern angeworben um Sizilien von den Karthagern zu erobern. Er konnte diese in kurzer Zeit von der Insel vertreiben, nur *Lilybaeum* (Marsala) konnte sich halten. Sein Versuch der Errichtung einer hellenistisch geprägten Königsherrschaft in Sizilien missfiel den griechischen freien Stadtstaaten, sodass er wieder auf das Festland abziehen

---

[14] Plutarch, Pyrrhus 21; Diodorus Siculus, Bibliothek, 22. Buch.

musste. Hier hatten die Römer in seiner Abwesenheit die Oberhand gewonnen und konnten sich in der Schlacht von *Beneventum* in Samnium 275 v. Chr. behaupten. Als Verstärkungen ausblieben, zog sich Pyrrhus nach Griechenland zurück, und beim Versuch sich dort ein Reich aufzubauen, starb er 272 v. Chr. in einem Straßenkampf in Argos, der Überlieferung nach durch den Steinwurf einer Frau von einem Dach aus.

Ohne die Unterstützung von außen fiel Süditalien in den nächsten Jahren in die Hände der Römer. Tarent musste sich ergeben, wurde geplündert und zerstört und ein Teil seiner Einwohner in die Sklaverei verkauft, Lucaner und Bruttier wurden zu römischen Bundesgenossen. Der Samnitische Bund wurde aufgelöst, die Teilnehmer gezwungen, mit Rom Bündnisverträge zu schließen. Zur Kontrolle des Gebietes wurden 268 v. Chr. *Beneventum* (Benevento) und 263 v. Chr. *Aesernia* (Isernia) gegründet. Zur Sicherung Lukaniens wurde eine römische Kolonie in *Poseidonia* (Paestum) eingerichtet.

Mit dem Ende der Kriege gegen Pyrrhus war ganz Italien südlich des Po ein von Rom beherrschtes oder zumindest abhängiges Territorium geworden, das die Römer nun auch mit dem Straßenbau (*Via Latina, Via Appia*) erschlossen.

Die Römer hatten Pyrrhus in keiner offenen Schlacht besiegen können, ihren militärischen Erfolg verdankten sie dem seit 200 Jahren angewandten Bundesgenossensystem, dass sich hier erstmals gegen einen äußeren Feind bewährt hatte. Dabei gab es keinen Bund gleichberechtigter Mitglieder, sondern Rom war stets Vormacht, nicht Partner, und die Bundesgenossen keine Verbündeten, sondern abhängige Stämme und Städte. Es war ihnen nicht gestattet, Verträge untereinander zu schließen und ihre Bündnisse mit Rom waren unauflösbar. Je nach ihrer Geschichte mit den Römern hatten die einzelnen Bundesgenossen unterschiedliche Rechtsstellungen, die im Wesentlichen in drei Gruppen, die der Römer, der latinischen Kolonien und der Bundesgenossen unterschieden werden können.

Der Begriff „Römer" schloss die Bewohner der Stadt Rom sowie die der umliegenden Städte ein und umfasste Latium, Kampanien und einen Streifen, der bis zur Adria reichte. Hier lagen zahlreiche Städte die einst selbständig gewesen waren und nun den Rang einer niederen Verwaltungsstadt (*municipium*) hatten oder Städte, die als römische Bürgerkolonien gegründet worden waren. Dazu kamen autonome Landstädte, deren Bewohner aber in das römische Heeressystem integriert waren. Sie versuchten mit der Zeit das römische Bürgerrecht zu erlangen, was vielen auch bis an das Ende des 2. Jahrhunderts v. Chr. gelang.

Um 240 v. Chr. gab es dazu 28 latinische Kolonien, deren Zahl bis 180 v. Chr. auf 35 anstieg. Sie waren von den Römern und Latinern errichtete Militärkolonien, die vor allem in den samnitischen Kriegen errichtet worden waren. Sie besaßen ein eigenes latinisches Bürgerrecht; zog ein Römer in eine dieser Kolonien, so musste er sein römisches Bürgerrecht aufgeben, kam er nach Rom zurück, so lebte es wieder auf. Da sie im Kriegsfall selbständig handeln mussten, waren diese Kolonien autonome Städte, fühlten sich aber durch die Herkunft ihrer Bewohner stets eng mit Rom verbunden.

Die Mehrzahl der italischen Bundesgenossen waren aber Stämme und Städte, die von den Römern im Laufe der Geschichte unterworfen worden waren und mit Rom Verträge abgeschlossen hatten. In diesen wurden ihnen zwar eine gewisse interne Selbständigkeit in Bezug auf die Verwaltung zugesprochen, die Wehr- und Außenpolitik wurde aber von Rom vorgegeben. Manche dieser Bundesgenossen hatten auch Verträge erhalten, in denen ausdrücklich von einer Höherstellung des römischen Volkes ausgegangen wurde, und sie wurden dadurch in eine förmliche Untertänigkeit gezwungen.

Um 225 v. Chr. gab es etwa 273 000 waffenfähige römische Bürger, dazu kamen 85 000 Mann in den latinischen Kolonien und etwa 410 000 bei den Bundesgenossen. Insgesamt herrschte Rom über etwa sechs Millionen Untertanen, was sein Herrschaftsgebiet zum mächtigsten Staat im Mittelmeerraum machte. Viel wichtiger als die reine Zahl der Menschen in diesem Hegemonialsystem war, dass sich in allen Teilen des von den Römern beherrschten Gebietes die lateinische Sprache und römische Kultur ausbreiteten und das Land langsam zu einer politischen und kulturellen Einheit formten.

6. Die Eroberung des Mittelmeerraumes (264–134 v. Chr.)

Die Geschichte Karthagos

Es ist verständlich, dass die umgebenden Mächte den raschen Aufstieg Roms zur Regionalmacht mit Sorge verfolgten. Besonders das Reich der Karthager war sich bewusst, dass es auf Grund seiner geographischen Nähe über kurz oder lang mit Rom in Konflikt kommen musste.

Die Stadt Karthago[15] war von den Phönikiern, die von der syrischen Küste des Mittelmeeres stammten, gegründet worden. Diese hatten im 9. und 8. Jahrhundert v. Chr. begonnen, Siedlungen rings um das Mittelmeer zur Förderung des Handels anzulegen, traten aber nicht als Eroberer auf, sondern konzentrierten sich auf die Herstellung von Handelsverbindungen. Mit der Rolle als Händler war auch ihre Aufgabe der Verbreitung der Hochkultur des Nahen Ostens verbunden, sie brachten die Buchstabenschrift und die Bronzebereitung mit Kupfer und Zinn zu den Völkern, stellten die begehrte Purpurfarbe her und waren führend in der Glasproduktion.

Als die Griechen begannen, Kolonien im Mittelmeerraum einzurichten und diese in Konflikt mit den phönikischen Handelsniederlassungen kamen, gelang es der Stadt Karthago im heutigen Tunesien, die phönikischen Kolonien zu vereinigen und zu einem Handelsreich zusammenzufassen. Dennoch konnten die Karthager nicht verhindern, dass sie von den Griechen aus dem östlichen Mittelmeer verdrängt wurden, sie fassten aber Fuß auf Sizilien, Sardinien, den Balearen und besonders an der spanischen Küste. Die Karthager richteten hier ein Handelsmonopol ein, sperrten die Straße von Gibraltar für fremde

---

[15] Werner Huß, Karthago, München 1995.

Schiffe und sandten maritime Expeditionen bis in den Golf von Guinea aus.

Der Verfassung nach war Karthago aristokratisch geprägt, zwei Beamte (Suffeten), ein regierender Rat von 30 Personen und der Senat mit 300 Mitgliedern beherrschten den Staat, der auch Feldherren für mehrere Jahre bestellen konnte. Der Reichtum Karthagos machte es nicht nötig, sich militärisch auf die eigenen Bürger zu stützen; vielmehr bestanden, die karthagischen Heere zum Großteil aus angeworbenen Söldnern aus der gesamten antiken Welt.

Erstmals griffen die Karthager 480 v. Chr. in die Politik ein, als sie mit dem gleichzeitigen Angriff des Perserkönigs Xerxes auf Griechenland (Schlacht bei den Thermopylen und bei Salamis) versuchten, die Griechenstädte Italiens zu bedrohen, aber von Gelon von Syrakus und Theron von Agrigent bei Himera besiegt wurden. Erst nach 413 v. Chr. begannen sie ihr Territorium auf Kosten der Griechen in Sizilien zu erweitern und konnten bis auf Syrakus die ganze Insel unter ihre Kontrolle bringen.

Die Kriege gegen Karthago

Die Ursachen

Dass die Römer im Laufe ihrer Geschichte mit den Karthagern in Konflikt kommen würden, ergab sich aus den Einflussgebieten, welche beide Mächte für sich beanspruchten. Nachdem Rom die italische Halbinsel unterworfen hatte und am Sprung nach Sizilien stand, welches Karthago für sich beanspruchte, mussten sich an dieser Stelle die beiden Kontrahenten begegnen und ihren Kampf, der nicht nur um die Kontrolle Siziliens sondern um die Herrschaft im westlichen Mittelmeer ging, austragen.

Wie bei vielen großen Konflikten entsprang der Erste Punische Krieg einer kleinen Ursache. Kampanische Söldner aus Oskien waren vom syrakusanischen Herrscher Agathokles (361/260–289 v. Chr.) angeworben worden und standen nach dessen Tod ohne Aufgabe und ohne Sold in Sizilien. Zur Durchsetzung ihrer Forderungen bemächtigten sie sich der Stadt *Messana* (Messina) und hier glaubten sich die Marmertiner (Marssöhne) genannten Söldner dauerhaft einrichten zu können. Sie wurden aber 269 v. Chr. von Hieron II. von Syrakus (306–215 v. Chr.) am Fluss Longinus in einer Schlacht besiegt und riefen die Karthager zu Hilfe. Allerdings zerstritten sie sich auch mit diesen und wurden in der Folge von Syrakusanern und Karthagern in Messana belagert und wandten sich an die Römer, die darin eine Gelegenheit sahen, einen ersten Stützpunkt in Sizilien zu errichten. Die Römer besiegten schnell die Syrakusaner und schlossen Frieden mit Hieron, die Karthager sahen sich aber in einem wesentlichen Teil ihres Reiches bedroht und rüsteten zum Krieg gegen die Römer. Diese wiederum konnten sich nicht aus dem Konflikt lösen, da sie sonst fürchten mussten, dass die gerade niedergeworfenen Bundesgenossen in Italien dies als Schwäche auslegen würden und sahen außerdem hier eine gute Gelegenheit, ihr Gebiet wesentlich zu erweitern[16].

DER ERSTE PUNISCHE KRIEG (264–241 V. CHR.)

Den ersten Schritt setzten die Karthager (auch Punier genannt), die ein großes Heer nach *Akragas* (Agrigent) führten. Hier erschienen 262 v. Chr. die Römer, eroberten und zerstörten die Stadt, die Bewohner wurden in die Sklaverei verkauft. Es war für den Senat in Rom absehbar, dass man einen Krieg gegen eine Seemacht wie Karthago nicht allein an Land führen konnte, daher baute Rom mit Hilfe der unteritalischen Griechenstädte eine erste römische Flotte auf. Den Mangel an Erfahrung in Seegefechten konnte man mit der Erfindung des *corvus* (Enterbrücke) ausgleichen, mit dessen Hilfe die römischen Seesoldaten feindliche Schiffe entern und so den Landkrieg an Bord der karthagischen Schiffe tragen konnten. Mit dieser Flotte konnten sie vor *Mylae* (Milazzo) 260 v. Chr. einen ersten Sieg gegen die karthagische Flotte erringen, 259 v. Chr. wurde auch Korsika in Besitz genommen. Der nächste Schritt sollte ein Angriff auf das Kernland des Gegners sein, dazu wurde die karthagische Flotte am Vorgebirge *Eknomus* 256 v. Chr. ausge-

---

[16] Herbert Heftner, Vom Pyrrhoskrieg bis zum Fall von Karthago (280–146 v. Chr), Regensburg 2005.

schaltet und es erfolgte eine Landeoperation auf karthagischem Gebiet in Nordafrika. Hier wurde aber der römische Konsul M. Atilius Regulus auf fremdem Terrain besiegt und mit seinem Heer gefangengenommen, in der Folge verloren die Römer in zehn Jahren vier Flotten in Seegefechten. In Sizilien hatte inzwischen Hamilkar Barkas den Oberbefehl über die karthagischen Truppen übernommen und konnte sich in *Lilybaeum* und *Drepanum* (Trapanis) halten. Der Konflikt schien auf einen langen, erschöpfenden Stellungskrieg hinauszulaufen, als die Römer nochmals ihre Kräfte zusammenfassten, eine neue Flotte bauten und die Schiffe der Punier 241 v. Chr. bei den Ägatischen Inseln vor der Westküste Siziliens versenkten. Darauf willigte Karthago noch im selben Jahr in einen Frieden ein und lieferten Sizilien und die Liparischen Inseln mit einer Reparationszahlung von 3000 Talenten in Gold den Römern aus. Sizilien wurde nicht in das System der Bundesgenossen aufgenommen, sondern direkt von Rom als Provinz (*provincia*) verwaltet. 237 v. Chr. konnte nach einem Söldneraufstand im geschwächten Karthago auch Sardinien von den Römern besetzt werden, das gemeinsam mit Korsika zur zweiten Provinz ernannt wurde. Rom hatte in seinem Besitzstreben damit erstmals über die italische Halbinsel hinausgegriffen.

Während Rom gegen die Karthager kämpfte, baute sich allerdings in seinem Rücken eine neue Gefahr auf. Die Kelten in Oberitalien hatten sich durch Zuwanderung aus dem Norden verstärkt und fielen 225 v. Chr. in römisches Herrschaftsgebiet ein, wurden allerdings bei *Telamon* (Talamone) in Etrurien vernichtend geschlagen. Die Römer gingen darauf zum Gegenangriff über und eroberten bis 222 v. Chr. die Gebiete zwischen Apennin und Po und überschritten diesen, 222 v. Chr. wurde *Mediolanum* (Mailand) erobert. Zur Sicherung ihrer Herrschaft legten die Römer nach bewährtem Muster Festungen wie *Placentia* (Piacenza) und Cremona an und erschlossen das neu gewonnene Gebiet mit der *Via Flamina* von Rom nach *Ariminium* (Rimini).

Auch die Adria sahen die Römer nun als ihre Einflusssphäre an und als der Handel hier von den Kaperschiffen des illyrischen Königs Agron und nach 230 v. Chr. von seiner Tochter und Nachfolgerin Teuta bedroht wurde, entsandte man ein Heer, das Teuta 228 v. Chr. im Ersten Illyrischen Krieg besiegte und die Städte an der Ostseite der Adria bis nach *Korkyra* (Korfu) unter römischen Schutz stellte. Dies bewährte sich 219 v. Chr. bei der Bedrohung durch Demetrios von Pharos, der im Zweiten Illyrischen Krieg besiegt und vertrieben wurde. Damit hatten sich die Römer eine Operationsbasis an der griechischen Küste geschaffen, die ihnen Jahrzehnte später den Sprung nach Griechenland erleichtern sollte.

DER ZWEITE PUNISCHE KRIEG (218–201 V. CHR.)

Nach dem Verlust von Sizilien, Sardinien und Korsika hatte sich Karthagos Politik neu zu orientieren, wollte es seine Dominanz über die Seewege im westlichen Mittelmeer aufrechterhalten. Dazu galt es, für das stets unruhige Söldnerheer neue Aufgabengebiete zu suchen, um weitere Aufstände zu vermeiden. Daher begann ab 237 v. Chr. der offizielle Stratege der Karthager, der zuvor in Sizilien erfolgreiche gewesene Hamilkar Barkas (um 270–229 v. Chr), mit der Unterwerfung der iberischen Halbinsel, wohl auch in der Hoffnung, sich hier eine wirtschaftliche Vorrangstellung und eine Machtbasis in einem absehbaren Krieg mit den Römern zu sichern. Der punische Handel konnte hier neue Absatzmärkte erschließen, und zudem deckten die spanischen Silberbergwerke in der Sierra Morena die Kriegskontributionen an die Römer ab. Die Römer beobachteten diese Entwicklung mit Sorge, wohl auch deshalb, weil bekannt war, dass Barkas seinen Schwiegersohn Hasdrubal und besonders seinen Sohn Hannibal mit unversöhnlichem Hass gegen die Römer konditionierte.

Nachdem Hamilkar Barkas bei der Belagerung von *Heliko* (Elche) gefallen war, übernahm Hasdrubal (270–221 v. Chr.) den Oberbefehl des karthagischen Heeres in Spanien und gründete als Stützpunkt *Carthago Nova* (Cartagena). Die Römer, die zu diesem Zeitpunkt mit den Kelten Oberitaliens beschäftigt waren, wollten für einige Zeit diese Bedrohung von der Flanke her ausschalten und schlossen 226 v. Chr. mit den Puniern den Ebro-Vertrag, der den Karthagern alles Land westlich des Ebro und den Römern das

Land östlich davon zusprach. Als Fehler sollte sich dabei erweisen, dass man die Stadt *Saguntum* (Sagunto), die mit den Römern verbündet war aber auf karthagischem Gebiet lag, von diesem Vertrag nicht ausgenommen hatte.

Hasdrubal wurde 221 v. Chr. ermordet, und Barkas' Sohn Hannibal (246–183 v. Chr.) trat seine Nachfolge an. Er ordnete Spanien neu und hatte sich dabei auch mit dem Problem Sagunt auseinanderzusetzen, das er für sich beanspruchte obwohl ihm bewusst war, dass die Stadt mit Rom verbündet war. Dennoch wurde Sagunt 219 v. Chr. von ihm erobert, nachdem die Stadt acht Monate auf Entsatz durch die Römer gewartet hatte. Rom scheint das Schicksal von Sagunt nicht besonders beachtet zu haben, erst als im darauffolgenden Jahr Hannibal den Ebro überschritt, verlangten sie in Karthago seine Auslieferung und als diese abgelehnt wurde, erklärten sie den Puniern den Krieg.

Beide Parteien wollten die Auseinandersetzungen in der Offensive beginnen. Die Römer sandten ein Heer unter Konsul T. Sempronius Longus nach Sizilien, um von hier aus in Nordafrika einzufallen, ein zweites Heer unter P. Cornelius Scipio (gest. 211 v. Chr.) sollte Hannibal in Spanien angreifen, wurde aber durch Kämpfe mit den Kelten in Norditalien zurückgehalten.

Die Strategie Hannibals sah vor, mit einem Heer in Norditalien einzufallen, die Bündnissysteme der Römer aufzulösen und sie so politisch, wirtschaftlich und militärisch zu isolieren und damit eine Einmischung Roms in die Außen- und Handelspolitik Karthagos unmöglich zu machen.

Hannibal, der einer der fähigsten Heerführer der Antike war, handelte schnell. Er überschritt 218 v. Chr. mit einem Heer von 50 000 Mann, 10 000 Reitern und 37 Kriegselefanten die Pyrenäen, wich Scipios Heer aus, das den direkten Weg nach Italien an der Rhonemündung versperrte, überschritt an einer bis heute nicht gesicherten Stelle (eventuell dem Mont Cenis oder Col de Montgénevre) die Alpen unter gewaltigen Strapazen und Verlusten (angeblich die Hälfte seines Heeres) und fiel in Oberitalien ein. Bei Turin erreichte er die Poebene und entfaltete im November 218 v. Chr. eine rege diplomatische Tätigkeit, die zahlreiche Keltenstämme in sein Lager brachte.

Rom wurde vom schnellen Vorstoß Hannibals über-
rascht, man rief das Heer des T. Sempronius Longus nach
Italien zurück, während Scipio selbst nach Italien kam um
hier den Oberbefehl zu übernehmen, sein Heer marschierte aber weiter nach Spanien, um den Nachschub Hannibals
zu unterbinden.

Noch im selben Jahr suchten die Römer eine erste Entscheidung, wurden aber am *Ticinus* (Ticino, Nebenfluss
des Po) geschlagen, wobei Scipio verwundet wurde. Nach
diesem Sieg schlossen sich weitere Keltenstämme dem Zug
Hannibals an, dieser suchte noch im Winter 218 v. Chr. die
Entscheidung und bezog Stellung am Fluss *Trebia*. Hier
wurde er von Sempronius angegriffen, konnte aber das
römische Heer durch eine Umfassungstaktik entscheidend
besiegen, damit lag ihm der Weg nach Italien offen.

Die Römer sandten zwei weitere Heere unter Gn. Servi-
lius Geminus und C. Flaminius gegen ihn, welche die *Via
Cassia* und die *Via Flaminius*, beides Straßen die nach Rom
führten, bei *Ariminium* (Rimini) und *Arretium* (Arezzo) ab-
decken sollten. Hannibal umging die römischen Heere und
marschierte weiter nach Süden, verfolgt vom Heer des Flaminius, der ihn im Frühjahr 217 v. Chr. am Trasimenischen
See zum Kampf stellte. Durch einen klug angelegten Hin-
terhalt wurde das römische Heer hier fast völlig vernichtet,
auch Flaminius fiel im Kampf.

Hannibal zog an Rom vorbei nach Süditalien, um auch
hier die Bundesgenossen zum Abfall von Rom zu bewegen. Rom beschloss abermals in die Offensive zu gehen
und stellte zwei konsularische Heere mit insgesamt 80 000
Mann auf, das sich Hannibal am 2. August 216 v. Chr. bei
Cannae (Canne delle battaglia) entgegenstellte. Man versuchte hier Hannibal allein mit der Menge der Soldaten zu
bezwingen, dieser umfasste aber das römische Heer mit
seiner Reiterei, ließ diesem keinen Raum zur Entfaltung
und erstickte es mit seiner eigenen Masse. Nach diesem
Sieg Hannibals gab es kein römisches Heer mehr in Italien,
das diesen Namen verdient hätte.

Hannibal versäumte es in dieser Phase des Krieges
auf Rom zu marschieren, das fast schutzlos vor ihm lag.
Stattdessen versuchte er die römischen Bundesgenossen

in Unteritalien zum Abfall von Rom zu bewegen, die aber fast alle an der Seite der Römer blieben. Ausnahme war die Stadt Capua, die zu Hannibal überging, auch Syrakus wechselte nach dem Tode Hierons 215 v. Chr. die Seite und Hannibal konnte auch Tarent und Phillip V. von Makedonien (238–179 v. Chr.) zur Unterstützung gewinnen (Erster Makedonischer Krieg 217–205 v. Chr.).

Der römische Senat verweigerte jegliche Verhandlungen mit Hannibal, hob neue Truppen aus und ging zu einer defensiven Strategie über. Auf Sizilien eroberten die Römer Syrakus[17], in Spanien hielten sie die Pyrenäengrenze, und die Diplomatie konnte Phillip V. von Makedonien von Italien fernhalten. Um den Bundesgenossen ihre Stärke zu beweisen, wurde Capua belagert und 211 v. Chr. trotz eines Entlastungsangriffes Hannibals auf Rom (*hannibal ad – nicht ante – portas*)[18] eingenommen, 209 v. Chr. konnte auch Tarent wieder unterworfen werden. In Spanien eroberte P. Cornelius Scipio d. J. (235–183 v. Chr.) 209 v. Chr. *Carthago Nova* und konnte so den karthagischen Nachschub nach Italien unterbinden. Nur Hasdrubal, der Bruder Hannibals, entkam ihm mit einem Heer, und da die Kräfte Hannibals immer weiter schwanden, führte er 207 v. Chr. sein Heer von Spanien nach Oberitalien, wobei es aber von den Römern am Fluss *Metaurus* (zwischen Rimini und Ancona) vernichtet wurde, wobei Hasdrubal den Tod fand. Seinen abgeschlagenen Kopf überbrachten die Römer seinem Bruder zur Warnung. Hannibal geriet dadurch, obwohl im Felde noch unbesiegt, weiter in die Defensive und zog sich in den nächsten vier Jahren mit seinem Heer in das unzugängliche Silasgebirge zurück.

Auch Philipp V. von Makedonien konnte 205 v. Chr. mit einem Vertrag ruhig gestellt werden, sodass die Römer unter Scipio den Rücken für einen Angriff auf Afrika frei hatten. 204 v. Chr. setzte dieser über, verbündete sich mit

---

[17] Bei dieser Eroberung wurde der berühmte Mathematiker Archimedes getötet, der, mit geometrischen Zeichnungen im Sand beschäftigt, einen herannahenden Soldaten, ohne diesen anzusehen, abwies mit dem Satz: „Störe meine Kreise nicht!" Vgl. Valerius Maximus, Facta et dicta memorabilia 9,7.

[18] Cicero, Philippica 1,5,11.

dem numidischen König Massinissa (238–149 v. Chr.) und schlug die Karthager entscheidend, die darauf in einen Frieden einwilligen mussten. Sie erklärten sich zur Räumung Italiens bereit, riefen Hannibal zurück, verzichteten auf Spanien und verpflichteten sich zu Getreidelieferungen an die Römer. Nachdem aber Hannibal mit seinem Heer nach Karthago zurückgekehrt war, suchte er nochmals die Entscheidung im Kampf, dabei wurde er allerdings 202 v. Chr. bei *Zama* von Scipio schwer geschlagen und ging ins Exil nach Kleinasien.

Die neuen Friedensbedingungen der Römer waren wesentlich härter als die von 204 v. Chr. Die Karthager hatten auf alle Besitzungen außerhalb Afrikas zu verzichten, mussten das numidische Reich Massinissas in ihrer Nachbarschaft dulden und bis auf zehn Schiffe ihre gesamte Flotte an die Römer ausliefern sowie hohe Kriegskontributionen zahlen. Jede Kriegsführung außerhalb Afrikas war ihnen verboten, die innerhalb Afrikas war von der Zustimmung der Römer abhängig.

Rom hatte sich mit diesem Krieg eines bedeutenden Konkurrenten im westlichen Mittelmeer entledigt und mit der Einrichtung der Provinzen *Hispania ulterior* und *Hispania citerior* 197 v. Chr. auch das Reich nach Spanien erweitert.

Der Krieg hatte aber auch Auswirkungen auf Italien. Die Kelten der Poebene wurden danach endgültig unterworfen, zur Sicherung des Weges nach Illyrien und zur Förderung des Handels mit dem Norden wurde die Kolonie *Aquileia* (Aquileia, Provinz Udine) angelegt, die durch die *Via Postumia* mit Genua verbunden wurde. Allerdings hatte der Krieg auch zu hohen Opfern unter der Bevölkerung Italiens geführt, zahlreiche Landstriche in Süditalien waren verödet und das Land nicht bestellt, soziale Unruhen nahmen hier ihren Anfang, die sich später entladen und am Untergang der Republik beteiligt sein sollten.

Die Unterwerfung der hellenistischen Staaten (201–146 v. Chr.)

Nach den Punischen Kriegen war das römische Volk kriegsmüde, dennoch engagierte sich Rom unmittelbar danach gegen die Staaten des griechischen Ostens. Hier hatten sich nach dem Tode Alexanders des Großen 323 v. Chr. in Babylon nach langjährigen Kämpfen drei Diadochenreiche der Antigoniden (Makedonien), Seleukiden (Syrien) und Ptolemäer (Ägypten) gebildet, die für ein Jahrhundert in beständigem Streit lagen[19]. Solange diese Reiche nur mit sich selbst beschäftig waren, erregten sie nicht die Aufmerksamkeit der Römer. Erst als sich der makedonische König Philipp V. auf Seiten Hannibals in den Zweiten Punischen Krieg eingemischt hatte, wurde den Römern bewusst, dass sie, um ihre Sicherheit zu wahren, auch in Griechenland einzugreifen und die Politik hier nach ihren Vorstellungen zu ordnen hatten.

Dazu kam noch, dass 205/204 v. Chr. König Ptolemäus IV. Philopator (245–204/05 v. Chr.) in Ägypten gestorben war und sein Reich eine Zeit der Schwäche durchlebte, was Philipp V. und der Seleukide Antiochos III. (242–187 v. Chr.) nutzen wollten, um die außerägyptischen Besitzungen der Ptolemäer in ihren Besitz zu bringen.

Gegen diesen Plan wandten sich die griechischen Staaten dieses Raumes, besonders Pergamon unter Attalos I. Soter (269–197 v. Chr.) und auch Rhodos, das um seine Handelsrechte fürchten musste. Beide Staaten informierten die Römer über die drohende Koalition Philipps und Antiochos' und wussten das Schreckgespenst hellenistischer Großmächte im Osten an die Wand zu malen. Rom setzte daraufhin Philipp unter Druck und befahl ihm, seine Eroberungen herauszugeben und sich einem Schiedsgericht wegen seines Streites mit Pergamon und Rhodos zu unterwerfen, was dieser aber ablehnte, wohl wissend, dass daraufhin die Römer mit militärischer Macht eingreifen würden.

200 v. Chr. setzten zwei konsularische Legionen im Zweiten Makedonischen Krieg (200–196 v. Chr.) nach Griechenland über[20], aber erst 197 v. Chr. konnte Konsul T. Quinctius Flaminius in der Schlacht bei *Kynoskephalai* die Truppen Phi-

---

[19] Hermann Bengtson, Die Diadochen, Die Nachfolger Alexanders des Großen, München 1991.

[20] Hermann Bengtson, Griechische Geschichte, Von den Anfängen bis in die Römische Kaiserzeit, München 1974, 451 ff.

lipps schlagen und den Krieg beenden. Der Makedonenkönig musste sich aus Illyrien, Thessalien und mehreren griechischen Städten und Festungen sowie vom Hellespont zurückziehen. Im Zuge der Isthmischen Spiele 196 v. Chr. verkündete Flaminius die Freiheit Griechenlands obwohl allen Stadtstaaten bewusst war, dass Griechenland nicht frei war, sondern nur den Hegemon gewechselt hatte.

Als die Römer 194 v. Chr. ihre Legionen aus Griechenland zurückzogen, sah der Seleukidenkönig Antiochos III. der Große, der von Hannibal beraten wurde, seine Stunde gekommen. Er hatte große Teile des ehemaligen Alexanderreiches und auch Syrien unter seine Herrschaft gebracht und wollte die Ausschaltung Makedoniens durch die Römer zu weiterer Expansion nutzen. Er griff Pergamon an und setzte selbst nach Griechenland über, wo sich ihm zahlreiche unzufriedene Griechenstädte anschlossen. Die Römer zögerten nicht, man sandte ein Heer aus zwei Legionen nach Griechenland, das Antiochos 191 v. Chr. bei den *Thermopylen* besiegte, dieser zog sich daraufhin nach Ephesos in Kleinasien zurück. Im darauffolgenden Jahr setzte ein römisches Heer nach Kleinasien über, die römische Flotte errang die Seeherrschaft in der Ägäis, und Antiochos wurde 190 v. Chr. bei *Magnesia* am Mäander geschlagen und 188 v. Chr. in *Apameia* zu einem Friedensvertrag gezwungen. Er hatte Kleinasien zu verlassen, das, nachdem die Römer auch die Galater ausgeschaltet hatten, von Pergamon und Rhodos verwaltet wurde.

Die Römer hatten damit ihr politisches Ziel erreicht, die Diadochenstaaten waren in ihrer Macht reduziert und die Politik im östlichen Mittelmeerraum wurde von kleineren und romfreundlichen Staaten wie Pergamon, Rhodos und dem Achäischen Bund bestimmt.

Das System hatte nur die Schwäche, dass die Römer sich im Moment nicht gewillt zeigten oder es ihnen nicht möglich war, ihre Macht auch ständig in Griechenland zu präsentieren. Stattdessen versuchten sie indirekt und durch Parteigänger ihre Politik durchzusetzen, was bei den Griechen allmählich zu Misstrauen und Hass führte. Daher kamen wieder jene griechischen Herrscher in den Vordergrund, die sich schon einmal gegen Rom gewandt hatten. In

Makedonien war 179 v. Chr. nach dem Tode Philipps V. sein Sohn Perseus (um 213/212–165 v. Chr.) König geworden, der es verstand, durch kluge Diplomatie und eine gezielte Heiratspolitik die Griechen und Rhodos hinter sich zu sammeln. Eumenes II. von Pergamon (221–158 v. Chr.) sah sich politisch eingekreist und klagte Perseus in Rom an, wo die Änderung der Verhältnisse ebenfalls bemerkt worden waren und man sich nun dazu bereit sah, Griechenland unter eine dauerhafte römische Herrschaft zu stellen.

171 v. Chr. setzte ein römisches Heer im Dritten Makedonischen Krieg (171–168 v. Chr.) nach Griechenland über, es dauerte aber bis 169 v. Chr., ehe sich Erfolge einstellten. 168 v. Chr. konnte Konsul L. Aemilius Paulus den Makedonenkönig Perseus in der Schlacht von *Pydna* vernichtend besiegen, das Reich der Makedonen wurde aufgelöst, an seine Stelle traten vier Kleinstaaten. Perseus wurde in Rom im Triumph gezeigt und dann in die italische Kleinstadt *Alba Fucens* in die Verbannung geschickt. In Griechenland folgte ein furchtbares Strafgericht, in Epirus wurden zahlreiche Orte zerstört, 150 000 Einwohner versklavt und an italische Latifundienbesitzer verkauft. In anderen griechischen Städten wurden römerfreundliche Parteien an die Macht gebracht und Rhodos durch die Einziehung seiner kleinasiatischen Besitzungen und durch die Errichtung eines Freihandelshafens auf Delos bestraft. Damit endete die Geschichte Griechenlands als selbständig handelnde politische Landschaft, nun war es zu einem Gebiet unter indirekter römischer Herrschaft geworden.

Die Sicherung der römischen Herrschaft in Ost und West

Nach der Eroberung und Unterwerfung Griechenlands und der Ausschaltung der hellenistischen Staaten des Orients gab es im gesamten Mittelmeerraum keine Macht mehr, die sich mit der römischen vergleichen ließ. Was noch fehlte, war die völlige Unterwerfung der italischen Halbinsel, die Rom in der ersten Hälfte des 2. Jahrhunderts v. Chr. in Angriff nahm. In mehrjährigen Kämpfen wurde die norditalische Tiefebene erobert, Kolonien wie *Bononia*

(Bologna), *Parma* und *Mutina* gegründet und zahlreiche Straßen wie die *Via Flaminia* und die *Via Aemilia* gebaut. 178 und 177 v. Chr. erfolgte die Eroberung Istriens von *Aquileia* aus, und die Dalmater an der illyrischen Küste der Adria wurden unterworfen.

Mit der Zeit stellte man sich in Rom die Frage, wie man die neu eroberten Gebiete, sei es in Afrika, Italien, Griechenland und Kleinasien beherrschen könnte. Bis dahin hatte man nur wenige Gebiete direkt von Rom als Provinzen verwaltet (nämlich Sizilien, Sardinien/Korsika und Spanien). Der Rest der römischen Einflusssphäre wurde durch reisende Gesandte aus Rom dirigiert, die den Völkern und Städten den Willen Roms kundtaten. Zur dauerhaften Romanisierung der Gebiete wäre es notwendig gewesen, hier einen Machtapparat mit Garnisonen und Beamten einzurichten, ein Vorgang, den die römische Nobilität vorläufig nicht leisten wollte oder finanziell und organisatorisch nicht leisten konnte. Dies führte dazu, dass in den beherrschten Gebieten jede politische Regung und jedes eigenmächtige Handeln sofort von den Römern mittels Gesandtschaften unterbunden wurde. Jede politische Aktion eines unterworfenen Gebietes, dazu gehörten auch die Aufnahme von Verbindungen zu anderen Staaten, wurde sofort als Aufruhr ausgelegt. So kam es, dass der politische und verwaltungsmäßige Gestaltungswille der beherrschten Gebiete völlig erlosch, daraus ergaben sich Unsicherheit durch Räuberbanden und Seepiraten und rechtsfreie Räume, die von gierigen römischen Händlern und korrupten römischen Beamten ausgenutzt wurden. Das Einverständnis mit der römischen Herrschaft schwand, man empfand sie allmählich als ein Joch, das zu tragen war und gegen das sich in immer stärkerem Maße die Völker außerhalb Italiens zu erheben begannen.

Das erste Gebiet, das gegen die Römer die Waffen erhob, war Spanien, das schon 180–178 v. Chr. revoltiert hatte. 154 v. Chr. brach bei den Lusitaniern und bei den keltischen Stämmen unter dem charismatischen Anführer Viriathus ein Aufstand aus, der die Römer an die Grenzen ihrer Macht brachte. Sie büßten bei den Kämpfen einige konsularische Heere ein, und der Krieg war von so vielen

Grausamkeiten auf beiden Seiten geprägt, dass sich römische Rekruten weigerten, ihren Dienst in Spanien zu versehen. Erst als P. Cornelius Scipio 133 v. Chr. die Bergfestung Numantia nach einer Belagerung von 15 Monaten einnehmen konnte, wurde dieser Krieg beendet.

Die entvölkerten Landstriche Spaniens wurden in der Folge durch römische Kolonisten besiedelt, was zu einer raschen Romanisierung des Landes führte. Ein Jahrzehnt später kamen auch die Balearen unter römische Herrschaft, etwa zur selben Zeit bauten die Römer eine dauerhafte Landverbindung von Oberitalien nach Spanien und errichteten die *Provincia Narbonensis* mit *Aquae sextiae* (Aix en Provence) als Hauptstadt. Spanien wurde durch die Anlage der *Via Domitia* von der Rhonemündung zu den Pyrenäen eingebunden.

Auch die Griechen mussten bemerken, dass das römische Herrschaftssystem zum Niedergang der blühenden Wirtschaft, zur Verarmung und Verelendung der Massen führte. Als 151 v. Chr. in Makedonien ein Mann erschien, der behauptete der Sohn des ehemaligen makedonischen Königs Perseus zu sein, folgten ihm zahlreiche griechische Städte und wagten einen Aufstand, der erst 148 v. Chr. beendet wurde.

Soziale Gründe dürften 146 v. Chr. zum Aufstand des Achäischen Bundes in Griechenland geführt haben, dem sich auch Böotien anschloss. Die Römer antworteten mit Härte unter Konsul L. Mummius, der das achäische Heer am Isthmus von Korinth besiegte, die Stadt eroberte und niederbrannte, ihre Kunstschätze raubte und nach Rom brachte und angeblich 100 000 Menschen in die Sklaverei verkaufte. Nach diesem römischen Sieg wurde Makedonien als neue Provinz *Macedonia* eingerichtet und Griechenland von hier aus verwaltet, der Achäische Bund wurde aufgelöst. Die *Via Egnatia* wurde von *Brundisium* nach *Dyrrhachium* und dann über *Thessalonike* (Saloniki) bis nach *Byzantion* (später Konstantinopel, jetzt Istanbul) quer durch das nördliche Griechenland gebaut.

In Afrika hatte sich inzwischen Karthago mit der ihm eigenen Zähigkeit wieder emporgearbeitet, stets aber bedrängt vom romfreundlichen numidischen König Massinissa, der versuchte, sich Stück um Stück das karthagische Territorium anzueignen. Karthago versuchte dagegen in Rom zu protestieren, fand aber hier kein Gehör. Zum einen war es der römische Handel der danach trachtete, Karthago als Konkurrenten endgültig auszuschalten, zum anderen herrschte eine karthagofeindliche Stimmung im Senat, die durch den Ausspruch M. Porcius Catos (234–149 v. Chr.) charakterisiert wird, der jede seiner Reden mit dem Satz: *Ceterum censeo, carthaginem esse delendam* (Im Übrigen bin ich der Meinung, Karthago müsse zerstört werden)[21] beendet haben soll.

151 v. Chr. erhob Karthago unter Verletzung des Friedensvertrages von 202 v. Chr. gegen die Numider die Waffen. Rom griff mit einer Legion ein und verlangte die Stellung von Geiseln und die Auslieferung der Flotte sowie später die Aufgabe der Stadt Karthago und die Umsiedelung der Bevölkerung. Karthago leistete zwei Jahre lang Widerstand gegen diese Anordnung, wurde aber von den Römern auf der Land- und der Seeseite eingeschlossen und 146 v. Chr. erobert. Die Stadt wurde zerstört, der Pflug über die Ruinen gezogen und die Bevölkerung in die Sklaverei verkauft. Das karthagische Land wurde von den Römern übernommen und hier die Provinz *Africa* eingerichtet, zu deren Hauptstadt Utica gemacht wurde.

Die Innenpolitik Roms von 264 bis 133 v. Chr.

Rom galt zwar als Republik, diese ist aber mit den gleichnamigen politischen Gebilden heutiger Zeit nicht vergleichbar. Die Geschicke Roms wurden nicht vom Volk, sondern von einem kleinen Kreis von Menschen, der Nobilität, gelenkt. Diese Amtsaristokratie Roms war eine in sich geschlossene Gemeinschaft, in die selten neue Familien von außen hereinkamen, dennoch konnten immer wieder auch Aufsteiger hohe Ämter wie das Konsulat bekleiden. Gerade aber in kritischen Zeiten wie im Zweiten Punischen Krieg griff man auf die alten Adelsgeschlechter zurück was

---

[21] Plutarch, Cato Maior, 26–27.

dazu führte, das sich der Stand immer mehr nach außen hin abschloss und erstarrte.

Dennoch trug diese Gesellschaft schon den Keim zur Auflösung in sich. Zwar konnte sie sich noch gegen Bürger behaupten, die sich nicht in die Regeln der Gruppe einfügen wollten wie den älteren P. Cornelius Scipio Africanus, der durch Prozesse aus dem politischen Leben verdrängt wurde. Dagegen standen aber auch zahlreiche Repräsentanten der alten Familien, welche die Werte der Römer noch auf das Glänzendste repräsentierten.

Die Gefahr für diese Gesellschaftsordnung lag an einer anderen Stelle. Nachdem sich diese Familien der Nobilität stets untereinander die höchsten Ämter im Staat zusprachen, kam es zu einem Verzicht auf eine politische Kontrolle, die bis dahin ungeahnte Möglichkeiten zur Machtentfaltung und Bereicherung offen ließ. Persönlicher Ehrgeiz und wirtschaftliche Interessen ersetzten politische Notwendigkeiten und Augenmaß, aus Ehrsucht und Habgier wurden Kriege vom Zaun gebrochen und die Untertanen ausgebeutet. Durch die Kriege mit dem Orient kamen viele Angehörige der Nobilität in Kontakt mit hellenistischen Religionen und orientalischer Lebensart, die sie weiter von den einfachen Römern entfremdeten. Das Denken des Orients, seine Religionen, der orientalische Luxus und fremde Sitten und Gebräuche wurden nach Rom gebracht und fanden hier besonders bei den schwächeren Mitgliedern des Senats und politisch uninteressierten, aber reichen Römern, großen Anklang. Der Senat versuchte dagegen zur Bewahrung der römischen Sitten und der Sittlichkeit mit eigenen Gesetzen gegen den Luxus und gegen die Anhäufung von Ämtern entgegenzuwirken.

218 v. Chr. erließ der Senat ein Gesetz (*lex Claudia*), welches der Nobilität Handels- und Geldgeschäfte verbot. Daraufhin ging diese dazu über, ihre Vermögen in Land- und Grundbesitz zu investieren und die Patrizier wurden zu Großgrundbesitzern. An ihre Stelle im Wirtschaftsleben trat ein neuer Stand, die Ritter (*equites*), die nicht mehr dem Senatorenstand entsprangen und deren Name daher rührte, dass sie als Reiter in der Legion dienten. Sie wurden Großhändler, Reeder und Bankiers und durch die Über-

nahme von Steuerpachten und durch Handelsgeschäfte in der gesamten antiken Welt zunehmend bedeutender und reicher. Damit stieg auch ihre politische Wirksamkeit. Das Problem war, dass sich viele der Ritter, anders als die alte Nobilität, nicht an die althergebrachte Ordnung des Staates gebunden fühlten und sich auch nicht an den Leistungen der Nobilität für den Staat beteiligten, sie profitierten allein von der römischen Weltgeltung, ohne von den alten römischen Werten beeinflusst zu werden.

Die Masse der römischen Bürger konnte sich in der Volksversammlung an der politischen Willensbildung der Republik beteiligen, allerdings konnten viele ihr Stimmrecht durch die großen Entfernungen von ihren Wohngebieten zu Rom nicht ausüben. Die Volksversammlung spiegelte also allein den Willen der stadtrömischen Bevölkerung wieder. Dennoch konnte der römische Bürger zunächst mit dem Staat zufrieden sein, er erhielt einen Anteil der Beute aus den Kriegszügen und konnte, durch die Eroberungen und die Kolonisationspolitik, mit Land versorgt werden wenn er es beanspruchte. Jeder der sich für befähigt hielt, konnte brach liegendes Land übernehmen und bestellen. Als aber auch Oberitalien unter römische Herrschaft gebracht worden war, stockte die Landverteilung und ersten sozialen Spannungen entstanden. Die römische Bauernschaft hatte durch den Kriegsdienst und starke Verluste in den Kriegen gegen Spanien und Griechenland schwer gelitten, die oft jahrelange Abwesenheit der Soldaten hatte zum Verfall der Höfe geführt und sie ruiniert, sodass die Bauern oft gezwungen waren, diese an Großgrundbesitzer zu verkaufen. Diese wiederum waren durch Sklavenarbeit und den Einsatz von modernen Bebauungstechniken wesentlich konkurrenzfähiger als der einfache Bauer, wodurch weiter die Masse der verarmten und landlosen Bauern anstieg, die nach Rom zogen aber dort kein Land erhielten. Da jedoch der Bauer die Grundlage des Heeres bildete und sich selbst militärisch ausrüsten musste, sah sich der Senat zur Erhaltung der Wehrfähigkeit gezwungen, die Regeln für die Rekrutierung zu ändern, was zu sozialen Konflikten ab der Zeit der Gracchen führen sollte.

7. Kultur und Wirtschaft der römischen Republik

Tägliches Leben in Rom[22]

Wie in allen antiken Kulturen richtete sich das tägliche Leben in Rom nach dem Sonnenstand. Man begann die Arbeit mit den ersten Sonnenstrahlen und arbeitete bis zum Einbruch der Dunkelheit, was je nach Jahreszeit verschieden lange Arbeitstage ergab. Die berufstätige Bevölkerung, zum Großteil oder fast ausschließlich Männer, ließ sich dabei in zwei Gruppen einteilen. Zum einen die große Schar der Händler, Handwerker, Bauleute, Fuhrwerker und Tagelöhner und zum anderen die Mitglieder der Nobilität und die Ritter, die ihren Staats-, Handels- und Geldgeschäften nachgingen. Frauen waren vom öffentlichen Leben weitgehend ausgeschlossen, ihre Wirkungsbereiche waren das Haus und die Familie.

Der Tag in Rom begann für den Bürger wenn er sich zum Morgenbesuch bei seinem Patron begab, um als Klient Meinungen oder Aufträge entgegenzunehmen. Danach konnte er zum Markt, zu den Gerichten oder zum Senat gehen, der im Sommer um acht Uhr, im Winter nach zehn Uhr zu tagen begann. Auf allen öffentlichen Plätzen und Straßen ging man zu Fuß oder bediente sich einer Sänfte, da der Wagenverkehr tagsüber verboten war. Die engen Straßen Roms waren dicht bevölkert, vom kurzgeschorenen Sklaven bis zum Senator waren hier alle unterwegs, neben Latein hörte man auch Griechisch, besonders nach der Eroberung des Ostens, die Tausende von griechischen Sklaven nach Rom gebracht hatte. Diese Griechen in Rom hatten vielfältige Berufe, sie waren Redner, Lehrer, Ärzte und Erzieher der Jugend, sie wirkten als Künstler aber auch als Gaukler und Seiltänzer.

---

[22] Horst Blanck, Einführung in das Privatleben der Griechen und Römer. Darmstadt 1996.

Der Ort des Handels und des öffentlichen Lebens war das Forum, das sich gegen die Ufer des Tibers hin ausdehnte. Hier befanden sich Hafenanlagen und Speicherhallen, in denen alles, was Rom importierte, angeliefert wurde. Die Beförderung von Lebensmitteln erfolgte dabei in großen, doppelhenkeligen Amphoren, deren zerschlagene Reste zwischen Aventin und Tiber zu einem Hügel, dem Monte Testaccio, aufgetürmt wurden.

Groß war die Zahl der Lebensmittelhändler, die auf schnellen Umsatz bedacht sein mussten, da es kaum Kühlmöglichkeiten für ihre Waren gab. Es gab Obst-(*fructuarii*) und Gemüsehändler (*holitores*), die Fischhändler (*piscatores*) verfügten über Wasserbecken für ihre Waren und bei den Fleischern (*lanii*) hing das Fleisch an Haken an der Wand. Müller (*molinarii*) lieferten das Mehl für die Bäcker (*pistores*), die manchmal zu Großbetrieben wurden um die Bevölkerung mit Brot zu versorgen. Zahlreiche Gastwirte (*caupones*) boten ihre Speisen an, die Schankwirte (*thermopolae*), die ihre Krüge in einer Theke eingearbeitet hatten, sorgten für Getränke, meist eine Mischung aus Wein und Wasser. Bier war das Getränk der armen Leute und wurde in Bierschenken ausgegeben.

Die Handwerker waren zu Zünften zusammengeschlossen und siedelten nach ihren Gewerben in bestimmten Gassen, bei Cicero[23] hören wir von einer Sichelmacherstraße (*inter falcarios*) und bei Gellius[24] von der Straße der Sandalenmacher ([vicus] *sandalarius*). An den Stadtrand waren die Gewerbe der Färber (*tinctores*) und Gerber (*corarii*) verlegt, da sie übelriechende Abfälle produzierten; in der Stadt arbeiteten die Tuchmacher (*fullones*), Schneider (*vestifici*) und Schuster (*sutores*).

Man muss sich die Straßen von Rom von Rauch durchzogen vorstellen, da zahlreiche Gewerbe das Feuer brauchten. Dazu gehörten die Schmiede (*fabri ferrarii*) und die Goldschmiede (*aurifices*), die nicht nur Schmuck, sondern auch Goldzähne herstellten, und auch die Töpfer mit ihren Brennöfen.

---

[23] Cicero, In Catilinam 1,8.
[24] Gellius, Noctes Atticae 18,4,1.

Dazwischen arbeiteten die Zimmerleute (*fabri tignarii*) und die Maurer (*structores*) auf ihren Baugerüsten, da Rom eine Stadt war, in der ständig gebaut wurde.

Eine eigene Stellung hatten die Haar- und Bartscherer (*tonsores*), die ihre Dienste in offenen Läden anboten. Die Römer trugen in der Zeit der Republik das Haar kurz, Bärte waren bis zum 2. Jahrhundert v. Chr. in Mode, danach ging man glattrasiert. Den Bart ließ man sich von Sklaven im Haus oder von den Bartscherern abnehmen, sich selbst zu rasieren war nicht üblich.

Das Gesicht der Stadt änderte sich mit Einbruch der Dunkelheit. Während die Bürger sich aus Sicherheitsgründen und aus Angst vor Räubern (*latrones*) in ihre Häuser zurückzogen, begann auf den Straßen der Wagenverkehr, der tagsüber nur für die Fuhrwerke der Bauunternehmer gestattet war. Das Knarren und Rumpeln der Karren, das Geschrei und Gefluche der Ochsen- und Maultiertreiber gab stets Anlass zu Klagen wegen gestörter Nachtruhe, man lebte *inter strepitus nocturnos atque diurnos*[25] (unter Lärm Tag und Nacht).

Da Rom keine öffentliche Straßenbeleuchtung kannte, war es nachts in der Stadt dunkel. War man gezwungen auszugehen, so ließ man sich von Fackelträgern und Bewaffneten begleiten und versuchte so sein Ziel zu erreichen, was durch das Fehlen von Straßenschildern und Hausnummern nicht immer einfach war. Zeitweise setzte der Magistrat von Rom nachts Wächter und Brandwachen (*vigiles*) ein, um die Sicherheit auf den Straßen, die eng, winkelig und schmutzig waren und bis ins 1. Jahrhundert v. Chr. über keine Gehsteige verfügten, zur Hebung der Sicherheit ein.

HAUSBAU UND WOHNEN

Die ursprüngliche Form des römischen Hauses dürfte der italische Rundbau (*casa*) gewesen sein, wie er sich noch im Tempel der Vesta in Rom wiederfinden lässt. Dieser wurde bereits am Beginn der Republik vom rechteckigen

---

[25] Horaz, Epistel 2, 2, 79.

Haustyp (*domus*) verdrängt, dessen Merkmal das Atrium ist[26]. Das Haus war in der Regel nur von einer Familie bewohnt, nach außen wies es geschlossene Fassaden auf, die nur von einigen hoch angelegten kleinen Fenstern und der Türöffnung durchbrochen wurden. Im Inneren gruppieren sich die Räume um ein nach oben offenes Atrium (*compluvium*), unter dem ein kleines Wasserbecken (*impluvium*) lag, das im Sommer Kühlung versprach und zugleich das Regenwasser sammelte, das als Trinkwasser in eine Zisterne geleitet wurde.

Ursprünglich war das Atrium der Lebensbereich der Familie in dem auch der Herd stand, erst später baute man darum kleine Zimmer an, die verschiedene Funktionen, wie Küche (*cucina*), Schlafzimmer (*cubiculum*), Speisesaal (*triclinium*) und Arbeitszimmer des Hausherren (*tablinum*) hatten. An der dem Eingang gegenüberliegenden Seite konnte auch ein kleiner Garten (*hortus*) angelegt werden.

Die Möblierung des römischen Hauses war sparsam, zur Aufbewahrung von Kleidung verwendete man Truhen (*arcae*), ansonsten nahmen Nischen in den Wänden die Gegenstände des täglichen Bedarfs auf, auch kleine Schränke waren bekannt. Wichtiger Einrichtungsgegenstand war das Bett als Schlafgelegenheit, als Sofa oder auch als Speisesofa (*lectus triclinaris*), d. h. als Liegegelegenheit bei Tisch. Die Schlafzimmerbetten waren oft auf gemauerten Sockeln errichtet auf die man Matratzen legte, zum Hineinsteigen mussten wegen der Höhe Schemel benutzt werden.

Der wichtigste Einrichtungsgegenstand war der Tisch, den man als dreibeiniges Möbel in einfachen Haushalten fand. Viereckige und vierbeinige Tische konnten von einer einfachen Ausführung aus Holz bis zum Luxusgegenstand aus Metall und Elfenbein reichen. In begüterten Haushalten gab es Prunktische, auf denen man seinen Reichtum in Form von goldenen und silbernen Gefäßen zur Schau stellte.

Genauso vielfältig waren die Sitzgelegenheiten, die vom hölzernen Schemel (*scabellum*) bis zur Bank (*subsellium*)

---

[26] Alexander G. McKay, Römische Häuser, Villen und Paläste, Feldmeilen 1980.

und zur *cathedra*, einem Prunksessel mit gebogener Lehne, reichten. Der Bequemlichkeit dienten Stoffe und Polster als Auflage.

Beleuchtet wurde das römische Haus durch pechgetränkte Kienspäne; mit der Zeit übernahm man die mit Olivenöl gefüllte Öllampe (*lucerna*) oder die nach Art eines Seiles zusammengedrehten Kerzen (*candelae*), die man an Ständern (*candelabra*) befestigen konnte.

Zur Heizung dienten im Winter offene Feuer oder Becken mit Holzkohle, dennoch fror man, und selbst ein Kaiser wie Augustus trug im Winter eine dicke wollene Toga und vier Tuniken übereinander[27].

Der Fußboden (*pavimentum*) konnte aus Lehm, Ziegeln oder Stein bestehen, in reichen Häusern wurde er oft mit Mosaiken ausgeschmückt, die Wände konnten bemalt oder mit Stoffen (*vela*) verhängt werden.

Die Stellung der Frauen

Die römische Frau[28] hatte in der Gesellschaft der Oberschicht einen angesehenen, wohldefinierten Platz. Als Ehefrau war sie Gefährtin und Mitarbeiterin des Mannes, zugleich war sie die Herrin (*domina*) des Hauses und wurde in alle wichtigen Entscheidungen der Familie eingebunden. Idealerweise war ihr Lebensinhalt die Führung der Hauswirtschaft, sie beschäftigte sich mit Weben und Sticken, leitete die Dienerschaft und die Sklaven an, besorgte selbst die Einkäufe oder schickte ihre Haussklaven aus und begleitete abends ihren Mann zum Gastmahl. Bei Tisch lag sie nicht wie die Männer, sondern saß auf einem Sessel, enthielt sich des Weines und trank nur *mulsum*, eine Mischung aus Wein und Honig. Besonders nach den Punischen Kriegen kam es zu einer Lockerung der Sitten, die Frauen der Oberschicht entdeckten Prunk und Luxus, und Scheidungen, die in Rom formlos und daher leicht durchzuführen waren, kamen immer öfter vor.

---

[27] Sueton, Augustus 82.
[28] Balsdon Dacre, Die Frau in der römischen Antike, München 1979. Elke Hartmann, Frauen in der Antike, München 2007.

Frauen wurden jung verheiratet, nachdem das zukünftige Paar eine Verlobungszeit durchlaufen hatte, wobei der Bräutigam der Braut einen goldenen Ring anzustecken hatte.

Mit der Hochzeit trat die Frau in die Gewalt des Ehemannes als *mater familias* ein (*manus*-Ehe) oder verblieb in der Gewalt ihres Vaters. Die feierlichste Form der Eheschließung und vor allem in der Nobilität üblich, war die *conferratio*[29], abgeschlossen vor dem *pontifex maximus* und dem *flamen dialis*. Sie war unlösbar, verschwand aber als Brauch im Laufe der Zeit. An ihre Stelle trat die symbolische Form des Brautkaufes (*coemptio*), bei der die Ehe ohne sakralen Akt geschlossen wurde. Hatte man ein Jahr ununterbrochen zusammengelebt, so konnte die Ehe durch *usus* (aufgrund tatsächlicher Übung) geschlossen werden, eine freie Willenserklärung von Mann und Frau.

In der römischen Frühzeit konnten Männer sich nur unter bestimmten Voraussetzungen scheiden lassen, wie Ehebruch oder Unfruchtbarkeit der Frau. In der römischen Geschichte ist der erste Scheidungsfall aus 230 v. Chr. bekannt, als sich der Konsul Spurius Carvilius Ruga scheiden ließ, weil seine Frau unfruchtbar war. Gegen Ende der römischen Republik erlangten auch Frauen das Recht, eine Scheidung (*divortium*) zu beantragen, in der Kaiserzeit wurde die Scheidung immer mehr zur gängigen Praxis, wobei die römische Religion keine Vorschriften zur Verhinderung einer Scheidung kannte.

Zur Auflösung einer Ehe genügte es, dass einer der Ehepartner vor Zeugen die Formel *res tuas tibi habeto* (gehe und nimm deine Sachen mit dir) oder *vade foras*[30] (gehe aus meinem Haus) aussprach. Diese Sätze konnten auch schriftlich festgehalten und dem Partner überreicht werden. Kinder aus einer aufgelösten Ehe verblieben beim Vater und seiner Familie.

Männer durften unmittelbar nach dem Tod ihrer Frau wieder heiraten. Frauen mussten nach dem Tod ihres Man-

---

[29] Benannt nach einem dem Jupiter dargebrachten Opfer eines Kuchens aus Spelt (*farreum libum*), einer Weizenart.

[30] Martial Epigrammata 11,104,1; Juvenal, Satiren 6,146.

nes mindestens zehn Monate bis zu einer Wiederverheiratung warten, in den augusteischen Ehegesetzen wurde diese Frist auf zwölf Monate verlängert. Grund für diese Regelung war der Wunsch, im Falle einer Schwangerschaft der Witwe keine Zweifel aufkommen zu lassen, wer der Vater des Kindes sei.

HOCHZEIT

Der Tag der Eheschließung wurde, um die Götter für das Brautpaar gnädig zu stimmen, sorgfältig gewählt. Am Vortag der Hochzeit weihte die Braut ihre Spielsachen und ihre Mädchenkleidung den Göttern. Am Hochzeitstag wurde das Haus mit Bändern, Zweigen und Blumen geschmückt. Zur Ehezeremonie im Haus der Braut trug diese zum Zeichen ihrer Jungfräulichkeit eine lange weiße Tunika mit einem Gürtel und einen orangefarbenen Schleier mit einem Kranz. Die Hochzeit begann mit einem Opfer der Auguren um festzustellen, ob der Zeitpunkt der Eheschließung günstig sei, dann wurde ein Heiratsvertrag unterzeichnet und die Brautleute legten ihre Hände ineinander, danach setzte man sich zum Hochzeitsmahl. Nach dessen Ende raubt der Bräutigam die Braut symbolisch aus den Armen ihrer Mutter, danach wurde im Hochzeitszug mit Musik und Tanz das Paar zum Haus des Bräutigams geleitet, wobei man der Braut Spindel und Spinnrad zum Zeichen der hausfraulichen Tugenden nachtrug. Der Bräutigam hatte die Braut über die Schwelle zu heben um ein Straucheln zu vermeiden, da dies als ein schlechtes Omen gegolten hätte. Im Atrium wurden der Frau die Schlüssel des Hauses überreicht und sie wurde in die Gemeinschaft von Wasser und Feuer aufgenommen. Nach der Hochzeitsnacht opferte sie den Penaten des Hauses und empfing Besuche von ihren Verwandten, die Geschenke mitbrachten.

KINDERERZIEHUNG

Es war Brauch, dass man ein neugeborenes Kind vor dem Vater auf den Boden legte, hob er es auf, so wurde es von ihm anerkannt, ließ er es liegen, so war es zur Ausset-

zung oder Tötung bestimmt. Mädchen erhielten am achten
Tag, Knaben am neunten ihren Namen. Die Kinder wurden
in den ersten Lebensjahren im Haus von der Mutter erzo-
gen, danach wurden sie zur Erziehung einem Pädagogen
übergeben oder, wenn sich die Familie einen solchen nicht
leisten konnte, kamen sie zu einem Schulmeister. Man lehr-
te die Kinder besonders das Schreiben, welches auf kleinen
Wachstäfelchen, auf welchen die Buchstaben mit einem
Griffel eingeritzt wurden, geübt wurde. Ein Rechenlehrer
(*calculator*) vermittelte die Grundrechenarten auf einem Re-
chenbrett (*calculus*) und man lernte die Zwölftafelgesetze
und die bekanntesten Dichtungen auswendig, dazu kamen
die Grundbegriffe der griechischen Sprache. War das Kind
im Schreiben geübt, so verwendete man Papier aus Papy-
rusfasern oder Pergamente, die zu Schriftrollen zusammengefasst wurden. Schulgebäude waren nicht bekannt,
es wurde im Haus des Lehrers unterrichtet der auf einem
Sessel (*cathedra*) saß, vor ihm kauerten die Schüler am Boden, die das Schreibzeug auf den Knien hielten. Körperliche Züchtigung galt als notwendig und wünschenswert,
um Disziplin und Lernwillen herzustellen.

Neben dem Schulunterricht wurde auch der körperlichen Ertüchtigung breiter Raum eingerichtet. Diskuswer-
fen, Laufen, Springen, Ringen und Reiten wurden gelehrt
und besonders das Schwimmen, das als unverzichtbar in
der Ausbildung galt.

Nach der Elementarschule konnte man unter Aufsicht
eines *grammaticus* eine höhere Schule besuchen. Dort lernte
man Geschichte, Geographie, Logik, Physik, Mathematik
und Astronomie. Man las die antiken Schriftsteller wie Ho-
mer und Menander, die lateinische Lektüre bestand aus
Livius Andronicus, Ennius und Terenz. Das Erziehungs-
ziel war, den jungen Menschen zur *virtus* (Frömmigkeit,
Tugend, Mut und Tapferkeit) zu führen und ihn auf ein
Leben als Soldat, Beamter oder Kaufmann vorzubereiten.

Strebte man nach höherer Ausbildung, so schloss sich
der Besuch einer Rhetorenschule an, in welcher der junge
Mensch in der Kunst der Rede unterrichtet wurde, ohne
die ein öffentliches Wirken nicht denkbar war. Zumeist
von griechischen Rhetoren unterwiesen, übte man sich in

den methodischen Techniken der *suasoriae* (monologische Argumentation) oder der *controversiae* (Rede und Gegenrede), um sich auf sein zukünftiges Wirkungsfeld in der Politik oder vor Gericht vorzubereiten. Musterreden und das Verfassen von Aufsätzen wurde ebenfalls geübt. Für Jugendliche aus reichem Haus folgte daraufhin eine Reise nach Athen oder Rhodos, um dort an einer der berühmten Rhetorenschulen zu studieren.

Mit 17 Jahren war die Erziehung des Jünglings abgeschlossen und am 17. März, dem Fest der *liberalia,* erfolgte seine Mündigkeitserklärung. Dabei legte er die goldene Bulla, ein als Kind getragenes Amulett, und die Jünglingstoga ab und wurde mit der *toga virilis* als Zeichen des Erwachsenseins bekleidet. Dann ging er in Begleitung des Vaters oder Vormundes auf das Forum, um sich in die Liste der kriegsfähigen Bürger eintragen zu lassen.

Von diesem Tag an führte der junge römische Bürger drei Namen, das *praenomen* (Vornamen,) das *nomen gentile* (Familiennamen) und das *cognomen* (Beinamen), er hieß damit etwa Marcus (Vorname, abgekürzt: M.) Tullius (Mitglied der *gens Tullia*) Cicero (ein Zweig der *gens Tullia*). Bei besonderen Verdiensten konnten noch Ehrennamen dazu kommen, so bei Feldherren die über ein Land triumphiert hatten (P. Cornelius Scipio Africanus), oder es wurde bei einer Adoption der Name des leiblichen Vaters hinzugefügt, der mit der Endung –anus schloss (P. Cornelius Scipio Aemilianus). Die Töchter hatten kein *praenomen*, sondern führten nur den Familiennamen, bei mehreren Töchtern kamen Zählnamen dazu (Cornelia Tullia Tertia).

Der junge Mann aus der Nobilität wurde weiter ausgebildet, indem er sich hervorragenden Politikern oder Juristen anschloss, diese in den Senat oder zu Verhandlungen begleitete, um so in die praktischen Aspekte des Berufslebens eingeführt zu werden. Die körperliche Ausbildung wurde auf dem Marsfeld mit Übungen weitergeführt, um dann als Rekrut in den Stab eines Feldherrn einzutreten und hier das Kriegshandwerk zu erlernen.

In einfachen Familien wird diese Ausbildung wesentlich verkürzt gewesen sein. Wenn der Junge Glück hatte, so lernte er die Grundbegriffe des Schreibens, Lesens und

Rechnens, um dann bei einem Handwerker, oft in der eigenen Familie, eine Lehre zu beginnen. Mädchen aus diesen Familien wurden früh verheiratet, arbeiteten in der Familie mit und kümmerten sich nebenbei um Haus und Kinder.

Alter, Tod und Begräbnis

Bei Plinius dem Jüngeren[31] heißt es anlässlich des Todes eines Freundes: *Implevit quidem annum septimum et sexagensimum, quae aetas etiam robustissimis satis longa est* (Er vollendete das 67. Lebensjahr, welches Alter auch für sehr Gesunde genug ist). Man kann sich also die durchschnittliche Lebenserwartung wesentlich kürzer vorstellen, sie wird in der Regel bei Männern in den Vierzigern gelegen haben, bei Frauen wegen der Gefahr der vielen Geburten eher darunter. Unterschiede gab es auch bei den jeweiligen Bevölkerungsschichten, so wurden Angehörige der Nobilität bzw. der städtischen Schichten älter als die Landbevölkerung, die durchschnittliche Lebenserwartung der Männer wurde auch durch die zahlreichen Ausfälle in den Kriegen gesenkt.

Erreichte man ein hohes Alter, so galt man als geachteter Greis (*senex*) oder als Matrone (*matrona*) und sollte das sittliche Gewissen Roms verkörpern. Beispiel dafür ist die Geschichte von C. Marcius Coriolanus, den Mutter und Tochter zur Aufgabe seiner Rachepläne und zum Abzug aus Rom bewogen[32].

Besonderen Aufwand trieb die römische Oberschicht im Todesfall[33]. Die Bestattung des Verstorbenen galt als heilige Pflicht (*iusta facere*) der nächsten Angehörigen. Der nächste Verwandte schloss dem Toten die Augen und erhob mit den Anwesenden die *conclamatio* (Totenklage) unter mehrmaligem Rufen seines Namens. Dann wuschen die Sklaven des Leichenbestatters (*libitinarius*) den Toten, salbten ihn, legten ihm die Toga an, schmückten ihn mit seinen Eh-

---

[31] Plinius d. J., Briefe 1,12,11.
[32] Gustav Schalk, Römische Götter-und Heldensagen, Wien 1954, S. 163 ff.
[33] Jocelyn M. C. Toynbee, Death and Burial in the Roman World, London 1996.

renzeichen und Auszeichnungen und präsentierten ihn für mehrere Tage im Atrium des Hauses auf dem Paradebett (*lectus funebris*), wobei man Zypressen vor dem Haus zum Zeichen des Trauerfalles aufstellte. Dem Toten legte man als Fährgeld (*obulus*) für Charon, den Fährmann der Unterwelt, eine Münze unter die Zunge, der Öffentlichkeit teilte man den Todesfall durch einen Herold (*praeco*) mit.

Am Tag des Begräbnisses bewegte sich der Leichenzug (*pompa*) zum Ort der Verbrennung. An der Spitze schritten Flötenspieler und Fackelträger, dahinter folgten eigens dazu engagierte Frauen mit aufgelösten Haaren die Klagelieder anstimmten, gefolgt von Schauspielern und Tänzern, die Szenen aus dem Leben des Verstorbenen darstellten. Ihnen folgten die Träger der Ahnenbilder und dann der Verstorbene, der von seinen Verwandten offen auf einer Bahre getragen wurde. Danach kamen die Kinder und Angehörigen, die Männer ohne Schmuck und Rangabzeichen, die Frauen mit aufgelösten Haaren. Am Forum vor der Rostra hielt der Zug an und es wurde eine Leichenrede (*laudatio funebris*) gehalten, bei der die Verdienste des Verstorbenen hervorgehoben wurden. Die Verbrennung erfolgte nach den Regeln der Zwölftafelgesetze auf einem Scheiterhaufen außerhalb der Mauern, die Aschenurnen wurden in Gräbern entlang der Ausfallstraßen Roms, besonders an der *Via Appia* und *Via Latina*, beigesetzt.

Das Los der Sklaven[34]

Die Gemeinschaft aller in einem Haushalt Lebenden wurde von den Römern als *familia* bezeichnet und umfasste die Freien, die Dienerschaft und auch die Sklaven (*servus, puer* oder auch *famulus*). Der Herr des Hauses (*pater familias*) hatte das Recht, über das Los aller Personen im Haushalt zu entscheiden und konnte auch mit dem Leben seiner Sklaven verfahren, wie es ihm beliebte. Dem römischen Gesetz nach galt der Sklave als Sache (*res*), nicht als Mensch. Daher konnte man ihn verkaufen, verleihen oder

---

[34] Thomas Finkenauer (Hrsg.), Sklaverei und Freilassung im römischen Recht, Berlin 2006.

im Testament vererben. Er konnte nicht selbst bestimmen, wen er heiraten wollte und er hatte keine Möglichkeiten gegen seinen Herren aufzutreten, wenn dieser die mögliche Arbeitsleistung oder die Strafen überzog.

Sklave wurde man, wenn man als das Kind eines Sklaven geboren war bzw. wenn man Kriegsgefangener oder von Seeräubern geraubt war. Im Zivilrecht konnte man zum Sklaven werden, wenn man sich ungerechterweise dem Kriegsdienst entzogen hatte oder, zumindest bis zum 4. Jahrhundert v. Chr. auch dann, wenn man seine Schulden nicht bezahlen konnte.

Die Antike hat im Allgemeinen die Sklaverei als gegeben betrachtet und Rom war hier keine Ausnahme. Die Kriege gegen Karthago und in der griechischen Welt hatten Tausende von Sklaven nach Italien gebracht, allerdings war das System der Sklaverei auf der italischen Halbinsel damals bereits in Funktion. Schon in den Zwölftafelgesetzen wird die Schuldsklaverei erwähnt und auch die Griechen Unteritaliens kannten die Sklavenhaltung. Der Erste Punische Krieg soll allein 75 000 Sklaven nach Italien gebracht haben, im Zweiten Punischen Krieg wurden 30 000 Sklaven aus Tarent nach Rom gebracht, dazu kamen die 150 000 Sklaven aus den Feldzügen gegen Epiros (200–197 v. Chr.) und angeblich 100 000 Sklaven aus der Zerstörung von Korinth durch L. Mummius (146 v. Chr.). Die großen Sklavenmärkte dieser Zeit befanden sich in Capua und auf der Insel Delos, die auch durch Seeräuber, die von reichen Römern finanziert wurden, mit Sklaven versorgt wurden. Dazu kamen die Kinder der einfachen Landbevölkerung, die oft aus wirtschaftlichen Gründen in die Sklaverei verkauft wurden.

Den höher qualifizierten Sklaven, meist Griechen, wurden oft Arbeiten im Haushalt zugewiesen, sie konnten hier auch freie Berufe wie die der Philosophen, Lehrer, Architekten und als Künstler ausüben. Schlechter ging es der Masse der Sklaven, die von Großgrundbesitzern aufgekauft wurden und unter nur schwer vorstellbaren Verhältnissen auf den Latifundien zu arbeiten hatten. Versklavte Barbaren und Verbrecher landeten in den Gladiatorenschulen, in Bergwerken und Steinbrüchen. Italien blieb in der Antike das wichtigste Sklavenzentrum, man schätzt, dass am Ende der Republik etwa ein Viertel der Bevölkerung Sklaven waren. Noch im dritten Jahrhundert v. Chr. wird der Bauer Regulus erwähnt, der nur einen Knecht und einen Sklaven besaß, ihm gegenüber steht der um 70 n. Chr. bei Plinius dem Älteren erwähnte C. Caecilius Claudius Isidorus, der von sich behauptete, 4116 Sklaven zu besitzen[35].

Die Meinung der Römer zu den Sklaven hatte der griechische Philosoph Aristoteles vorgegeben: *Von der Stunde ihrer Geburt sind manche zur Unterwerfung, manche zur Herrschaft bestimmt.*[36] Zwar versuchten die stoischen Philosophen im 2. Jahrhundert v. Chr. die Sklaven als Menschen den Freien gegenüber als gleichwertig darzustellen, konnten aber diese liberale Haltung, als die Zahl der Sklaven stark anstieg und man Angst vor Sklavenaufständen hatte, nicht beibehalten.

In den Städten bemühte man sich schon aus Gründen des Werterhaltes die Sklaven gut zu behandeln. Man erlaubte ihnen, sich aus Spenden oder kleinen Zuwendungen Geld auf die Seite zu legen, um sich selbst freikaufen zu können, Sklaven hielten sich selbst wieder Sklaven, um bestimmte Arbeiten durchzuführen. Manche durften aus der Schar der Mitsklavinnen eine Gefährtin wählen und eine Sklavenehe (*contubernium*) eingehen, die Kinder aus dieser Verbindung waren selbst wieder Sklaven.

Die Behandlung der Sklaven zur Zeit der römischen Republik gilt, was die Landwirtschaft und den Bergbau angeht, als furchtbar und unbeschreiblich, die typische Lebenserwartung eines dabei eingesetzten Sklaven lag bei 21 Jahren. Typisch für die Behandlung der Sklaven ist deren Beschreibung im Werk *De agricultura* (Über die Landwirtschaft) von M. Porcius Cato dem Älteren (234–149 v. Chr.). Sein einziges Motiv der Sklavenhaltung war der Gewinn, Sklaven sollten wie Tiere behandelt werden, wobei die gute Behandlung eines Ochsen wichtiger war als die eines Sklaven. Allerdings sollte man klugerweise Sklaven gut behandeln, sodass ihre Arbeitskraft bestens genutzt wer-

---

[35] Plinius d. Ä., Naturalis Historia 23,5.
[36] Aristoteles, Politeia 1,6.

den konnte, man sollte sie nur soweit züchtigen, dass sie danach noch arbeiten konnten. Die Mehrzahl der Sklaven auf den Latifundien hatte in Ketten zu arbeiten, waren sie zur Arbeit nicht mehr fähig oder zu alt, so setzte man sie aus oder tötete sie.

Hatte Cato das Leben seiner Sklaven zumindest wegen ihrer Arbeitskraft noch geachtet, so gab es Großgrundbesitzer, die sie sich praktisch zu Tode arbeiten ließen. In manchen sizilischen Latifunden verweigerte man ihnen sogar Essen und Kleidung und wies sie an, sich diese von Passanten durch Betteln zu besorgen.

Es ist daher nicht verwunderlich, dass es bereits ab 198 v. Chr. zu ersten Sklavenaufständen kam und man die Sklaven als bedrohliches Element in der römischen Bevölkerung ansah. *Jeder Sklave ist ein Feind, den wir besitzen*, lautete die Meinung[37].

Ab der *lex Petronia* 61 v. Chr. wurden Sklaven bestimmte Rechte zugestanden, so war es verboten, sie ohne richterliche Entscheidung in den Arenen wilden Tieren vorzuwerfen. Erst unter den Kaisern Hadrian und Traian wurde die Rechtlosigkeit der Sklaven, vermutlich unter dem Einfluss der stoischen Philosophie, beseitigt.

Sklaven konnten von ihren Herren auch in die Freiheit entlassen werden, wobei es drei Formen der Freilassung gab. Der Sklave konnte in die Zensuslisten als römischer Bürger aufgenommen werden (*manumissio censu*), er konnte von seinem Herrn in Anwesenheit des Prätors freigelassen werden, wobei dieser das Haupt des Sklaven mit einem Stab berührte (*manumissio per vindictam*) oder durch die testamentarische Erklärung eines Herren (*manumissio testamento*). Der Freigelassene erhielt dabei den Vor- und Familiennamen des ehemaligen Herren in Verbindung mit seinem Sklavennamen, er war aber vom Dienst im Heer ausgeschlossen und seine Nachkommen durften bis in die dritte Generation keine Ehe mit einer Freigeborenen schließen, erst ab da hatte die Familie die vollen bürgerlichen Rechte.

---

[37] Seneca, Epistulae morales ad Lucilum 47,5–6.

LANDWIRTSCHAFT UND HANDEL

Italien war zur Zeit der römischen Republik ein Bauernstaat, der wichtigste Erwerbszweig und der größte Arbeit-
geber war die Landwirtschaft. Der Großteil der Menschen
lebte auf dem Lande und bewirtschaftete hier einfache
Bauernhöfe, von hier stammte auch die Masse der Soldaten, welche die römischen Heere bildeten. In der Frühzeit
bewirtschaftete der Bauer allein mit seiner Familie den
Hof, erst vom 2. Jahrhundert v. Chr. an konnten sich die
Bauern Sklaven für Hilfsarbeiten leisten.

Die Landwirtschaft war Handarbeit, das wichtigste Ge-
rät war der mit einer einfachen Schar bestückte Pflug, der
von Ochsen gezogen wurde. Maultiere oder Pferde konnten sich nur Großgrundbesitzer leisten.

Rinder wurden als Acker- und Zugtiere gezüchtet und
dienten auch der Milchwirtschaft, Schafe der Versorgung
mit Fleisch und Wolle. Angebaut wurde vor allem Spelt
(*far*), eine anspruchslose Weizenart, die auch auf kargen Bö-
den guten Ertrag brachte. Gerste und Ackerbohnen, Hirse,
Rüben, Kohl und Gemüse ergänzten den Speisezettel. Die
Äcker wurden in Form einer wechselnden Dreifelderwirt-
schaft bestellt, zeitweise ließ man Ackerland als Weideflä-
che für das Vieh und zur Erholung brachliegen. Zum Bauernhaus gehörte auch der Hausgarten, in dem man Feigen,
Oliven und Wein anbaute, spezielle Weinkulturen sind erst
aus späterer Zeit bekannt. Bienenstöcke sorgten für Honig,
welcher das einzige Süßungsmittel der Römer war.

Der Charakter der Landwirtschaft änderte sich mit der
Zeit, besonders als man nach der Eroberung des Orients
damit begann, Weizen in großen Mengen zu importieren.
Feigen-, Oliven- und Weinbau ersetzte die Getreidefelder,
Olivenöl wurde statt Butter zum Kochen verwendet und
man baute bevorzugt Oliven an, um Brennstoff für die
Lampen zu gewinnen.

Der rasche Übergang des römischen Staates von einem
Bauernstaat zu einem Handelsstaat im 2. Jahrhundert
v. Chr. und besonders der vermehrte Import von Sklaven
veränderten in kurzer Zeit den Charakter der Landwirt-

schaft. Latifundienbesitzer konnten durch den Einsatz von Sklaven billiger produzieren und drängten so die Bauern, die zudem oft jahrelang Kriegsdienste leisten mussten, vom Markt. Ihre Kapitalkraft machte es den *equites* (Rittern) möglich, herabgewirtschaftete Bauerngüter günstig aufzukaufen und auch das jedem zur Verfügung stehende Staatsland (*ager publicus*) zu pachten und damit ihren Besitz zu vergrößern.

Die wirtschaftlich an den Rand gedrängten Bauern, die sich wegen der Sklavenhaltung auf den Latifundien nicht als Landarbeiter verdingen konnten, verließen mit der Zeit ihre Höfe, drängten in die Städte und bildeten hier ein von staatlicher Versorgung abhängiges Proletariat, in welchem ab dem 2. Jahrhundert v. Chr. der Keim zur Rebellion lag.

Rom war aber von Beginn an auch Handelsstadt, welche zuerst mit den Städten der Umgebung und später mit der gesamten antiken Welt Handel trieb. Besonders durch die Anlage der großen Straßen, wobei die *Via Latina* und die *Via Appia* nach Süden und die *Via Aurelia* und die *Via Flaminia* nach Norden führten, sowie durch die stark ansteigende Einwohnerzahl von Rom wurde die Stadt bald zum Zentrum des italischen Handels. Dazu kam noch die bevorzugte Lage an dem ab Rom für kleinere Schiffe befahrbaren Tiber, an dessen Mündung die Hafenstadt Ostia angelegt wurde. Griechische und karthagische Kauffahrer bildeten die Mehrzahl der Händler, die hier anlegten, erst mit der Zeit konnte sich auch Rom eine Handelsflotte zulegen. Ausfuhrprodukte waren Schiffsbauholz, Vieh, Olivenöl und Wein, später kamen auch Fertigprodukte und Rohstoffe hinzu. Importiert wurden neben dem zur Versorgung der Bevölkerung nötigen Getreide, Luxusgegenstände und auch Sklaven aus dem Orient, zu deren Bezahlung Gold nötig war, das in den Bergwerken der Alpen gewonnen wurde oder aus der Beute unterworfener Völker stammte.

Münzwesen

Zur Sicherung und besseren Kontrolle des Handels wurde es ab dem Beginn der römischen Republik notwendig, ein staatliches Münzwesen einzurichten[38].

Vor dem Beginn einer einheitlichen Währung basierte die Wirtschaft auf zwei Wertformen: Rindern (*pecus* – Grundbedeutung: Besitz), von denen sich der römische Name für Geld (*pecunia*) ableitet, und unregelmäßig geformten Bronzestücken, die *aes rude* genannt wurden. Der Wert dieser primitiven Geldstücke wurde durch ihr Gewicht bestimmt, da zu dieser Zeit noch keine einheitlichen Nominale existierten. Es ist bis heute unklar, ab welchem Zeitpunkt gemünztes Geld in Rom geläufig war, allerdings ist es schriftlich belegt, dass seit der Belagerung von Veii 406 v. Chr. die Soldaten der römischen Armee mit *aes rude* bezahlt wurden. Das legt nahe, dass *aes rude* bereits vorher häufig verwendet wurden.

Der erste römische Münzmeister ist aus dem Jahr 298 v. Chr. bekannt und war für die Prägung von Gold-, Silber- und Bronzemünzen zuständig. Die Münzprägung erfolgte im Tempel der *Iuno moneta* (daher der Begriff Moneten), in dem ab 268 v. Chr. auch Silbermünzen geprägt wurden.

Die Münzeinheit war der Denar, unterteilt in vier Sesterzen, der Sesterz entsprach 2½ As. Erst unter Iulius Caesar wurde die Goldwährung mit dem Golddenar (*aureus*) allgemein, ein Golddenar entsprach 25 Silberdenaren oder 1000 Sesterzen.

Das römische Recht[39]

In der römischen Republik besaß der Bürger zwei Grundrechte: das Recht der Berufung (*provocatio*) an die römische Vollversammlung und das Stimmrecht (*suffragium*). Beide stammten aus der Frühzeit der Republik, wurden

---

[38] Michael H. Crawford, Coinage and Money under the Roman Republic, London 1985.

[39] Wolfgang Kunkel / Martin Schermaier, Römische Rechtsgeschichte, Köln 2005.

eifersüchtig bewahrt und galten als Grundlegend für die Freiheit des römischen Bürgers. Vom Berufungsrecht nahm man an, dass es aus dem Recht der Bürger, gegen die Todesstrafe Berufung einzulegen, entstanden sei, mit der Zeit wurde es auch auf andere Strafen ausgedehnt. Ein Richter, der auf das Berufungsrecht keine Rücksicht nahm und einen Bürger, ohne ihm dieses zu gewähren, hinrichten ließ, machte sich des Mordes schuldig, es sei denn, dass dieses Berufungsrecht durch das Bestehen eines Belagerungszustandes vertagt oder durch die Berufung eines Diktators auf Zeit aufgehoben worden war. In der Kaiserzeit wurde dieses Grundrecht im Strafrecht auch auf Zivilprozesse ausgedehnt und eine übergeordnete Instanz als Appellationsgericht eingeführt.

Einen wesentlichen Einfluss auf die europäische Rechtsprechung hat bis heute das römische Zivilrecht. Es war zunächst ein aus langjähriger Übung entstandenes Gewohnheitsrecht ohne geschriebene Gesetze. Die frühen Rechtsgeschäfte entsprangen dem sakralen Bereich und lehnten sich stark an die religiöse Praxis der Auguren an. Die Gesetzestexte trugen daher kultische Züge, waren ritualisiert und basierten auf Spruchformeln.

Den Machtkämpfen zwischen Patriziern und Plebeiern entsprang 450 v. Chr. eine durch die *decemviri* (Zehnmänner) als Zwölftafelgesetze benannte Aufzeichnung von allgemein gültigen Regeln, die ausschließlich die römischen Vollbürger schützten. Diese Aufzeichnungen wurden auf zwölf Holz- oder Kupfertafeln geschrieben, die auf dem Forum standen, deren Originaltext aber nur fragmentarisch und mittelbar durch Zitate überliefert ist.

In der Folgezeit wurde das Recht meist mündlich bzw. in Beispielsammlungen überliefert; die erste systematische Sammlung des Rechts fand unter Konsul Q. Mucius Scaevola 95 v. Chr. statt.

Man unterschied im Recht zwischen Staatsrecht (*ius publicum*) und Privatrecht (*ius privatum*), wobei das zuletzt genannte den Rechtsgeschäften zwischen den Bürgern Sicherheit geben sollte. Vor dem Gesetz herrschte die Gleichheit aller Bürger, die berechtigt waren, nach dem Gesetz behandelt zu werden. Freigelassene, Sklaven oder Einwohner ohne Bürgerrecht waren davon ausgeschlossen. Der eigentliche Ausbau des römischen Rechtes erfolgte nach den Zweiten Punischen Krieg, als man das Zivilrecht in Sachenrecht, Schuldrecht, Familienrecht und Erbrecht aufteilte. So schufen die Römer im Sachenrecht erstmals den Unterschied zwischen Besitz (*possessio*) und Eigentum (*dominium*). Das Schuldrecht regelte das Verhältnis vom Schuldner zum Gläubiger. Nach Meinung der römischen Juristen entstanden hier Rechte entweder durch Übereinkunft wie einen Vertrag (*contractus*), der auf staatlichen Vorgaben beruht, oder durch ein Vergehen (*delictum*). In ein Schuldverhältnis konnte man gelangen, wenn man sein Darlehen nicht zeitgerecht zurückzahlte, dann konnte der Schuldner vom Gläubiger zur Arbeit herangezogen oder in Haft genommen werden. 326 v. Chr. wurden in der *lex Poetelia* diese Bestimmungen aufgehoben.

Im Familienrecht wurden die Verhältnisse innerhalb der Familie geregelt, darunter das oft ausgeübte Vormundschaftsrecht und das Erbrecht, welches besonders Bestimmungen über die Gültigkeit von Testamenten und über Erbberechtigte hatte.

Prozesse fanden öffentlich auf dem Forum im Rom statt; hier standen die halbkreisförmigen Tribünen, auf denen sich der Vorsitzende und die Geschworenen niederließen. Der die Verhandlung führende Prätor hatte einen eigenen Stuhl, die *sella curulis* (Ratssessel), die Geschworenen nahmen auf Bänken Platz. Meist wurde, besonders bei wichtigen Prozessen, der Gerichtshof von einer Schar von Neugierigen und Angehörigen umgeben, die versuchten, die Geschworenen zu beeinflussen.

Die Anklage wurde von einem oder mehreren Bürgern erhoben, die Institution eines staatlichen Anklägers war unbekannt. Die Rechtsprechung stand in der Anfangszeit dem König zu, seit 509 v. Chr. den Konsuln und ab 366 v. Chr. den Prätoren. Ursprünglich hatte der König ein Begnadigungsrecht, das später auf die Zenturiatskomitiien überging. Man setzte besonders für Kriminalfälle außerordentliche Kommissionen ein, aus denen später die ständigen Geschworenengerichte entstanden, in denen ein Prätor den Vorsitz führte.

Über den Verlauf von Strafprozessen in Rom sind wir gut unterrichtet: Die Anklage erfolgte zunächst durch einen Bürger, hielt der Prätor sie für begründet, musste sie in Gegenwart des Beklagten wiederholt werden. Konnte sich der Angeklagte in einem Verhör nicht ausreichend rechtfertigen, so schrieb der Prätor eine Verhandlung aus. In dieser hatten Ankläger wie Beklagter das Recht, ihre Meinung darzustellen und es wurden Beweismittel wie Geständnisse, Urkunden und eidliche Zeugenaussagen präsentiert, wobei die Zeugen in Strafsachen zur Aussage gezwungen werden konnten. Sklaven wurden vor ihrer Zeugenaussage obligatorisch gefoltert, da man nur so ihren Aussagen trauen wollte. Nach der Beweisaufnahme entschieden die Geschworenen ohne vorherige Beratung über Schuld und Unschuld des Angeklagten, indem sie Täfelchen hochhielten, die ihr Urteil anzeigten, bei Stimmengleichheit wurde für den Angeklagten entschieden (*in dubio pro reo*). Daraufhin verkündete der Vorsitzende das Urteil, das sogleich vollzogen werden konnte, wenn eine Berufung nicht zum Erfolg führte.

Die Strafen waren vom Staat vorgegeben. Es gab Geldbußen, die Strafe der Ächtung und Verbannung, oft verbunden mit der Einziehung des Vermögens und des Bürgerrechtes sowie die Todesstrafe. Diese wurde in Form der Enthauptung mit dem Beil, in späterer Zeit mit dem Schwert, vollzogen. Ältere Hinrichtungsarten waren das Herabstürzen vom Tarpeiischen Felsen am kapitolinischen Hügel und das Hängen, aus dem die Kreuzigung hervorging, die ursprünglich nur für verbrecherische Sklaven vorgesehen war, später aber auch Freie, sofern sie nicht römische Bürger waren, treffen konnte. Hochverräter und hochrangige Kriegsgefangene wurden im Kerker (*carcer tullianus*) erdrosselt. Vatermörder wurden in einen Sack eingenäht und dann im Meer versenkt.

Ähnlich war das Vorgehen in Zivilprozessen, wobei es dem Kläger freigestellt wurde, den Beklagten mit Gewalt vor den Prätor zu schleppen. Dieser hörte sich die Sache an, legte den Kontrahenten eine Liste der Richter vor, aus denen man sich drei aussuchen konnte, der weitere Verlauf entsprach etwa dem der Strafprozesse.

Die Römer gelten auch als die Erfinder des geordneten Völkerrechtes (*ius gentium*), indem der Prätor das römische Recht mit dem eines anderen Volkes in Einklang zu bringen hatte. Die Verhandlungen und Verträge mit fremden Städten und Staaten wurden von Legaten, deren Person als heilig galt, geführt und abgeschlossen. Beleidigungen oder Angriffe auf solche Diplomaten und besonders auf römische Gesandte wurden von Rom streng und oft mit einer Kriegserklärung geahndet.

Ein wichtiger Teil der völkerrechtlichen Beziehungen war die Entscheidung über Krieg und Frieden. Glaubte Rom, bei anderen Völkern einen Verstoß gegen Verträge und Gesetze zu sehen, so wurden diese durch die Gesandtschaft der *fetialen*, Mitglieder des römischen Priesterkollegiums mit dem *pater patratus* (Bundespriester) an der Spitze aufgefordert, Genugtuung zu leisten. Wurde dies verweigert, so wurde der Gegner zum Feind (*hostis*) erklärt und damit standen dem Staat bestimmte Rechte zu, wie etwa dasjenige, die Beute für die Staatskasse und zur Verteilung unter den Soldaten zu verkaufen, das Land des Feindes in Gemeinbesitz (*ager publicus*) zu verwandeln und die Besiegten selbst zu Sklaven zu machen. War der Krieg beendet, wurde der Frieden wiederum von den *fetialen* geschlossen.

LATEINISCHE SPRACHE UND LITERATUR

Das Lateinische[40] wurde in der Frühzeit Roms nur in der Stadt und in Latium gesprochen und war als indogermanische Sprache mit dem Sabellischen, Oskischen, der Sprache der Volsker und dem Umbrischen verwandt, dazu gehörten auch die Sprachen der Kelten und der unteritalischen Griechen. Allein das Etruskische fällt hier als nicht indogermanische Sprache heraus. Erst im Zuge der römischen Eroberungen, Kolonien und Besatzungen konnte sich das Lateinische in ganz Italien und später in der antiken Welt als Gebrauchssprache durchsetzen. Das älteste lateinische Alphabet bestand aus 21 Zeichen, die den heutigen entsprechen, U und

---

[40] Jürgen Leonhardt, Latein – Geschichte einer Weltsprache. München 2009.

V wurden nicht unterschieden, erst später kamen aus Griechenland die Buchstaben Y und Z dazu und fanden in griechischen Lehnworten Verwendung, die Buchstaben J und W
kommen im lateinischen Alphabet nicht vor.

Die ältesten schriftlichen Zeugnisse sind wenige Reste sakraler Poesie und besonders die Zwölftafelgesetze,
sowie andere Inschriften. Gesprochen wurde am Beginn
die römische Sprache als *sermo plebeius* (Volkssprache) und
sermo rusticus (Bauernsprache), zu der sich später die besonders bei Juristen, Politikern und Rednern verwendete
stilistische Kunstsprache des *sermo urbanus* (Stadtsprache),
gebraucht etwa von Caesar und Cicero, hinzukam.

Später entwickelte sich eine einfache Form des Vulgärlateins (*sermo vulgaris*), die im einfachen Volk immer mehr
Verwendung fand, und zum Beispiel bei den frühen christlichen Gemeinden verbreitet war. Dieses wurde in der Kaiserzeit zur bestimmenden Sprachform.

Die ältesten literarischen Zeugnisse Roms stammen aus
dem sakralen Bereich. Es ist dies das *carmen arvale*, ein Kultlied der *fratres avales* (Flurbrüder) zu Ehren der Flurgöttin
Dea Dia, in dem die Feldgottheiten und der Wachstums-
gott *Marmar* (Mars) und die *Semones* (gute Saatgeister) um
Schutz und gute Ernten angefleht wurden. Dazu gehört
auch das Kultlied der alten Priesterschaft der Salier, die zu
Ehren des Mars im März und Oktober feierliche Umzüge
abhielten.

Der Beginn der epischen Dichtung[41] liegt in den Klage-
liedern um Verstorbene, in denen von den guten Werken
und Taten der Toten berichtet wurden und von denen mehrere zu einer Familienchronik zusammengefasst wurden.
Erhalten aus der Frühzeit der römischen Literatur haben
sich auch Grabinschriften, Zaubersprüche und Regeln für
die Landwirtschaft.

Die dramatische Dichtung der Frühzeit entstand aus
den Scherzspielen der *sátura,* welche die verkleideten Bauern an Festtagen aufführten und die witzige Spottverse auf
die Gesellschaft und die Nachbarn waren. Nach der Erbau-

---

[41] Egidius Schmalzlriedt (Hrsg.), Hauptwerke der antiken Literaturen, München 1976.

ung der ersten Bühne in Rom 364 v. Chr. übersiedelten sie aus dem ländlichen Raum in die Stadt und wurden hier von Berufsschauspielern dargeboten. Später wurden sie zum heiteren Abschluss ernsterer Dramen ausgebaut.

Aus Unteritalien stammte der *mimus*, ein Schauspiel, in dem bekannte Personen oder Geschichten aus dem Alltag mit Spott und Häme dargestellt wurden. Die komischen *fabula atellana* kamen aus Kampanien nach Rom und sollen nach den oskischen Bewohnern des Städtchens *Atellus* benannt sein, die als eine Art von Schildbürgern bekannt waren. Es waren Stegreiflustspiele, in den stets die gleichen Typen auftraten, dazu gehörten *Maccus*, der Dummkopf, *Bucco*, der zudringliche Schwätzer, *Pappus*, der spießbürgerliche Alte, *Dossenus*, der buckelige Vielfraß und *Sannio*, der Narr. Die *Attelane* wurden von verkleideten jungen Leuten der höheren Stände dargebracht und verdrängten, nachdem sie zu Lustspielen geworden waren, andere Darstellungsformen.

Die eigentliche Dichtung der Römer stammte aus dem griechischen Raum und begann mit dem italischen Griechen Livius Andronicus, der um 284 v. Chr. in Tarent geboren wurde. Als Kriegsgefangener und Sklave kam er nach Rom, wo ihm ein gewisser Livius Freiheit und Namen gab. Er wirkte hier als Lehrer und schrieb für seine Schüler eine Übersetzung der Odyssee ins Lateinische, die bis zu Zeiten des Dichters Horaz in Gebrauch war. Seine eigentliche Leistung ist die Bearbeitung und Übersetzung antiker griechischer Bühnenwerke ins Lateinische, wobei er auf die Tragödien von Aischylos, Sophokles und Euripides und auf die Lustspiele der attischen Komödie von Diphilos, Philemon und Menander zurückgriff.

Der erste lateinische Dichter war Cnaeus Naevius (ca. 269–199 v. Chr.) aus Kampanien, der ebenfalls griechische Tragödien ins Lateinische übertrug. Nach den hohen Absätzen (*crepida*), welche die Schauspieler in seinen Aufführungen zur besseren Sichtbarkeit trugen, wurde diese Art der Tragödien als *fabula crepida* bezeichnet. Er verwendete auch römische Stoffe wie die Geschichte des Romulus und wurde zum Begründer der *fabula praetexta*, weil in seinen Stücken Könige und Feldherren auftraten, welche die purpurgesäumte *toga praetexta* trugen.

Neben zahlreichen Komödien schuf er auch das erste römische Heldengedicht, das Epos *Bellum Poenicum* (Der Punische Krieg), eine Darstellung des Ersten Punischen Krieges, an welchem er selbst teilgenommen hatte. Als er es aber wagte, die Familie der berühmten Meteller in seinen Werken zu verspotten, trug ihm dies die Verbannung ein, und er ging nach Utica in Nordafrika, wo er auch starb.

Der nächste bedeutende Dichter war Titus Maccius Plautus. Um 254 v. Chr. in Sarsina in Umbrien geboren, kam er als Schauspieler nach Rom, wo er zum Komödiendichter wurde. Er schrieb an die 130 Stücke, von denen 21 erhalten blieben und zu Vorbildern für Molière und Shakespeare wurden. Zu seinen bekanntesten Werken gehören *Menaechmi* (Die Zwillingsbrüder), *Alularia* (Die Topfkomödie) und *Miles gloriosus* (Der prahlerische Soldat). Er porträtierte in seinen Stücken die kleinbürgerliche Gesellschaft Roms, in der typische Charaktere wie der strenge Vater, lockere Söhne, dreiste Sklaven und witzige Nutznießer der Gesellschaft auftreten.

Über die Theaterbauten seiner Zeit wissen wir nur wenig; da es temporäre, aus Holz gezimmerte Bauten waren, hat sich nichts davon erhalten. Sie dürften dem griechischen *theatron* geglichen und einen halbkreisförmigen Zuschauerrang und eine Orchestra besessen haben. Da aber im römischen Theater kein Chor auftrat, war die Orchestra ungenutzt und konnte Zuschauer aufnehmen. Die Schauspieler bewegten sich auf einer Bühne (*pulpitum*), der Ort der Szene war nur durch wenige Requisiten angegeben. Das Tragen von Kostümen war üblich und die Frauenrollen wurden von Männern dargestellt, die Verwendung von Masken nach griechischem Vorbild war noch nicht in Gebrauch.

Der Begründer der römischen Kunstdichtung dürfte der aus *Rudiae* in Kalabrien stammende Q. Ennius (239–169 v. Chr.) gewesen sein. Sein Hauptwerk waren die *Annales* (Jahrbücher), ein Werk, das die Geschichte Roms vom Trojanischen Krieg mit der Flucht des Aeneas bis zu den Punischen Kriegen behandelte. Er wirkte auch als Dramatiker, allerdings konnten seine Stücke beim Publikum nicht mit denen des Plautus konkurrieren.

Etwas jünger war Caecilius Statius (um 220–168 v. Chr.),

ein Kelte aus Oberitalien, der Komödien im Stil Menanders schrieb, während M. Pacuvius (220–130 v. Chr.) aus *Brundisium* griechische Trauerspiele frei nachdichtete. Zu den besten Schöpfungen dieses Genres gehören die Werke des L. Accius (170–86 v. Chr.) aus *Pisaurum* in Umbrien, der besonders die griechischen Sagenkreise in seine Werke einfließen ließ.

Ein freigelassener Sklave aus Karthago aber sollte sie alle übertreffen: P. Terentius Afer (189–159 v. Chr.) fand in Rom Anschluss an die Kreise um den jüngeren Scipio, kam aber schon früh auf einer Reise nach Griechenland ums Leben. Erhalten haben sich von ihm nur sechs Stücke. In seinen von dem Schauspieler Ambivius Turpio inszenierten Komödien gestaltete Terenz das bürgerliche Alltagsleben in sorgfältiger, lebensechter Charakterisierung der Personen. Erziehungsprobleme, Ehefragen und Liebesverwicklungen sind die Themen seiner von großer Menschlichkeit getragenen Stücke nach dem Motto: *Homo sum: humani nil a me alienum puto* (Ich bin ein Mensch, nichts Menschliches ist mir fremd)[42].

Eine in Rom entstandenen Literaturgattung, die Satire, fand ihren hervorragendsten Autor in C. Lucilius (180–102 v. Chr.), einem Ritter aus der Kolonie *Suessa Aurunca* in Kampanien, welcher der römischen Gesellschaft in politischen, sozialen und künstlerischen Fragen einen Spiegel auf elegante Art vorhielt und so eine Art der verklausulierten öffentlichen Kritik schuf.

Ebenfalls eine römische Schöpfung war die schriftliche Herausgabe von Reden, die in der Kurie oder im Senat gehalten wurden und die von Schreibern unter dem Volk verbreitet wurden. Der erste, der dies in lateinischer Sprache tat, war M. Porcius Cato Censorius (234–149 v. Chr.), von dem Cicero später noch 150 Reden kannte, von denen aber nur mehr 80 Fragmente erhalten sind.

Der Beginn der römischen Geschichtsschreibung liegt in den amtlichen Aufzeichnungen der Priesterschaft, die seit frühester Zeit für den Staat einen Bericht über die Ereignisse der Jahre abzufassen hatten. Diese datierten Krie-

---

[42] Terenz, Heauton timorumenos 77.

ge, Seuchen, Friedenschlüsse und Bündnisse und wurden als *annales pontificium* bezeichnet. Bei der Eroberung Roms durch die Kelten 390 v. Chr. gingen sie zugrunde und wurden aus dem Gedächtnis wieder erstellt und bis 123 n. Chr. fortgeführt. Ursprünglich eine Sammlung von einzelnen Dokumenten, brachte man sie später als *annales maximi* in Buchform.

Der erste literarische Historiker war Q. Fabius Pictor (254–201 v. Chr.), der eine in Griechisch geschriebene Geschichte Roms von Aeneas bis zum Zweiten Punischen Krieg herausgab. Als Begründer der lateinischen Geschichtsschreibung gilt der schon oben erwähnte Cato mit seinen *Origines*, in denen er von der Gründung Roms bis 149 v. Chr. die Ereignisse der Stadt schilderte. Er brach dabei mit dem Prinzip, die Ereignisse nach Jahren geordnet aufzuzählen, und fügte sein Material nach sachlichen Gesichtspunkten zusammen.

Im 1. Jahrhundert v. Chr. hatte sich die römische Dichtung von ihren griechischen Wurzeln gelöst, blieb aber in der Philosophie noch immer ihren Vorbildern verpflichtet. Beispiel dafür ist T. Lucretius Carus (um 99–55 v. Chr.) der in seinem Lehrgedicht *De rerum natura* (Über das Wesen der Dinge) die Bücher des griechischen Philosophen Epikur bearbeitete und dazulegen versuchte. Seine Leistung liegt in der Übertragung des griechischen Atomismus und der Lehre Epikurs in die römische und damit westliche Welt, womit er eine nahezu beispiellose Langzeitwirkung entfaltete.

Um die Mitte des 1. Jahrhunderts v. Chr. kam es in Rom zur Bildung eines Zirkels junger literarischer Talente unter dem Einfluss des als Kriegsgefangenen nach Rom gekommenen Parthenios von Nikaia (gest. nach 73 v. Chr.), die sich als Neoteriker bezeichneten und sich bewusst wieder der hellenistischen Dichtung zuwandten. Ihr bedeutendster Vertreter war C. Valerius Catullus (87–57 v. Chr.) aus Verona, der in seinen Liebesgedichten an Clodia, die dann später zu Liebesschmerzgedichten wurden, unvergleichliche Lieder schuf. Obwohl schon jung gestorben, hinterließ er einen Band an Dichtungen, die in den verschiedensten griechischen Metren abgefasst sind.

8. Von der Republik zum Prinzipat (133–31. v. Chr.)

Die innere Krise Roms zur Zeit der Gracchen

Um 133 v. Chr. war Rom zur beherrschenden Macht im Mittelmeerraum geworden, sowohl durch geschickte Diplomatie als auch durch die Kraft seiner Heere. Der Macht und Bedeutung im Äußeren standen allerdings immer stärker zunehmende Probleme im Inneren gegenüber. Die Macht im Staat, der sich eine Republik nannte, lag in den Händen einer kleinen, eng begrenzten Oberschicht, die anderen Gesellschaftsschichten kaum Zutritt erlaubte. Die jährlich bestellten Beamten stammten zumeist aus dieser Nobilität, und wenn nicht, so hatten sie kaum das politische Gewicht oder den Rückhalt, sich gegen die Interessen der Herrschenden durchzusetzen. Dazu kam, dass der Senat nach dem Zweiten Punischen Krieg alle auswärtigen Angelegenheiten, seien es die Provinzverwaltung oder die Finanzen der beherrschten Länder, allein für sich forderte. Durch diese Machterhöhung des Senates sollte sich eine Kluft zwischen der Adelspartei (*optimates*) und der Volkspartei (*populares*) öffnen, welche für die nächsten Jahrzehnte in der römischen Innenpolitik bestimmend werden sollte. Dabei nutzten die Optimaten die Macht des Senates, die Popularen machten Politik mit der Gesetzgebungsmacht der Volksversammlung.

Das Schwinden der Bauernschaft zu Gunsten der Großgrundbesitzer und die neue Macht des Ritterstandes wurden bereits erwähnt, dazu kam auch noch eine Krise im Verhältnis zu den italischen Bundesgenossen, die zwar mit ihren Soldaten die Erringung der Herrschaft im Mittelmeerraum ermöglicht hatten, aber bei der Verteilung der Beute und der Ausbeutung der eroberten Länder benachteiligt wurden. Dazu kam ihre politische Rechtlosigkeit, da sie in Fragen der Innen- und Außenpolitik keine Stimme hatten.

Das größte Problem aber war die Not der landlosen Bürger, die entweder als Bauern ihre Höfe hatten aufgeben müssen oder entlassene Soldaten waren, die keinen Anspruch auf Land durchsetzen konnten.

Hilfe in ihrer Not versprachen sich diese Bürger vom Volkstribunat. Der erste, der auf diesem Wege versuchte eine Agrarreform im Senat durchzubringen, war Tiberius Sempronius Gracchus, eines von zwölf Kindern Cornelias, der Tochter des Scipio Africanus, und des Titus Sempronius Gracchus.

Tiberius (162–133 v. Chr.) lernte die Nöte der Bauern als Quästor in Etrurien kennen und hatte den wenig ruhmreichen Feldzug gegen Numantia mitgemacht. Er ließ sich 133 v. Chr. zum Volkstribunen wählen und brachte einen Antrag zur Erneuerung der Licinischen Gesetze ein, welche die Obergrenze für den Besitz der Latifundienbesitzer an Gemeindeland auf 500 *iugera* (1 *iugerum* – 1 Morgen, ca. 2500 m2) beschränkten, wobei man noch je 250 *iugera* für einen Sohn dazubekommen konnte (*lex Sempronia agraria*). Was darüber hinausging, sollte dem Staat zurückgegeben werden, der daraus neue Höfe zu je 30 *iugera* an die Bürger und ehemaligen Soldaten vergeben sollte. Damit das Land aber nicht wieder billig von Großgrundbesitzern aufgekauft werden konnte, blieb es im Besitz des Staates und wurde gegen eine jährliche Pacht (*vectigal*) vergeben.

Mit einer flammenden Rede brachte er den Vorschlag im Senat ein[43]: *Die wilden Tiere, die Italien bevölkern, haben ihre Höhlen, und für jedes von ihnen gibt es eine Lagerstätte, einen Schlupfwinkel. Die Männer aber, die für Italien kämpfen und sterben, haben nichts als Luft und Licht; unstet, ohne Haus und Heim ziehen sie mit Kindern und Frauen im Land umher. Die Feldherren lügen, wenn sie in der Schlacht ihre Soldaten aufrufen, Gräber und Heiligtümer gegen die Feinde zu verteidigen: Keiner dieser armen Römern hat ja einen väterlichen Altar, keiner ein Grab seiner Ahnen. Für Wohlleben und Reichtum anderer kämpfen und sterben sie. Her-*

---

[43] Plutarch, Tiberius Gracchus 8.

ren der Welt werden sie genannt – in Wirklichkeit gehört ihnen aber kein Krümel Erde.

Unter den Bauern und Bürgern war Tiberius damit schnell populär, allerdings fand er unter der Nobilität, den Rittern und Großgrundbesitzern, mächtige Feinde. Auf deren Einfluss hin brachte der zweite Volkstribun M. Octavius das Gesetz mit seinem Veto vor der Volksversammlung zu Fall, worauf ihn Tiberius gegen das Gesetz von der Volksversammlung abwählen ließ, weil er gegen die Interessen des Volkes gehandelt habe. Nach dessen Ausscheiden wurde das Ackergesetz angenommen und Tiberius ging sofort an dessen praktische Durchführung. Er ließ zur Finanzierung das Erbe von König Attalos III. von Pergamon, der sein Land testamentarisch den Römern 133 v. Chr. vererbt hatte, beschlagnahmen und er bewarb sich, ebenfalls gegen die Gesetze, um eine Wiederwahl als Volkstribun. Am Wahltag kam es zu Tumulten, man beschuldigte ihn, die Alleinherrschaft anzustreben, und bei einem Straßenkampf kamen er und 300 seiner Anhänger ums Leben, seine Leiche wurde von seinen Feinden in den Tiber geworfen.

Zwar hatten sich die Optimaten eines hartnäckigen Gegners entledigt, das Ackergesetz konnten sie aber nicht mehr aufhalten. In den nächsten Jahren wurden in Italien 72 000 neue Bauernstellen geschaffen. Als man aber damit begann, dafür auch Land der Bundesgenossen zu besetzen, regte sich hier der Widerstand und diese konnten, in Zusammenarbeit mit den Optimaten erreichen, dass die weitere Landverteilung eingestellt wurde. Auf Antrag des Scipio Aemilianus (185–129 v. Chr.) wurde die Entscheidungsgewalt darüber von der Volksversammlung auf die Konsuln übertragen, allerdings starb Scipio kurz danach und der Legende zufolge wurde er von den Anhängern der Gracchen ermordet.

Tiberius Sempronius Gracchus war der erste Sozialrevolutionär Italiens gewesen, wenngleich seine Sorge nicht allein dem Wohl der Bauern galt, sondern auch der Stützung des Milizsystems, da er erkannte, dass die freien Bauern die Soldaten für die Armeen des Vaterlandes stellten und diese, da sie sich selbst ausrüsten mussten, eine wirtschaftliche Basis für ihren Kriegsdienst brauchten. Den Tod fand Tiberius nicht wegen seiner Landreformen, sondern weil er versucht hatte, mit der Volksversammlung ein zweites Machtzentrum in Rom aufzubauen, was der Senat in dieser Form nicht dulden konnte und wollte.

Nach den blutigen Verfolgungen der Jahre 133/132 v. Chr. suchte die Reformpartei nach einem Ausweg, den sie darin sah, die Bundesgenossen durch eine Ausweitung ihrer Bürgerrechte zu gewinnen. Dieser Antrag musste wegen des Widerstandes der stadtrömischen Bevölkerung, die ihre Vorrechte nicht teilen wollten, wieder aufgegeben werden, worauf es in einigen italischen Städten zu Aufstandsbewegungen gegen Rom kam.

Zu dieser Zeit kehrte der jüngere Bruder des Tiberius, C. Sempronius Gracchus (153–121 v. Chr.), von seiner Quästur in Sardinen nach Rom zurück und wurde zum Volkstribun gewählt. Um das Volk und auch den neuen Stand der Ritter zu gewinnen, brachte er zwei Gesetze ein, mit denen er seine Anhängerschaft zugfriedenstellen wollte. Es war dies das Getreidegesetz (*lex frumentaria*), mit dem der Getreidepreis durch staatliche Zuschüsse gesenkt werden sollte und billiges Getreide an die Bevölkerung von Rom ausgegeben werden konnte. Das zweite Gesetz war das Richtergesetz (*lex iudicaria*), welches dem Senat einen Teil seiner Gerichtsbarkeit nahm und die Geschworenengerichte in Zukunft mit Rittern besetzte, wodurch er einen Keil zwischen die Optimaten und den Ritterstand treiben wollte. Gaius nahm die Ackergesetze seines Bruders wieder auf, gründete neue Kolonien für vermögenslose Bürger in Capua, Tarent und Karthago, und im Volkstribunat wurde nun auch die Wiederwahl möglich.

Der Senat, der sich immer mehr in den Hintergrund gedrängt sah, schlug mit der Bestellung von M. Livius Drusus (gest. 108 v. Chr.) zum Volkstribun zurück. Mit weitergehenden Plänen als sie Gaius hatte, gelang es ihm die Volksmenge auf seine Seite zu ziehen, sodass jener bei der Wiederbewerbung um das Tribunat durchfiel. Dies führte zu Unruhen unter den Comitien, dagegen ließ sich der Konsul L. Optimus vom Senat diktatorische Vollmachten geben und ging damit gegen Gaius vor. Dieser zog sich mit

3000 Anhängern auf den Aventin zurück und wurde dort 121 v. Chr. mit diesen von römischen Truppen niedergemacht.

Nach seinem Tode blieb das Getreidegesetz erhalten und sollte in Zukunft dazu führen, dass sich immer mehr Besitzlose in Rom ansiedelten und sich hier vom Staat mit Getreide versorgen ließen. Die in Erbpacht vergebenen Landlose an die Bauern wurden zu Eigentum erklärt, was dazu führte, dass viele Bauern ihre Höfe an Großgrundbesitzer verkauften und deren Macht weiter anwuchs. In Summe gesehen waren die Reformbemühungen der beiden Gracchen erfolglos geblieben, ihr gewaltsamer Tod war aber nur der Auftakt zu einem Jahrhundert der blutigen Bürgerkriege, Ächtungen, Proskriptionen und Vermögenskonfiskationen.

GAIUS MARIUS

Nach den Unruhen der Zeit der Gracchen blieb es die nächsten 20 Jahre in Rom ruhig, der Senat wagte sich nicht an die *populares* heran und musste auch die Errungenschaften der Ritter anerkennen. Allerdings zeigten sich in dieser Zeit in den römischen Herrschaftsgebieten außerhalb Italiens die Mängel in der Organisation des Staates.

Zunächst aber wurde das Mutterland Italien durch schwere Sklavenaufstände erschüttert. Die Eroberungen im 2. Jahrhundert v. Chr. hatten Hunderttausende Sklaven nach Italien gebracht. 136 -135 und 132 v. Chr. und dann wieder zwischen 104–101 v. Chr. erhoben sich in Sizilien tausende Sklaven, man schätzte deren Zahl auf bis zu 70 000, und um 133 v. Chr. wurde Westkleinasien von Sklavenaufständen erschüttert. Der letzte große Sklavenaufstand fand 73–71 v. Chr. unter dem ehemaligen Gladiator Spartacus statt, der versuchte mit einem Heer aus empörten Sklaven und landlosen Freien aus Italien zu entkommen. Diese Sklaven wollten keinen Umsturz der Gesellschaft, sie wollten in die Freiheit gelangen bzw. den Platz ihrer Herren einnehmen. Sie errichteten dazu in Sizilien und Kleinasien Königreiche und konnten mehrere römische Heere besiegen, wurden dann aber von römischen Truppen auf das Grausamste niedergeworfen und die Überlebenden ans Kreuz geschlagen.

In Nordafrika hatte sich inzwischen der numidische König Iugurtha (um 160–104 v. Chr.) des Thrones in Nachfolge des romtreuen Königs Massinissia bemächtigt und seine Mitbewerber ermorden lassen. Dabei hatte er sich aber auch an römischen Kaufleuten vergriffen, sodass die Ritter, die ihre Geschäfte in Nordafrika gefährdet sahen, das Eingreifen Roms forderten. Unter dem Volkstribun C. Memmius wurde 112/111 v. Chr. ein Heer entsandt, das durch Korruption und schlechte Führung keine Entscheidung gegen Iugurtha herbeiführen konnte. Unter Konsul L. Calpurnius Bestia kam es daraufhin zu Friedensverhandlungen, die aber von der Volksversammlung abgelehnt wurden, die Iugurtha zu Verhandlungen nach Rom unter der Zusicherung freien Geleites bestellte. Dabei kam es zu massiven Bestechungen durch Iugurtha und auch zum Mord an seinen Neffen Gulussa, sodass ihn der Senat aus Rom ausweisen ließ. Iugurtha, der es verstanden hatte, sich mit seinem Gold die Gunst von Senatoren und der Stadtrömer zu erkaufen, schied aus Rom mit den Worten: *urbem venalem et mature perituram, si emptorem in venerit* (Verkäufliche Stadt, wie bald bist du verloren, wenn sich ein Käufer findet)[44].

Es kam zu weiteren Kämpfen in Nordafrika, allerdings waren die schlecht motivierte römische Armee und besonders ihre bestechlichen Offiziere hier so unterlegen, dass eine Legion von Iugurtha gefangen und unter dem Joch hindurchgeführt wurde. Diese Schmach war selbst für die Optimaten in Rom zu groß, sodass sie mit Q. Caecilius Metellus einen fähigen General entsandte, der in kurzer Zeit Iugurtha zurückdrängen konnte. In seinem Heer diente als Legat C. Marius (156–86 v. Chr.), der aus kleinem Adel aus *Arpinum* im Volskerlande stammte, sich aber stets von der Nobilität verachtet sah und sich daher den *populares* angeschlossen hatte. 107 v. Chr. ließ er sich gegen den Widerstand der Nobilität zum Konsul wählen und konnte mit Glück und der Unterstützung des Königs Boccus von

---

44 Sallust, Iugurtha 35,10.

Mauretanien 105 v. Chr. Iugurtha besiegen und im Triumph durch Rom schleppen, ehe dieser im *carcer tullianus* hingerichtet wurde.

Marius hatte seine militärischen Erfolge auch einer weitgreifenden Heeresreform zu verdanken. Er teilte die Legion in 10 Kohorten von 500 bis 600 Mann und schaffte die alte Manipeleinteilung ab, die zu wenig flexibel für den Kampf gewesen war. Er verbesserte die Ausbildung der Soldaten und machte den Wurfspieß mit flexibler Spitze (*pilum*) zur Standardbewaffnung der römischen Soldaten. Zum neuen Feldzeichen der Legionen bestimmte er die Figur eines silbernen Adlers, der auf einer Stange dem Heer vorausgetragen wurde. Wesentlich war, dass er die Möglichkeiten zum Kriegsdienst durch die Ausrüstung des Soldaten durch den Staat auch auf die vermögenslosen Bürger ausdehnte, die ab nun im Heeresdienst die Möglichkeit auf Beute und auf ein kleines Landgut als Altersversorgung sahen. Damit wurden die Soldaten von ihren Feldherren abhängig, die sie auch zur Durchsetzung von politischen Interessen verwenden konnten und damit schuf Marius die Grundlagen für eine zukünftige Militärmonarchie in Rom.

KIMBERN UND TEUTONEN (113–101 V. CHR.)

Inzwischen war den Römern im Norden eine neue Bedrohung erwachsen. Vermutlich nach einer Sturmflut hatten die germanischen Völker der Kimbern und Teutonen[45] ihre Siedlungsplätze an der Nordsee verlassen müssen und stießen über die Donau in das keltische Königreich Noricum vor, welches die Römer wegen des Handels mit Gold und Pferden als ihr Interessengebiet ansahen. Daher entsandten sie 113 v. Chr. ein konsularisches Heer, welches aber von den Germanen bei *Noreia* (genauer Ort unbekannt, eventuell in Kärnten oder der Steiermark) geschlagen und nur durch ein einsetzendes Unwetter vor Schlimmerem gerettet wurde. Die Germanen fielen danach aber nicht nach

---

[45] Kai Rohrschneider, Der Krieg gegen Kimbern und Teutonen 113–101 v. Chr., in: Mars – Jahrbuch für Wehrpolitik und Militärwesen 6 (2000), S.469–522.

Italien ein, sondern wandten sich westwärts in das Gebiet der Helvetier und nach Gallien und kamen erst wieder 109 und 105 v. Chr. mit den Römern in der Provinz *Gallia Narbonensis* in Kontakt, als sie hier römische Heere vernichtend schlugen, allein bei *Arausio* (Orange) sollen die Römer 54 000 Mann verloren haben. Wieder verließen die Germanen den Kriegsschauplatz und zogen nach Spanien ab. In dieser Zeit kehrte Marius von den nordafrikanischen Feldzügen zurück und wurde fünf Mal in Folge zum Konsul gewählt. Inzwischen waren Kimbern und Teutonen bereit, nach Italien einzufallen, taten dies aber auf getrennten Wegen und konnten so in zwei großen Schlachten bei *Aquae Sextia* (Aix en Provence) 102 v. Chr. und 101 v. Chr. in der Schlacht auf den Raudischen Feldern bei *Vercellae* (Vercelli) am Po vollständig vernichtet werden, die überlebenden Germanen wurden in die Sklaverei verkauft.

Nach den militärischen Siegen war es an Marius, seine Soldaten und Anhänger mit Land zu versorgen, was er gegen den widerstrebenden Senat mit Hilfe der Volkspartei auch durchsetzen konnte. Dabei kam es zu Unruhen, bei denen die radikalen Anhänger des Marius Rom so sehr terrorisierten, dass die Ritter auf die Seite des Senates übertraten und Marius, der 100 v. Chr. zum sechsten Mal Konsul war, gegen seine eigenen Anhänger vorgehen musste, von denen ein Teil erschlagen wurde. Damit war er politisch für die Volkspartei untragbar geworden, er verließ Rom und ging freiwillig nach Kleinasien ins Exil.

Nach dem Sieg über die *populares* versuchte der Senat auch den immer weiter emporstrebenden Ritterstand in seine Grenzen zu weisen. Durch ihre Geschworenentätigkeit hatten die Ritter in Streitfällen stets ihre Interessen durchgesetzt. Konsul M. Livius Drusus der Jüngere (124–91 v. Chr.) versuchte dagegen anzugehen, indem er die Zahl der Senatoren von 300 auf 600 anheben wollte, um sie dadurch besser unter Kontrolle zu bringen. Als er damit Unruhen auslöste, versuchte er durch populäre Maßnahmen ähnlich wie die Gracchen (Ackergesetz, Getreidegesetz, Richtergesetz) das Volk aus seine Seite zu ziehen, als er aber auch ein Italikergesetz zur Aufnahme der Italiker in das römische Bürgerrecht vorbereitete, wurde er 91 v. Chr.

ermordet. Sein Tod war der Auslöser für eine Aufstandsbewegung der italischen Bundesgenossen gegen Rom.

Der Bundesgenossenkrieg (91–88 v. Chr.)

Innerhalb kurzer Zeit erhob sich die Mehrzahl der Stämme in Mittel- und Unteritalien gegen Rom, dagegen blieben Umbrien, Etrurien und die meisten Griechenstädte an Roms Seite. Die Aufständischen schufen nach dem Vorbild Roms einen Bundesstaat *Italia* mit der Hauptstadt *Corfinium* (Corfino) im Lande der Paligner und gaben Münzen heraus, auf welchen der italische Stier die römische Wölfin besiegt.

Der Krieg brachte den Römern von Anfang an schwere Niederlagen, aber auch die Bundesgenossen konnten keinen entscheidenden Sieg erringen. Am Ende musste Rom akzeptieren, dass es hier am Rande seiner militärischen Möglichkeiten war und suchte eine politische Lösung des Konfliktes. 90 v. Chr. erließ Rom unter Konsul L. Iulius Caesar[46] (135–87 v. Chr.) ein Gesetz, nach dem Rom allen Latinern und Italikern, die auf seiner Seite standen, das Bürgerrecht verlieh. Im Jahr darauf folgte ein weiteres Gesetz, nach welchem man das Bürgerrecht auch allen ehemaligen Bundesgenossen verleihen würde, wenn sie innerhalb von 60 Tagen den Kampf gegen Rom aufgaben; und noch im selben Jahr erhielten alle Bundesgenossen nördlich des Po das Bürgerrecht. Die Kämpfe fanden daraufhin bald ein Ende, nur die Samniten kämpften bis zu ihrem dadurch unvermeidlichen Untergang. Italien war danach ein einheitliches Gebiet das von römischen Bürgern bewohnt war, da es aber keine Vertretung durch Abgeordnete in Rom gab und die Neubürger nur in acht der 35 Tribus abstimmen durften, war dies als ein nur teilweises Stimmrecht anzusehen.

Der Erste Mithridatische Krieg (89–84 v. Chr.)

Inzwischen hatte König Mithridates VI. Eupator von Pontos (132/131–63 v. Chr.) die Krise in Italien genutzt und

---

[46] Ein Großonkel des späteren Feldherren C.Iulius Caesar.

mit seinem Schwiegersohn, König Tigranes II. von Armenien (140–55 v. Chr.), Kleinasien bedrängt. Er griff die römische Provinz *Asia* an und konnte sie erobern, dabei soll
er die Ermordung von 80 000 Römern, meist Händlern,
veranlasst haben (Ephesische Vesper). Dann übernahm er
die Inseln der Ägäis und, da sich mit den Jahren großer
Hass unter den Griechen gegen Rom angesammelt hatte,
konnte er auch fast ganz Griechenland besetzten.

In Rom war man sich nicht einig, wer den Gegenschlag führen sollte. Der Senat bestellte L. Cornelius Sulla
(138/134–78 v. Chr.) zum General, die Volksversammlung
hingegen den im Exil lebenden Marius. Sulla, der sich zur
Vorbereitung des Krieges in Kampanien befand, eilte nach
Rom, eroberte die Stadt, ließ seine Gegner zu Staatsfein-
den erklären und hinrichten, ehe er in den Osten aufbrach.
Schon bald danach konnte die Volkspartei unter L. Cornelius Cinna (um 130–84 v. Chr.) wieder die Oberhand gewinnen, setzte Sulla in dessen Abwesenheit ab, der aber
dennoch seinen Feldzug weiterführte, und rief Marius zurück nach Rom, der die Anhänger der Optimaten hinrichten ließ, ehe er überraschend 86 v. Chr. starb. Man sandte
Sulla zur Ablösung ein Heer nach Griechenland, das aber
zu ihm überlief, und er konnte von 87–84 v. Chr. die Verhältnisse im Osten im Frieden von Dardanos (85 v. Chr.) im
Sinne der Römer wiederherstellen.

Dann eilte er mit seiner Armee nach Rom, besetzte abermals die Stadt und stellte die Herrschaft des Senats wieder
her.

Lucius Cornelius Sulla

Sulla war ein ausgesprochen fähiger, wenn auch skrupelloser Politiker und wusste um die Schwächen des römischen Staates. Also ging er daran, diesen in seinem und
im Sinne der Optimaten zu reformieren. Dazu ließ er sich
mit der Diktatur auch im Inneren ausstatten, die ihm ab 82
v. Chr. völlig freie Hand in Rom gab.

Er beseitigte zuerst seine politischen Gegner indem er
sie ächten ließ, diesen Proskriptionen fielen etwa 40 Senatoren, 1500 Ritter und viele andere Bürger zum Opfer, ihre

Vermögen wurden vom Staat eingezogen. Dann ordnete er den Senat und die Beamtenschaft neu und dezimierte die Macht des Ritterstandes. Die Rechte der Volkstribunen, die meist in Opposition zum Senat gestanden waren, ließ er deutlich beschneiden und das Gesetzgebungsmonopol wurde wieder in die Hände des Senats gelegt, dessen Mitglieder durch die Abschaffung der Zensur nicht mehr abgesetzt werden konnten. Den Rittern wurden die Geschworenenbänke genommen und diese mit Senatoren besetzt, zur Straffung des Rechtswesens ließ er neue Geschworenenhöfe, etwa für Mord, einrichten.

Italien wurde entmilitarisiert, auch die Konsuln und Prätoren hatten für die Amtsdauer in Italien keine militärische Macht mehr und konnten eine solche in den Provinzen erst nach ihrem Amtsjahr übernehmen, Kriege durften nur mehr von den Statthaltern der Provinzen, meist gewesene Prätoren, geführt werden.

81 v. Chr. erließ Sulla zahlreiche Gesetze, mit denen die Strafrechtspflege und die allgemeine Verwaltung neu geregelt wurden, eine Neuheit für den Staat, der bisher mit wenigen Gesetzen ausgekommen war.

Sulla konnte sich bei seinen durchaus nicht bei allen populären Maßnahmen auf drei Säulen stützen. Zum einen auf die zahlreichen Veteranen, die er nach Italien gebracht und mit Land versorgt hatte, dann durch die Anerkennung der Sulpicischen Gesetze, nach denen alle Bürger der 35 italischen Tribus das Bürgerrecht bekamen und durch etwa 10 000 Sklaven aus dem Besitz der Proskribierten, die er freigelassen hatte, die seinen Namen (*Cornelius*) führten und als seine Leibwache gelten konnten.

Als er sein Reformwerk 79 v. Chr. als beendet ansah, zog er sich aus der Politik zurück und führte wieder die Konsulatsregierung ein, ein Jahr später ist er beim Schreiben seiner Memoiren auf seinem Landgut in *Puteoli* im Golf von Neapel gestorben. Es dürfte ihm schon am Totenlager klar gewesen sein, dass sich seine Reformen nicht halten würden, der Staat ließ sich nicht durch das wiederaufrichten veralteter Einrichtungen retten.

Gnaeus Pompeius Magnus

Nach Sullas Tod kam es in Rom zu Unruhen; die Volkspartei versuchte wieder an die Macht zu kommen, in Spanien wurde eine Gegenregierung unter dem Popularen Q. Sertorius (123–72 v. Chr.) ausgerufen, in Süditalien wütete der Sklavenaufstand des Spartacus und am Meer behinderten Seeräuber die Nahrungsmittelzufuhr nach Rom.

In dieser Situation beauftragte der Senat Gnaeus Pompeius (106–48 v. Chr.), einen ehemaligen General Sullas, mit der Neuordnung des Staates. Er schlug in der *Gallia Cisalpina* ein Heer des Aemilius Lepidus, dessen Soldaten sich danach in Spanien mit dem des Sertorius vereinigten. In zweijährigen Kämpfen konnte Pompeius auch diesen besiegen, 71 v. Chr. kehrte er im Triumph nach Rom zurück und meldete seinen Anspruch auf das Konsulat an.

In Italien hatte inzwischen M. Licinius Crassus (114–53 v. Chr.) den Sklavenaufstand des Spartacus niedergeschlagen und 6000 überlebende Sklaven entlang der *Via Appia* ans Kreuz schlagen lassen. Gemeinsam mit Pompeius bewarb er sich 70 v. Chr. für das Konsulat, indem Pompeius die sullanischen Verordnungen teilweise wieder rückgängig machte und den Popularen wieder mehr Macht verschaffte. Nach dem Ende seines Amtsjahres ging Pompeius nicht als Prokonsul in eine Provinz, sondern blieb in Rom, wo er 67 v. Chr. mit dem Kampf gegen die Piraten des Mittelmeeres betraut wurde, eine Aufgabe die er in nur 49 Tagen glänzend löste. Auf Grund dieses Erfolges beauftragte man ihn 66 v. Chr. mit der Führung eines Krieges gegen Mithridates VI. von Pontus (Dritter Mithridatischer Krieg), der gegen den römischen General Lucullus immer mehr an Boden gewonnen hatte, weil dessen Soldaten kriegsmüde waren und den Kampf beenden wollten. In einem Siegeszug vertrieb er Mithridates, der sich das Leben nahm, aus Kleinasien, rückte in Armenien ein, unterwarf König Tigranes und eroberte auch Syrien. Durch seine außerordentliche Amtsgewalt ordnete er den Osten neu, richtete die Provinzen *Bithynia et Pontus* und *Syria* ein und brachte zahlreiche Klientelfürstentümer, darunter auch *Iudaea*, unter die Kontrolle Roms. Er war auch der erste römische Feldherr, der mit den Parthern zusammenstieß, welche in den folgenden Jahren die Hauptgegner der Römer im Osten werden sollten.

In Rom war der alte Gegensatz zwischen Optimaten und Volkspartei wieder hergestellt, allerdings beeinträchtigt dadurch, dass es im Reich nun mit Pompeius einen General gab, der die absolute militärische Gewalt besaß. Ein Vertreter der Popularen, der in dieser Zeit zu Ehren und Würden und in das Konsulat aufstieg, war M. Tullius Cicero (106–43 v. Chr.), der sich in Prozessen gegen den Statthalter von Sizilien Verres und, bereits im Amt, auch gegen den Senator L. Sergius Catilina wandte, der einen Umsturz im Staate plante.

DAS ERSTE TRIUMVIRAT (60 V. CHR.)

Als Pompeius mit seinem Heer und der Flotte nach Italien zurückkehrte, war Rom in banger Erwartung, ob er sich wie Sulla verhalten und die Stadt besetzen würde, um sich zum Diktator zu machen. Pompeius hingegen entließ sein Heer und kehrte nach Rom zurück, wo er einen prächtigen Triumph feierte, als er aber Entlohnung für seine Soldaten und Landzuweisungen verlangte, verweigerte ihm dies der Senat. In dieser Situation, in der Pompeius dem Senat ausgeliefert war, traten zwei Politiker an ihn heran, die ihm versprachen, gemeinsam mit ihm seine Politik umzusetzen: C. Julius Caesar (100–44 v. Chr.)[47] und M. Licinius Crassus. Caesar galt als Vertreter der Popularen und war unter Sulla ins Exil gegangen, während Crassus durch seinen in der sullanischen Zeit zusammengerafften Reichtum glänzte. Gemeinsam mit dem Kriegshelden Pompeius gedachte man dem Staat den Willen aufzuzwingen. Der Bund, als Erstes Triumvirat oder auch als *coitio* (privater Zusammenschluss) bezeichnet, sollte für Pompeius die Versorgung seiner Soldaten und Caesar nach seiner Konsulatszeit ein militärisches Kommando einbringen, Crassus wollte seine wirtschaftlichen Interessen wahren. Caesar ließ sich 59

---

[47] Wolfgang Will, Caesar, Darmstadt 2009.

v. Chr. zum Konsul wählen und brachte alle jene Gesetze im Senat durch, welche die Triumvirn vereinbart hatten, während der senatstreue Konsul M. Calpurnius Bibulus ohne Macht in seinem Haus saß und nichtbeachtete Dekrete erließ.

Caesars Lohn war im Jahr nach dem Konsulat das Prokonsulat über die *Gallia Narbonensis* mit fünf Legionen und über *Illyricum* mit einer Legion. Sein Ziel musste es sein, sich in den nächsten Jahren ein treues Heer zu schaffen, Provinzen zu seiner finanziellen Absicherung zu erobern und seine Kritiker zu verbannen, was ihm mit Cicero und M. Porcius Cato auch gelang. Nachdem er sich so den Rücken freigemacht hatte, ging er nach Gallien.

Der Gallische Krieg (58–50 v. Chr.)

Gallia est omnis divisa in partes tres (ganz Gallien ist in drei Teile geteilt)[48], so beginnt der Rechenschaftsbericht Iulius Caesars über seine Eroberung Galliens, die er in den Kämpfen von 58–50 v. Chr. erreichte. Seine Gründe waren neben dem den Römern innewohnenden Drang der Eroberung fremder Länder auch innenpolitischer Natur: Nur mit entsprechenden Mitteln und einem ergebenen Heer konnte er dem politischen Gewicht Pompeius, versehen nun mit dem Beinamen Magnus, der all die Jahre in Italien blieb und hier den Senat beherrschte, in Zukunft gleichberechtigt gegenübertreten.

Die Gallier mit denen es Caesar zu tun bekam, waren in viele einzelne Stämme zersplittert, in denen nach der Abschaffung des Königtums der Adel alle Vorrechte besaß und das Volk regierte, das zum größten Teil in bitterster Armut lebte. Politisch unbedeutend war der einzige gemeinsame Faktor der gallischen Stämme, die Priesterschaft der Druiden. Sie waren die Betreuer der Opferhandlungen und die Bewahrer des Glaubens, den sie nur mündlich weitergaben und der auch das Fortleben einer Seele nach dem Tode zum Inhalt hatte. Daneben wirkten sie noch in der Rechtsprechung und in der Erziehung der Jugend.

---

[48] Caesar, De bello Gallico, 1,1,1.

Die Eroberung Galliens durch Caesar war ein militärisches und diplomatisches Meisterstück. Caesar war sich durchaus bewusst, dass er Gallien nicht in einem Zuge erobern konnte, dazu war das Land zu weitläufig und die Bevölkerungszahl zu groß. Zugute kam ihm dabei, dass das Arvernerreich, das die meisten keltischen Stämme im 3. und 2. Jahrhundert v. Chr. vereinigt hatte, seit 121 v.Chr nicht mehr bestand, er also hoffen konnte, die keltischen Stämme einzeln und nacheinander niederzuringen.

Als Caesar in der *Gallia Narbonensis* ankam, war Gallien in Unruhe. Der keltische Stamm der Sequaner mit ihrem Hauptort *Vesontio* (Besançon) stand im Kampf mit den Häduern und rief den König der nördlich des Rheins siedelnden germanischen Sueben, Ariovist (gest. 54 v. Chr.), zu Hilfe, der mit einem großen germanischen Heer über den Rhein ging und in Gallien einfiel. Unter dem Druck dieser Germanen wollten die in der heutigen Schweiz siedelnden Helvetier nach Süden und Westen ausweichen und marschierten auf *Tolosa* (Toulouse) zu. Sie suchten bei Caesar um die Genehmigung zum Durchzug durch die *Gallia Narbonensis* an, wollten sein Verbot aber nicht akzeptieren und stießen weiter vor, ehe Caesar sie 58 v. Chr. bei *Bibracte* (Autun) schlug und nach Helvetien zurückschickte, um sie hier als Puffer gegen die vordringenden Germanen anzusiedeln.

Danach wandten sich zahlreiche Keltenstämme an Caesar um Hilfe gegen Ariovist, den er im Oberelsass noch 58 v. Chr. schlagen konnte. Ariovist ging hinter den Rhein zurück, ein Teil seiner Germanenstämme (Triboker, Nemeter und Vangionen) wurde von Caesar im linksrheinischen Gebiet angesiedelt. Caesar vermittelte den gallischen Stämmen, dass er sie nur dann vor weiteren Germaneneinfällen schützen könne, wenn sie ein Teil des Römischen Reiches wären. Die daraufhin um ihre Unabhängigkeit fürchtenden Gallier riefen in der Folge die Belger (*Belgae*) aus dem Nordwesten Galliens zu Hilfe. Die Römer hatten aufgrund der rauen Landesnatur hier mehrjährige Kämpfe zu bestehen, die in einer teilweisen Besetzung des Belgerlandes mündeten, der römische Unterfeldherr P. Crassus eroberte in dieser Zeit auch *Aremorica*, die Küste des atlantischen

Ozeans, sodass das römische Gebiet von den Alpen bis zum Atlantik und vom Mittelmeer bis zum Rhein reichte. Zur Sicherung Galliens unternahm Caesar zwei Vorstöße über den Rhein in germanisches Gebiet, ebenso zwei Heeresfahrten über den Ärmelkanal nach Britannien, wo er den britannischen König Cassivelaunus zwang, die römische Herrschaft anzuerkennen, die aber nach Caesars Abzug im Winter 54 v. Chr. sofort wieder zusammenbrach.

Zu einer letzten großen Aufstandsbewegung der Gallier gegen Rom kam es ab 52 v. Chr., als der Fürst der Arverner Vercingetorix (ca. 82–46 v. Chr.) nochmals zahlreiche Stämme gegen die Römer mobilisieren und Caesar bei *Gergovia* (bei Clermont-Ferrand) eine empfindliche Niederlage beibringen konnte. Beim Endkampf um die Festung *Alesia* (Alise Sainte Reine) unterlag Vercingetorix und wurde 46 v. Chr. von Caesar im Triumph in Rom gezeigt und dann im *carcer tullianus* erdrosselt.

51 v. Chr. konnte ganz Gallien als unterworfen und befriedet gelten und Caesar, der all die Jahre in Gallien stets über Mittelsmänner die Politik in Rom mitbestimmt hatte, konnte seine elf Legionen nach Oberitalien verlegen.

Caesar, Crassus und Pompeius hatten 56 v. Chr. in Lucca eine Verlängerung des Triumvirates vereinbart, und auch dieser Bund hatte die Koalition zwischen den Parteien nur mühsam aufrechterhalten können, als 53 v. Chr. Crassus bei *Carrhae* (Harran) im Kampf gegen die Parther eine Niederlage erlitt und mit seinem Heer unterging. Da auch Iulia, die mit Pompeius vermählte Tochter Caesars, 54 v. Chr. im Kindbett starb, lief alles auf einen Kampf zwischen den beiden Politikern hinaus. Pompeius wollte Caesar zwingen, seine Truppen und seine Provinzen abzugeben, während er sich selbst erhöhte Vollmachten gab. Caesar, der in Oberitalien residierte, wollte dies nicht akzeptieren und überschritt 49 v. Chr. mit einer Legion den *Rubicon*, den Grenzfluss zwischen der *Gallia Cisalpina* und Italien, wobei er ausgerufen haben soll: *Alea iacta est* (der Würfel ist geworfen)[49] .

Dies war der Auftakt zu einer neuen Phase des Bürger-

---

[49] Sueton, Caesar 1,32.

krieges, an dessen Ende die Auflösung der alten Republik und die Einführung des Prinzipates, der Kaiserherrschaft, stehen sollten.

GAIUS IULIUS CAESAR

Caesar hatte zu diesem Zeitpunkt nur eine Legion zur Verfügung, Pompeius aber keine Truppen, und eine von ihm schnell zusammengestellte Legion schlug Caesar bei *Corfinium*. Er marschierte dann auf Rom zu, das von Pompeius und seinen Anhängern geräumt wurde, die sich nach Griechenland zurückzogen um einen Gegenschlag zu planen. Hatte man in Rom Angst vor Proskriptionen durch Caesar wie zur Zeit Sullas gehabt, so war dies unbegründet. Dieser erließ eine Amnestie für alle politischen Gegner, besetzte ganz Italien, sicherte sich Sizilien als Getreidebasis und schlug noch 49 v. Chr. ein Heer des Pompeius in Spanien. Zurück in Rom ließ er sich zum Konsul wählen und machte sich mit sieben Legionen zur Verfolgung des Pompeius auf, den er 48 v. Chr. in Thessalien bei *Pharsalos* zur Schlacht stellen und besiegen konnte. Pompeius floh nach Ägypten, weil er sich vom dortigen Herrscherhaus der Ptolemäer Hilfe erwartete, wurde hier aber von König Ptolemaios XIII., der es sich nicht mit Caesar verderben wollte, bei seiner Ankunft ermordet.

Als Caesar bei der Verfolgung von Pompeius in Ägypten erschien, wurde er die Thronwirren zwischen König Ptolemaios und dessen jugendlicher Schwester Kleopatra hineingezogen. Caesar, der den körperlichen und geistigen Reizen Kleopatras erlag, setzte diese wieder als Mitkönigin ein. Gegen sie aber erhoben sich die Ägypter und schlossen Caesar in Alexandria mit nur wenigen Truppen ein. Er forderte Verstärkungen aus Kleinasien an und verteidigte bis dahin die Stadt, dabei soll die größte Bibliothek der Antike in Brand geraten sein und den Großteil ihrer Bestände verloren haben.

Nach der Ankunft eines Entsatzheeres schlug Caesar die ägyptischen Truppen, wobei Ptolemaios sein Leben verlor, und machte Kleopatra zur alleinigen Herrscherin. Nach nur wenigen Monaten musste er Ägypten verlassen, ließ aber hier eine Besatzung zurück, die später Octavian zum Erwerb Ägyptens nutzen konnte. In Kleinasien hatte sich Pharnákes, der Sohn des Mithridates VI., erhoben und bedrohte die römische Provinz *Asia*. Da erschien Caesar und besiegte ihn 47 v. Chr. in der Schlacht von *Zela*, was er mit den lakonischen Worten *veni, vidi, vici* (ich kam, sah und siegte) nach Rom meldete[50].

Zurückgekehrt nach Rom hatte er sich mit den Vorbereitungen zu einem Krieg in Afrika zu beschäftigen, das noch immer von Anhängern des Pompeius gehalten wurde. Seine Gegner waren hier sein ehemaliger Legat Labienus, Cato und die Söhne des Pompeius, unterstützt vom numidischen König Iuba mit einem Reiterheer und Kriegselefanten. 46 v. Chr. kam es hier zu der für Caesar siegreichen Schlacht von *Thapsus*, nach der Iuba, Labienus und Cato Selbstmord begangen hatten, während die Söhne des Pompeius nach Spanien flüchteten, um hier einen neuen Aufstand anzuführen, der aber von Caesar 46 v. Chr. in der Schlacht von *Munda* siegreich beendet werden konnte. Caesar war nun der uneingeschränkte Herrscher über das gesamte Römische Reich.

Als er diesmal nach Rom zurückkehrte, wurde er zum Diktator auf Lebenszeit ernannt, der erste Schritt zur Errichtung einer Monarchie über die Römer. Er erhielt den Imperatorentitel, wurde Konsul auf 10 Jahre, ließ sich die Zensur und das Amt des Pontifex Maximus übertragen; Senat und Volksversammlung blieben zwar bestehen, waren aber völlig entmachtet. Caesar hatte damit alle Gewalten der altrömischen Könige in sich vereint, nur den Titel des Königs lehnte er - noch - ab, wenngleich er sich mit den äußeren Zeichen des Königtums, 72 Liktoren, Purpurmantel, purpurnen Schuhen und dem Lorbeerkranz schmückte. Sein Geburtsmonat Quinctilis wurde nach ihm in Iulius umbenannt, seine Statuen wurden in den Tempeln neben denen der Götter aufgestellt.

Caesar war aber bewusst, dass all dies nicht langfristig wirksam sein würde, wenn es ihm nicht gelang, auch das Volk auf seine Seite zu ziehen. Er ließ daher große Sum-

---

[50] Plutarch, Caesar 50,3.

men an die Bürger und Veteranen auszahlen, veranstaltete Spiele und Gastmähler, half wirtschaftlich schwachen und kinderreichen Familien, ließ große öffentliche Bauten errichten, um Arbeit zu schaffen, ordnete an, dass ein Drittel aller Arbeitsstellen auf Gutshöfen mit Freien besetzt werden mussten und gründete für seine Veteranen Musterkolonien in Karthago und Korinth. Damit konnte er die Zahl der mittellosen Getreideempfänger in Rom von 320 000 auf 150 000 verringern. Dazu kamen ein neues Steuersystem, die Einführung des goldenen Aureus und das Bürgerrecht für alle Menschen nördlich des Po. Er schmückte Rom mit zahlreichen Bauten wie der *Curia Iulia*, dem *Forum Iulium* und der *Basilica Iulia* und fand auch noch Zeit, um sich mit der Einführung des Iulianischen Kalenders um eine Kalenderreform zu bemühen.

Trotz seiner Verdienste um den Staat und seiner Ausgleichspolitik sammelten sich gegen ihn Adelige, ehemalige Anhänger des Pompeius und Bürger, die den Verfall der Republik nicht hinnehmen wollten unter der Führung von L. Cassius und M. Iunius Brutus, der zu Caesars engstem Freundeskreis gehörte. Als sie erfuhren, dass Caesar am 18. März 44 v. Chr. in den Osten aufbrechen wollte um hier Krieg gegen die Parther zu führen, entschlossen sie sich zur Tat und ermordeten Caesar am 15. (den Iden des) März 44 v. Chr. im Theater des Pompeius.

Die Ermordung Caesars brachte den Verschwörern keinen Erfolg, da sie für die Zeit danach keinen politischen Plan vorbereitet hatten. Sie blieben in ihren Häusern, der Senat war handlungsunfähig, als der dem Diktator Caesar zugeordnete *magister equitum*, Marcus Antonius (82–30 v. Chr.), die Initiative ergriff. Er verbündete sich mit dem Prokonsul M. Aemilius Lepidus (90–12 v. Chr.), dem einzigen Befehlshaber, der in der Nähe Roms Truppen zur Verfügung hatte, gestaltete die Leichenfeier für Caesar und stachelte das Volk gegen seine Mörder auf, welche die Flucht aus Rom in den Orient ergreifen mussten.

Antonius, der in diesem Moment die gesamte Macht des Römischen Reiches in seinen Händen hatte, sah sich schon als Nachfolger Caesars, als in dessen Testament bekannt wurde, dass dieser zu seinem legitimen Erben seinen Großneffen Gaius Octavius adoptiert hatte, der erst 19 Jahre alt war und in Illyrien weilte. Unter seinem neuen Namen C. Iulius Caesar Octavianus [51](63 v. Chr. – 14. n. Chr.) eilte dieser nach Rom, verbündete sich mit dem Senat gegen Antonius, den er im Mutinensischen Krieg 43 v. Chr. besiegte und so die Streitkräfte Caesars auf seine Seite brachte. Mit dieser Macht zwang er den Senat, ihn zum Konsul zu ernennen und nahm die Verfolgung der Mörder Caesars auf.

Um sich den Rücken freizuhalten, schloss er 43 v. Chr. in *Bonona* (Bologna) das Zweite Triumvirat mit Antonius und Lepidus, das den Zweck der Niederwerfung der Republikaner und eine neue Machtverteilung im Römischen Reich vorsah. Gemeinsam rückte man in Rom ein, ließ 300 Senatoren, darunter auch Cicero, und 2000 Ritter hinrichten und deren Vermögen beschlagnahmen und hatte damit im Westen den republikanischen Bestrebungen ein schnelles Ende bereitet. Im folgenden Jahr führten Octavianus und Antonius ihre Heere nach Osten und besiegten in einer der größten Schlachten der römischen Antike 42 v. Chr. die Truppen von Cassius und Brutus bei *Philippi* in Nordgriechenland, die sich beide selbst den Tod gaben.

Nachdem Caesar gerächt war, wurde das Römische Reich neu aufgeteilt, Octavianus erhielt den Westen mit Rom und Italien, Antonius den wesentlich reicheren Osten und Lepidus wurde mit Afrika abgefunden. Octavianus hatte es zunächst am schwersten, er musste die Veteranen versorgen und in Sizilien, auf Sardinien und am Meer einen Krieg gegen S. Pompeius, den Sohn des C. Pompeius Magnus führen, der die Getreideversorgung Roms immer wieder unterbrach.

Octavian und Marcus Antonius

Octavian war sich nach seiner Rückkehr nach Rom durchaus schon bewusst, dass es früher oder später nur einen Herrscher über das Römische Reich geben konnte und dass sein Hauptgegner dabei Marcus Antonius sein

---

[51] Jochen Bleicken, Augustus. Eine Biographie. Berlin 1998.

würde. Daher verständigte er sich in kluger Voraussicht mit den republikanischen Kreisen in Rom und führte zumindest offiziell und unter seiner Herrschaft die republikanischen Institutionen in Rom weiter fort. Damit setzte er sich in Gegensatz zu Marcus Antonius, der ganz offen im Osten ein vom Hellenismus beeinflusstes Königtum anstrebte. Dieser hatte sich nach Ephesos zurückgezogen, hielt hier Hof und zwang Ägyptens Königin Kleopatra, vor ihm zu erscheinen. Er verfiel, ebenso wie zuvor Caesar, deren Reizen und folgte ihr nach Alexandria. Dennoch war Octavian noch an einer engeren Bindung an Antonius interessiert und gab ihm seine Schwester Octavia zur Frau, vielleicht auch mit dem Hintergedanken, ihn dem Einfluss Kleopatras zu entziehen.

Zuvor musste er sich allerdings noch mit S. Pompeius auseinandersetzen. Gegen die Garantie der Getreidelieferungen nach Rom hatte Octavian ihn im Vertrag von Misenum im Besitz von Sardinien, Sizilien und der Achaia gelassen, ging aber dann in Kämpfen gegen ihn vor, und sein Jugendfreund und bester Berater M. Vipsanius Agrippa (64/63–12 v. Chr.) schlug Sextus 36 v. Chr. in den Seeschlachten von *Mylai* und *Naulochos*, und Pompeius wurde auf der Flucht in Milet ermordet. Daneben musste sich Octavian auch Lepidus widmen, den er 36 v. Chr. als Triumvir absetzte und internierte, wodurch er in den Besitz der Provinz *Africa* kam. Damit hatte er seinen ihm zugestandenen Machtbereich unter Kontrolle und konnte sich der kommenden Auseinandersetzung mit Antonius widmen. Dieser hatte Octavia nach Rom zurückgesandt und sich von ihr scheiden lassen, wodurch auch die letzte Bindung an Octavian zerbrochen war. Als Octavian das Testament des Antonius, das bei den Vestalinnen in Rom hinterlegt war, ungesetzlich veröffentlichen ließ, in dem Antonius den gesamten römischen Osten der Kleopatra vermacht hatte, konnte er die öffentliche Meinung Roms auf seine Seite bringen. Der Senat schloss Antonius aus dem Triumvirat aus und erklärte ihm und Kleopatra den Krieg.

Die erste große Auseinandersetzung fand 31 v. Chr. vor *Actium* (Aktion) im Ambrakischen Golf statt, als hier die kleinen und wendigen Schiffe Agrippas auf die schwimmenden Festungen Kleopatras trafen und diese in Brand schossen, nachdem sowohl Kleopatra als auch Antonius ihre Truppen verlassen hatten. Auch das Landheer des Antonius ergab sich nach einigen Tagen der Ratlosigkeit dem Sieger der Seeschlacht. Antonius und Kleopatra zogen sich nach Alexandria zurück, wohin ihnen Octavian 30 v. Chr. folgte. Kleopatra versuchte sich mit Octavian zu arrangieren, dieser konnte aber ihren Reizen widerstehen und plante, sie im Triumphzug in Rom mitzuführen. Nachdem sich Antonius in sein Schwert gestürzt hatte, wählte auch Kleopatra den Freitod durch den Biss einer Natter.

Octavian ordnete die Verhältnisse im Osten neu und kehrte im Triumph und als alleiniger Herrscher des Römischen Reiches nach Rom zurück. Ägypten wurde nicht zur römischen Provinz gemacht, sondern blieb eine Privatdomäne des iulischen Hauses unter der Regierung eines Präfekten. Nach mehr als einhundert Jahren war die Zeit der Bürgerkriege vorbei und man konnte die Tore des Ianustempels am Argiletum, die in Kriegszeiten stets offenstanden, wieder schließen, ein höchst seltenes Ereignis.

Es ist festzustellen, dass zur Zeit der Schlacht von Actium sowohl für Octavian wie für Antonius die Zeit ihrer Triumviratsgewalt bereits beendet war, sie regierten und bekämpften sich ohne die Legitimation der Republik, auch wenn ihnen das nicht viel bedeutet haben wird. Der Sieger Octavian war danach ein Militärdiktator, der eine monarchistische Legitimation suchte und eine solche im persönlichen Schwur der italischen Bürger auf ihn zu finden glaubte. Es galt auch gegenüber den Senatoren als den Vertretern der alten republikanischen Idee, die monarchistische Struktur des Staates, auf die seine Politik hinauslief, möglichst gut zu verbergen. Octavian löste das Problem, indem er 27 v. Chr. seine politische Macht, das Prinzipat, mit den Formen der alten Republik verband. Im selben Jahr nahm er den neuen Namen *Augustus* (der Erhabene) an, wollte aber, wie auch die Aristokraten des Senates, nicht am Beginn einer neuen Geschichtsepoche der Kaiserzeit stehen, sondern sah sich und seine Regierungsform als die Fortsetzung der alten republikanischen Ordnung.

9. Die römische Kultur bis zum Beginn der Kaiserzeit

Das Heerwesen

Die Stärke des römischen Staatswesens beruhte auf seinem Militär, wann immer dieses geordnet, die Soldaten gut ausgebildet und verpflegt waren und Aussicht auf Beute hatten, so gab es keine andere Truppe in der antiken Welt, die dieser Macht auf längere Zeit wiederstehen konnte. Man konnte Schlachten gegen die Römer gewinnen, aber keine Kriege.

Bis zur Zeit des Marius hatte das römische Heer[52] schon zwei Organisationsarten gesehen. Zuerst stand die Schlachtreihe in der Form der griechischen Phalanx, zur Zeit des Camillus, des Eroberers von Veii, war man um 406 v. Chr. zur Manipeltaktik übergegangen. Unter Marius erhielt es jene Organisationsform, die es bis ins 4. Jahrhundert n. Chr. behalten sollte. Marius fasste die Manipeln zu Kohorten zusammen, danach hatte die Legion 10 Kohorten, die Kohorte drei Manipeln und der Manipel zwei Zenturien (Hundertschaften), insgesamt also 6000 Soldaten. In der Schlacht standen vier Kohorten in der ersten Reihe, dahinter je zwei Linien mit je drei Kohorten seitlich versetzt, um die Zwischenräume abzudecken. Unter Marius war man auch dazu übergegangen, die Soldaten nicht mehr unter den wehrbereiten Bürgern auszuheben, sondern man konnte sich auch als Freiwilliger anwerben lassen und diente dann für 20 Jahre in der Armee, die immer mehr zur Berufsarmee wurde. Schied der Soldat aus dem Dienst aus, so erwartete ihn ein Geldgeschenk oder die Zuteilung von Land.

Die Hilfstruppen (*auxilia*), die aus Reitern und Leichtbewaffneten bestanden, rekrutierten sich aus den Provinzen oder waren Söldner aus romfernen Gebieten, berühmt waren die kretischen Bogenschützen und balearischen Schleu-

---

[52] Marcus Junkelmann, Die Legionen des Augustus. Mainz 1986.

derer. Dazu kamen in der Truppe noch die *fabri*, die etwa den heutigen Pionieren entsprachen.

An der Spitze des Heeres der Republik standen die Konsuln, unterstützt von den Legionskommandanten (*legati*), denen sechs Kriegstribunen (*tribuni militum*) unterstellt waren. Dazu kamen noch Offiziere für das Pionierkorps und für die Verpflegung, sowie der Zahlmeister.

Die Seele des Heeres waren die Unteroffiziere oder Zenturionen, die Führer der einzelnen Zenturien, die aus dem Soldatenstand kamen und zum Zeichen ihrer Würde ein Rebholz trugen. Ihr Oberster war der *primuspilus*, der Führer der ersten Kohorte, die doppelt so stark war wie die anderen.

Die tägliche Kleidung des Legionärs war ein kurzes, wollenes Untergewand (*tunica*), das bis zu den Knien reichte und mit dem Militärgürtel (*cingulum*) zusammengehalten war, an dem sich das Wehrgehenk befand. Über der Tunika trug er den Mantel (*sagum*), an den Füßen lederne Schnürstiefel (*caligae*).

Im Kampf war der Legionär mit Panzer, Helm und Schild ausgestattet. In der Republik trug man einen ledernen Riemenpanzer mit aufgelegten Metallplatten (*lorica*), der Helm (*cassis*) hatte Backenlaschen und manchmal einen Helmbusch. Der zuerst runde, dann viereckige hölzerne Langschild hatte außen einen Buckel (*umbo*) und innen eine Handhabe. Zu ihm gehörte auch ein Überzug, in dem man ihn am Marsch auf dem Rücken trug.

Als Angriffswaffen hatte der Legionär zunächst den Speer, später das *pilum* mit einer Spitze, die sich im Schild des Gegners verbog und diesen damit unbrauchbar machte. Das Schwert war etwa 75 cm lang, auf beiden Seiten geschliffen und mit einer scharfen Spitze versehen. Es hatte keinen Handschutz und diente vor allem zum Stechen, weniger zum Hauen. Die Reiterei[53], die noch keine Steigbügel kannte, hatte längere Schwerter und Speere mit einem Fangriemen zum Zurückholen, die Bogenschützen verschossen 50 cm lange Rohrpfeile und die Schleuderer warfen Stein-, Blei- oder Tonkugeln.

---

[53] Marcus Junkelmann, Die Reiter Roms, Mainz 1998.

Der Legion vorausgetragen wurden die Feldzeichen (*signa*), deren bedeutendstes der silberne oder goldene Adler (*aquila*) war, der mit erhobenen Flügeln auf einer Stange saß, ihn zu verlieren galt als größter Schmach der Legion. Dazu kamen *signa* der einzelnen Truppenteile und das *vexillium* der Reiterei, die den Standort der Truppe in der Schlacht angaben.

Der größte militärische Vorteil der Römer lag darin, mit ihren Legionen große Entfernungen schnell zurücklegen zu können. Dazu bediente man sich eines ausgeklügelten Marschsystems. Der Legionär trug seine persönliche Ausrüstung, die rund 20 Kilogramm schwer war, auf einer Stange am Rücken. Diese Ausrüstung bestand aus Proviant für einen halben Monat, Kochgeschirr, Beil, Säge, Spaten, Schanzkorb und Stricke, manchmal kam noch ein Schanzpfahl dazu. Ebenfalls getragen werden mussten der Schild und die Waffen. Trotz dieser Belastung betrug die Länge eines durchschnittlichen Tagesmarsches rund 30 Kilometer, bei Eilmärschen konnten bis zu 45 Kilometer zurückgelegt werden. Caesar trieb auf einem Marsch von Gergovia zu den Häduern seine Truppen dazu an, in 24 Stunden 75 Kilometer zurückzulegen.

Hinter Vorhut, Haupttheer und Nachhut folgte der Tross, der die Lagerausrüstung, die Handmühlen für das Getreide, die Zelte der Soldaten und den Proviant mit sich führte, dazu kamen im Felde auch Belagerungsgeräte, Geschütze und Musikinstrumente. Hielt das Heer am Abend an, so begann man mit der Anlage eines Marschlagers, zu dem man einen Graben aushob und den Aushub zum Erdwall aufschüttete, auf dessen Kamm die Schanzpfähle in den Boden gesteckt wurden. Im Inneren des Lagers baute man die Zelte und Kochfeuer auf, während Wachen im Lager und der Umgebung patrouillierten.

War das Lager errichtet, so wurde abgekocht, dazu musste der Legionär zunächst sein Getreide auf einer kleinen Handmühle zermahlen. Die Hauptnahrung des Soldaten war der *puls*, ein Brei aus Weizen, dazu kamen wenn möglich Wein, Gemüse und Käse; Fleisch gab es nur selten.

Ging es in die Schlacht, so ließ man das Gepäck im Lager zurück und folgte dem Feldherren auf das Schlachtfeld. Das Heben und Senken von Fahnen und Tubasignale gaben den Befehl zum Angriff. Dieser erfolgte zunächst durch Speer- und Pfeilsalven um die Linien des Gegners in Unordnung zu bringen, dann stürmten die Kohorten mit gezogenen Schwertern vor um den Gegner niederzumachen. Die Römer vertrauten weniger auf Taktik als auf die Wucht des Sturmangriffes, was allerdings bei taktisch ausgerichteten Gegnern wie Pyrrhos oder Hannibal leicht in die Niederlage führen konnte.

Befestigte Plätze wurden mit einer Mauer (*circumvallatio*) von der Außenwelt abgeschnitten und dann im Sturm genommen, dabei kamen Belagerungsgeräte wie Rammböcke (*aries*), Wurfmaschinen (*catapultae*), Pfeilschleudern (*ballistae*) und Sturmleitern zum Einsatz. Der Legionär, der als erster die feindliche Mauer erklomm, erhielt als besondere Auszeichnung die Mauerkrone (*corona muralis*), wer einem Bürger in der Schlacht das Leben rettete, den Bürgerkranz aus Eichenlaub (*corona civica*). Für die Feldherren war die höchste Ehrung der Triumph in Rom, dazu musste er einen Krieg siegreich beendet und mindestens 5000 Feinde getötet haben.

Der Triumphzug, der vom Marsfeld zum Kapitolstempel führte, zeigte die siegreichen Soldaten, die unterworfenen Anführer des Feindes und die Beute, dazu wurden oft Bilder mitgeführt, die Szenen aus dem Kriege zeigten. Der Feldherr stand auf einem von einer Quadriga gezogenem Wagen, das Gesicht mit Menning rot eingefärbt, hinter ihm ein Sklave, der ihm einen Lorbeerkranz über den Kopf hielt und in sein Ohr flüsterte: *Respice post te, hominem te esse memento* (Sieh dich um; denke daran, dass auch du nur ein Mensch bist).[54] Im Tempel auf dem Kapitol wurde ein festliches Opfer dargebracht, die prominenten Gefangenen wurden nach dem Triumph im tullianischen Kerker hingerichtet, die übrigen Kriegsgefangenen als Sklaven verkauft.

Eine römische Kriegsflotte gab es erst nach dem Ende der Punischen Kriege, die dann bis zum Ende der Antike das Mittelmeer beherrschte, auch wenn sie des Öfteren von

---

[54] Tertullian Apologeticum 33,4.

Piraten herausgefordert wurde. Man verwendete Kriegs-schiffe (*naves longae*), Hilfsschiffe (*liburnae*) und Transport-schiffe (*naves onerariae*), bei denen die Ruderbänke in Etagen übereinander angebracht waren, wobei der Dreiruderer (*triremis*) der gebräuchlichste Schiffstyp war, man kannte aber auch Zwei-, Vier- und Fünfruderer. Auf der Höhe der Wasserlinie hatte der Bug einen Sporn (*rostrum*), um gegne-rische Fahrzeuge rammen und versenken zu können. Die Fahrzeuge wurden gerudert, hatten aber für guten Wind auch quadratische Segel, die sich aber nicht zum Kreuzen eigneten. Die durchschnittliche Besatzung eines Kriegs-schiffes bestand aus den Offizieren mit einem Kapitän, der Tribun oder Centurio sein konnte, dazu kamen 30 Matro-sen, 300 Rudersklaven und 150 Legionäre, die versuchten das feindliche Schiff über eine Schiffsbrücke (*corvus*) zu en-tern. Bei großen Seeschlachten (Actium, Naulochos) konn-ten mehrere hundert Schiffe gegeneinander antreten, die bevorzugte Taktik war der Rammstoß oder der Versuch, das gegnerische Schiff mit einem Speergeschütz (*ballista, scorpio*) in Brand zu setzen. Da die Rudersklaven an die Ru-derbänke gekettet waren, bedeutete der Verlust eines Schif-fes auch den Tod des Großteils der Besatzung.

Strassenbau

Staaten sind nur so gut wie die Verkehrsnetze, die sie aufbauen können. Die Römer hatten hier zunächst den Vorteil, alle wichtigen Handelszentren der Antike über die Seewege zu erreichen. Mit der Ausbreitung des Reiches auf weite Binnengebiete in Italien, Gallien Spanien, dem Balkan und Kleinasien wurde es aber immer wichtiger, über gut ausgebaute Straßenverbindungen zu verfügen, um Waren und Truppen schnell von einem Ort zum ande-ren bringen zu können. Daher entwickelten sich die Römer schon früh zu Meistern des Straßenbaues und waren das erste antike Kulturvolk, das so gezielt und planmäßig und auch mit solchem technischen Aufwand die Straßen in sei-nem Herrschaftsgebiet ausbaute.

Der erste Straßenbau geht auf den Zensor Appius Clau-dius zurück, der 312 v. Chr. mit dem Bau der *Via Appia*, einer 540 Kilometer langen und 8 m breiten künstlichen Straße begann, die von Rom nach Capua führte und später über Benevent und Tarent bis nach Brundisium verlängert wurde. Diese Straße zeigte in ihrem Aufbau schon alle Merkmale der späteren römischen Straßenbautechnik. Sie bestand aus einem vierlagigen Unterbau. Die unterste Schicht war aus festgestampftem Steingeröll, darüber lagen gebrochene Steine, die mit Mörtel zusammengefügt waren, in der dritten Lage Steinschotter und Ziegel mit Mörtel gebunden, den Abschluss bildete eine Kiesschicht. Bei stark genutzten Abschnitten legte man noch eine Decke aus polygonal gefügten Steinplatten aus hartem Gestein wie Granit, Lava, Basalt oder Kalkstein darüber. Gesäumt wurde die Straße von Einfassungen, in regelmäßigen Abständen gab es Steine als Ruhesitze und zum Besteigen der Pferde. Alle 1000 Doppelschritte standen Meilensteine, die den Abstand von Rom angaben.

241 v. Chr. entstand die *Via Aurelia* (*Rom-Pisae*) und 220 v. Chr. die *Via Flaminia* (*Rom-Ariminium*) Weitere Straßen nach Norden waren die *Via Cassia* und die *Via Clodia*, beide durch Etrurien, sowie die *Via Salaria* (Tibermündung–Rom); nach Süden führte die *Via Latina* nach Capua. An die italischen Straßen schlossen sich Fernstraßen an, die auch die weit abgelegenen Regionen des Reiches mit Rom verbanden.

In den Städten wie Rom bestanden die Straßen aus leicht bombierten Fahrbahnen, die mit Steinplatten gepflastert waren und regelmäßige erhöhte Übergänge für Fußgänger aufwiesen, dazwischen ließen Öffnungen die Fahrspuren für die Wagen frei. An den Seiten der Straßen befanden sich ab dem 1. Jahrhundert v. Chr. erhöhte Gehsteige, die den angrenzenden Häusern unterstanden und von diesen mit unterschiedlichsten Materialen befestigt wurden.

Wasserversorgung

Ursprünglich erfolgte die Wasserversorgung römischer Städte durch Zisternen, doch erwies sich dies durch die Größe mancher Städte und besonders für Rom als unzureichend. Daher ging man schon früh dazu über, das Wasser mittels Kanälen und Aquädukten in die Stadt zu leiten. Die erste Wasserleitung, die *Aqua Appia*, wurde 312 v. Chr. durch Appius Claudius Caecus erbaut. Der 16,4 km lange Kanal trat bei der Porta Capena in die Stadt ein, floss durch die Porta Maggiore, über den Hügel Caelius und endete am Forum Boarium, nahe der Porta Trigemina. Er transportierte bis zu 73 000 Kubikmeter Wasser pro Tag. Zum Schutz und zur Sicherstellung der Wasserversorgung Roms während der Samnitenkriege wurde die Aqua Appia unterirdisch verlegt.

Während der Republik und in der Kaiserzeit wurden weitere Wasserleitungen verlegt, so dass Rom schließlich aus elf Aquädukten versorgt wurde, deren Gesamtlänge mehr als 400 Kilometer betrug, davon 64 Kilometer Bogenaquädukte und 2,5 Kilometer Tunnel. Mit den Aquädukten wurde selbst aus abgelegenen Quellen Wasser in die Millionenstadt geführt, so war die Quelle in Subiaco etwa 100 Kilometer entfernt. Das Wasser kam in solchen Mengen, dass man sich auch die riesigen Badehäuser (Thermen) leisten konnte. Schon die zur Zeit des S. Iulius Frontinus (40–103 n. Chr.), der um 97 n. Chr. das Werk *De aquaeductu urbis Romae* (Über die Wasserleitungen der Stadt Rom) schrieb, vorhandenen neun Wasserleitungen versorgten die Stadt mit täglich 992.200 Kubikmeter Wasser. Bei einer anzunehmenden Bevölkerung von einer Million Einwohnern entsprach das etwa 1000 Liter pro Einwohner. Die frühesten römischen Aquädukte verliefen noch in unterirdischen Schächten aus Tuffblöcken. Der Bau der ersten erhöhten Wasserleitung wurde 144 v. Chr. begonnen.

Auch in den Provinzen wurden Aquädukte errichtet, erhalten haben sich davon der dreistöckige Pont du Gard bei Nîmes (19 v. Chr.) und der unter Kaiser Traian erbaute Aquädukt von Segovia mit 28 Meter Höhe, 728 Meter Länge und 118 Bögen.

Das Wasser, das über die Aquädukte nach Rom kam, wurde zunächst in großen Reservoirs gespeichert, die in drei Etagen aufgebaut waren. Die oberste Ableitung versorgte die privaten Wohnhäuser, die darunter liegende die Bäder und die unterste, die daher als letzte bei Wasserknappheit trocken fiel, die öffentlichen Brunnen. Das Wasser wurde von hier mittels Bleirohren zu den Endverbrauchern geführt was Anlass zur Spekulation gegeben hat, dass der Untergang des Römischen Reiches auf eine schleichende Bleivergiftung zurückzuführen gewesen sei[55].

Der starke Wasserverbrauch, besonders durch die öffentlichen Brunnen und Bäder, machte in Rom auch die Anlage eines unterirdischen Kanalisationssystems notwendig, deren ältestes Relikt die noch erhaltene und aus etruskischer Zeit stammende *Cloaca Maxima* ist. Es sei auch erwähnt, dass die öffentlichen Toiletten in römischen Städten und im gesamten Reich oft mit Wasserspülungen versehen waren, wobei stetig laufendes Wasser den Unrat beseitigte.

Kleidung

Das am häufigsten genutzte Kleidungsstück des römischen Mannes war die Tunika, die aus zwei wollenen Stoffbahnen (Vorder- und Rückseite) zusammengenäht und ärmellos war und bis zu den Knien reichte. Später erhielt sie lange Ärmel und wurde in der Mitte mit einem Gürtel gebunden. Ab dem 2. Jahrhundert v. Chr. kam die Sitte auf, auch mehrere Tuniken übereinander zu tragen und diese in Falten zu legen. War die Tunika mit einem breiten Purpurstreifen verziert, so war der Träger ein Senator, ein schmaler Streifen kennzeichnete einen Ritter, der triumphierende Feldherr trug sie mit goldenen Palmen bestickt.

Bei Auftritten in der Öffentlichkeit trug der begüterte Römer eine Toga mit einem reichen Faltenwurf und einem Bausch. Das Anlegen der Toga war so kompliziert, dass sie keine alltägliche Kleidung war sondern nur zu besonderen Gelegenheiten getragen wurde. Gewöhnlich bestand sie aus naturfarbenem Wollstoff, wer sich um Aufnahme in ein öffentliches Amt bemühte, trug eine rein weiße Toga (*toga candida*, daher der „Kandidat"). Hohe Beamte und Priester sowie frei geborene Knaben trugen die *toga praetexta* mit einem Purpurstreifen, die *toga sordida* war das schwarz-graue Trauergewand und die goldbestickte purpurne Toga war zunächst Caesar und dann den Kaisern vorbehalten.

---

[55] Vitruv, De architectura 8,6.

Leichter zu tragen war der Reise- oder Regenmantel (*paenula*), der mit einer Kapuze versehen und ärmellos war. Der römische Soldat trug das *sagum*, einen dicken aus Wolle gefertigten Mantel, der auf der Schulter mit einer Schmucknadel (*fibula*) zusammengehalten wurde. Ursprünglich trug man im Römischen Reich keine Hosen, diese lernten die Römer erst bei ihren Kriegszügen in Gallien, bei den Parthern und nördlich der Alpen kennen und benutzten sie auch in diesen Gebieten.

Die übliche Fußbekleidung waren Sandalen (*soleae*), zur Toga trug man Schuhe (*calcei*) aus schwarzem Leder, die Soldaten benutzten lederne Halbstiefel (*caligae*), Frauen und Männer benutzten die gleichen Typen von Schuhwerk.

Das Tragen von Hüten war in der Öffentlichkeit nicht üblich, nur im Theater (wegen der Sonneneinstrahlung) und auf Reisen benutzte man breitkrempige Hüte, Freigelassene trugen eine spezielle Art von Mützen (*pileus*).

In der römischen Frühzeit trug der Mann Bart, nach den Punischen Kriegen wurde es unter hellenistischem Einfluss zur Mode, sich zu rasieren, erst Kaiser Hadrian trug wieder einen Vollbart. Das Haar trug der Mann in der Frühzeit in langen Locken, ab dem 3. Jahrhundert v. Chr. wurde es kurz geschnitten, in der Kaiserzeit trug man kunstvolle Frisuren, die auch mit dem Einsatz der Brennschere erzielt wurden. Männer trugen keinen Schmuck außer einen Ring am Ringfinger der linken Hand, mit dem man auch Dokumente siegelte.

Die Kleidung der Frauen bestand aus der knöchellangen Tunika mit kurzen Ärmeln, die aus Wolle, Baumwolle oder auch aus Seide sein konnte. Darüber trug man die Stola, ein Oberkleid, das mit einer Fibel zusammengehalten war und einen Gürtel. Darüber konnte man beim Ausgehen die *palla*, einen langen Mantel, tragen, ein Schleier (*flammeum*) vervollständigte das Ausgehgewand der adeligen Dame. Hüte waren bei Damen nicht gebräuchlich, an kalten Tagen trug man Handschuhe, an heißen Tagen hatte man ein Schweißtuch im Bausch der Toga stecken, mit dem man sich aber nicht die Nase putzen durfte.

Die Haartracht der Frauen der republikanischen Zeit war einfach und bestand aus glatt gescheiteltem Haar, das zu Zöpfen oder einem Knoten gebunden wurde. In der Kaiserzeit wurden komplizierte Frisuren üblich und stets nach der Mode gewechselt, zu deren Herstellung man Färbemittel und falsche Haarteile verwendete. Frauen trugen oft reichen Schmuck, der mit der Zeit so vielfältig wurde, dass der Philosoph Seneca sagte, die Frauen trügen stets ein Vermögen mit sich herum[56].

Ernährung

Die Speisen der frühen Römer waren einfach und bestanden aus Brot, Käse, Getreidebrei, Hülsenfrüchten, Gemüse und Obst; Fleisch und Fisch war den Reichen vorbehalten. Den Wein trank man verdünnt mit Wasser, gesüßt wurde mit Honig, Würzmittel waren Zwiebeln und Knoblauch. Erst mit der Eroberung der antiken Welt und des Orients, hielt der Speisenluxus Einzug in die Häuser der begüterten Römer.

Das etwa um sechs Uhr Morgens eingenommene Frühstück (*ientaculum*) bestand aus Brot, Käse Eiern und Milch. Das Mittagessen (*prandium*), das man gegen 12 Uhr einnahm, bestand aus kalter Kost mit Honigwein oder mit Wasser gemischtem Glühwein. Die Hauptmahlzeit war das Abendessen (*cena*), das man etwa um vier Uhr nachmittags zu sich nahm. Dieses wurde zunächst im Atrium des Hauses, später in einem Speisesaal (*triclinium*) eingenommen, in dem nach griechischer Sitte drei Betten für je drei Personen standen, auf denen man zum Essen lag.

War man zu einem Gastmahl eingeladen, so wurde man vom Türsteher empfangen, Sklaven nahmen die Schuhe ab und wuschen einem Hände und Füße. Das Mahl begann mit einem Tischgebet (*deos invocare*), Sklaven stellten die Speiseteller, Salzfässchen und einen Essigkrug auf den Tisch, man griff mit den Händen zu, die nach jedem Gang von den Sklaven in kleinen Waschbecken gereinigt wurden.

Das Mahl bestand in der Regel aus drei Gängen. Bei der Vorspeise, bei der Eier nicht fehlen durften, gab es appe-

---

[56] Seneca, Ad Helviam, 16,3-4.

titanregende kalte Gerichte und *mulsum* (Wein mit Honig), bei der *cena*, der eigentlichen Mahlzeit wurden Fleisch und Fisch serviert und dazu griechischer und italischer Wein getrunken, Bier wurde als kulturell minderwertiges Getränk abgelehnt. Zum Nachtisch gab es Backwerk, Käse, Mandeln und Obst. Abfälle wie Knochen oder andere Speisereste wurden auf den Boden geworfen.

Nach dem Essen schloss sich manchmal ein Trinkgelage (*commissatio*) an, das alleine den Männern vorbehalten war und bei dem es anregende Tischgespräche gab, dabei konnten auch Musiker oder Schauspieler auftreten.

Gegessen wurde, was man in Italien erzeugen oder aus dem Ausland herbeischaffen konnte. An Tieren verzehrte man Schweine, Ochsen, Wildesel und kleine in Honig gebackene Haselmäuse, an Wild Hirsche, Wildschweine und Hasen. Enten, Hühner und Tauben bereicherten den Speisezettel genauso wie die beliebten Fasanen und auch Pfauen, dazu servierte man auch Flamingos, Störche und Kraniche. Unter den Fischen waren die Meeresfische und hier besonders die Muränen beliebt, dazu kamen Austern. Zur Abrundung gab es Schwarz- und Weißbrot.

Wie sehr Gastmähler ausufern konnten wird uns von Petronius Arbiter in seiner *Cena Trimalchionis* (Gastmahl des Trimalchio) überliefert[57], in dem der Gastgeber Trimalchio, ein Freigelassenen seiner Zeit, die absonderlichsten Speisen in den seltsamsten Formen und Umständen servieren lässt.

Hergestellt wurden die Speisen von spezialisierten Köchen, die, wie Funde aus Pompeii belegen, ein umfangreiches Instrumentarium an Töpfen und Pfannen zur Verfügung hatten. Überliefert wurden die Speisen durch Kochbücher, wie eines aus dem 1. Jahrhundert n. Chr. durch M. Gabius Apicius (*De re coquinaria*) vorliegt. Aus ihm lässt sich entnehmen, dass man bei Speisen oft gleichzeitig scharfe und süße Würzen einsetzte und dass ein Großteil der Speisen mit *garum* bzw. *liquamen*, einer Würzsoße aus vergorenem Fisch, versehen wurde.

---

[57] Petronius Arbiter, Satyricon, 26,9-79.

Zeitrechnung

Die Römer zählten die Jahre ihres Staates *ab urbe condita* (ab der Gründung Roms, also 753 v. Chr.), ab 509 v. Chr., dem Beginn der Republik, wurden die Jahre auch nach den beiden Konsuln bezeichnet. Ursprünglich hatte das römische Jahr nur zehn Monate (daher der Dezember, der „Zehnte" als letzter Monat im Jahr), erst König Numa soll *Ianuarius* und *Februarius* hinzugefügt haben. Die Anzahl der Tage entsprach dem eines Mondjahres, daher wurden von den mit der Zeitrechnung betrauten *pontifices* in unregelmäßigen Abständen Monate eingeschoben. Dieses Verfahren brachte bis 47 v. Chr. eine Abweichung von 67 Tagen gegen das Sonnenjahr, sodass sich Iulius Caesar als Pontifex Maximus veranlasst sah, mit Hilfe des alexandrinischen Mathematikers und Astronomen Sosigenes einen neuen Kalender, der iulianischen genannt, zu erstellen. Er fügte zunächst drei Monate hinzu, verlegte den Jahresbeginn auf den 1. Ianuarius und führte das Schaltjahr ein. Die Ungenauigkeiten dieses Kalenders, der in 129 Jahren um einen Tag vorging, wurden erst 1582 durch Papst Gregor XIII. beseitigt (im sog. gregorianischen Kalender durch Verzicht auf den Schalttag in den Jahren, die auf 00 enden aber nicht durch 400 teilbar sind).

Die Tage des Monats wurden nicht durchlaufend gezählt, sondern auf bestimmte Tage hin, die *Kalendae* am 1., die *Nonae* am 5. oder 7. und die *Idus* am 13. oder 15. Die römische Woche bestand zunächst aus acht Tagen (*nundinae*), erst mit dem Christentum wurde die im Orient übliche Siebentagewoche eingeführt. Die 12 Stunden des Tages waren je nach Jahreszeit kürzer oder länger, die Nacht war in vier Nachtwachen (*vigiliae*) zu je drei Stunden eingeteilt. Zur Zeitmessung bediente man sich Sonnen- und Wasseruhren, die in Rom durch die Griechen eingeführt wurden, es scheint aber auch schon komplizierte Apparate zur Berechnung der Mondphasen und des Sternenkreislauf gegeben zu haben (Mechanismus von Antikythera)[58].

---

[58] Jo Marchant, Die Entschlüsselung des Himmels: Der erste Computer – ein 2000 Jahre altes Rätsel wird gelöst,. Hamburg 2011.

MASSE

Die Römer verwendeten ein Längenmaßsystem, das von den Teilen des menschlichen Körpers abgeleitet war. Vier Fingerbreiten bildeten eine Handbreit, vier Handbreiten einen Fuß. Dieser (ca. 30 cm) ist die Grundlage für den Doppelschritt (5 Fuß sind 1,5 m), 1000 Doppelschritte ergeben eine Meile (ca. 1,5 Km). Das Flächenmaß war der Morgen (*iugerum*) und entsprach etwa 2500 m^2, also etwa einem halben Hektar.

Das gebräuchliche Hohlmaß waren *amphora* oder *quadrantal* (26 Liter), der *sextarius* war ein Trinkgefäß und fasste etwa einen halben Liter. Für Getreide verwendete man den *modius* (Metze), der rund neun Liter fasste oder den *sextarius* mit einem halben Liter.

Das Gewichtsmaß war das Pfund (*libra*) mit etwa einem drittel Kilogramm, geteilt in 12 *unciae* (Unzen) mit je einem zwölftel Pfund. Das Gewicht des Pfundes war nicht in allen Teilen des Römischen Reiches gleich und verschieden schwere Pfunde scheinen nebeneinander bestanden zu haben.

GESCHICHTSSCHREIBUNG

In der zweiten Hälfte des 2. Jahrhunderts v. Chr. kam es durch L. Calpurnius Piso Frugi (Konsul 133 v. Chr.) wieder zu einem Aufleben der Sitte, Geschichte in enger Anlehnung an die *annales maximi* tabellarisch und jahresweise zu erzählen. Pisos Werk bringt diese Geschichte ab der Gründung der Stadt, sein Kollege Q. Claudius Quadrigarius (spätestes Fragment von 82 v. Chr.) erzählte die Geschichte von der keltischen Eroberung Roms bis zu seiner Zeit. Kritisch gelesen werden muss hingegen Valerius Antias (1. Hälfte des 1. Jahrhunderts v. Chr.), der viele Sagen und Legenden seiner *gens Valeria* in die Geschichte einfließen ließ.

Anders wiederum L. Coelius Antipater (um 180 – um 120 v. Chr.) mit seiner Geschichte des Punischen Krieges in sieben Bänden, der als der Begründer der historischen Monographie gilt, dessen Werk aber leider weitgehend verloren ist. In die Zeitgeschichte vertiefte sich P. Sempronius Asellio (um 158 – nach 91 v. Chr.), der Militärtribun im Numantinischen Krieg war und der in seinen *Rerum gestarum libri* dem Publikum die Zusammenhänge der Politik und des Krieges darzustellen versucht. Seine Nachfolge trat L. Cornelius Sisenna (118 – um 67 v. Chr.) an, der als Legat des Pompeius den Seeräuberkrieg mitmachte und dabei ums Leben kam und der in seinen 12 Büchern der *Historiae* die Zeit des Bundesgenossenkrieges und die Herrschaft von Marius und Sulla beschreibt.

Sulla verdanken wir die erste Autobiographie der lateinischen Literatur, die er in 22 Bänden verfasste und die nach seinem Tode herausgegeben wurde, allerdings auch verloren ist. Zu erwähnen ist auch der Verleger T. Pomponius Atticus (110–32 v. Chr.), der die Schriften seines Freundes Cicero und die *Libri annalium* herausgab, welche die Geschichte Roms bis 49 v. Chr. umfassten.

Die drei bedeutendsten Geschichtsschreiber des 1. Jahrhunderts v. Chr. sind C. Sallustius Crispus (86–34 v. Chr.), C. Iulius Caesar und Cornelius Nepos (um 100–25 v. Chr.).

Sallust stammte aus einer plebeiischen Familie und wurde in *Amitermum* (seit Kaiser Friedrich II. *L'Aquila*) im Sabinerlande geboren. Er kämpfte im Bürgerkrieg auf Caesars Seite und erhielt als Prokonsul die Provinz *Africa nova* zur Verwaltung, wo er ungeheure Reichtümer angesammelt haben soll. Nach Caesars Tod zog er sich aus der Politik zurück und widmete sich der Geschichtsschreibung. Erhalten sind von ihm die Monographien *De coniuratione Catilinae* (Die Catilinarische Verschwörung) und *De bello Iugurthino* (Der Iugurthinische Krieg), dazu schrieb er in den *Historiae* eine Zeitgeschichte der Jahre von 78 bis 67 v. Chr., die in Fragmenten erhalten ist.

Der vielleicht bedeutendste historische Schriftsteller der Republik und wegen der Klarheit seiner Sprache heute noch in den Schulen gelesen, ist C. Iulius Caesar. In seinen *Commentarii de bello Gallico* (Berichte über den Gallischen Krieg) fasste er in sieben Büchern die Jahre der Eroberung Galliens zusammen. Da er von sich stets in der dritten Person schreibt, wird der Bericht aus dem Bereich der Rechtfertigung und der Selbstbespiegelung herausgehoben und zu einem scheinbar objektiven Geschichtswerk, indem immer wieder die altrömischen Tugenden seines Heeres hervorgehoben werden.

Seine *Commentarii de bello civili* (Berichte zum Bürgerkrieg) umfassen drei flüchtig geschriebene Bücher und blieben durch seinen Tod unvollendet. Es ist ein für das Volk geschriebener Bericht zu Caesars Rechtfertigung der begehrte, nicht an diesem Krieg schuld gewesen zu sein.

Erhalten haben sich nur zum Teil die Schriften des Cornelius Nepos (100–28 v. Chr.), der aus einer Ritterfamilie im transpadanischen Gallien stammte. Sein Hauptwerk sind die Biographien berühmter Männer *De viris illustribus*, von denen sich 23 erhalten haben und das Buch *De historicis Latinis* mit den Biographien des älteren Cato und des Atticus. Es sind Bücher, die als Beispielsliteratur für ein jüngeres Publikum geschrieben wurden und die viele Verdrehungen, Missverständnisse sowie chronologische und geographische Fehler aufweisen.

Redner und Philosophen

Der Ausbildung zum Redner wurde in der Erziehung des römischen Jugendlichen ein bedeutender Platz eingeräumt. Nur wer sich klar und deutlich in öffentlichen Reden ausdrücken konnte, hatte die Hoffnung, seine politischen Anliegen oder sich als Ankläger oder Verteidiger vor Gericht durchzusetzen.

Der berühmteste Redner der Stilrichtung des Asianismus war Q. Hortensius Hortalus (114–50 v. Chr.), der meist aus dem Stegreif sprach. Seine lebhafte Ausdrucksweise, seine Gesten und sein Gebärdenspiel ähnelten mehr denen eines Schauspielers als eines Redners, dazu kamen ein singender Tonfall und eine schwülstige Ausdrucksweise, die ihn aber populär und reich machten.

Dieser Stilrichtung entgegen standen die Redner der attischen Schule, die auf Klarheit, Schlichtheit der Sprache und eine reine Sprechweise Wert legten. Ihr bedeutendster Vertreter war M. Tullius Cicero (106–43 v. Chr.), der wie Marius aus der Volskerstadt *Arpinum* kam. Er stammte aus einer

Ritterfamilie und kam als *homo novus* (erstes Senatsmitglied seiner Familie) nach Rom, um hier durch die Gewalt seiner Reden Karriere zu machen. 80 v. Chr. verteidigte er Sextus Roscius gegen die Anklage des Vatermordes in Rom und erregte mit dem von ihm erzielten Freispruch des Angeklagten erstmals Aufmerksamkeit. Danach ging er für zwei Jahre nach Griechenland und Kleinasien, um sich weiter als Rhetor ausbilden zu lassen. Nach seiner Rückkehr verwaltete er als Quästor die Provinz Sizilien und bewährte sich hier derart, dass ihm die Bevölkerung 70 v. Chr. die Anklage gegen Gaius Verres (115–43 v. Chr.) übertrug, der das Land ausgeplündert hatte. Er klagte Verres an und erreichte dessen Flucht ins Exil. Während seines Konsulates deckte er die Verschwörung Catilinas auf und erwirkte die Hinrichtung der ergriffenen Hauptverantwortlichen.

Bei den Triumvirn fiel er aber bald danach in Ungnade und wurde 58 v. Chr. nach *Thessalonike* (Saloniki) in Griechenland verbannt, durfte aber nach eineinhalb Jahren zurückkehren. Für mehrere Jahre verschwand er dann aus dem öffentlichen Leben und schrieb in dieser Zeit seine philosophischen Hauptwerke *De oratore* (Vom Redner) und *De re publica* (Vom Staat). Im Bürgerkrieg stellte er sich auf die Seite des Pompeius, wurde aber von Caesar nach dessen Sieg mit Milde behandelt. Nach Caesars Ermordung versuchte er in den 14 Philippischen Reden zur Wiederherstellung der Republik aufzurufen, wurde aber 43 v. Chr. von den Männern des Zweiten Triumvirates auf der Flucht aus Rom an der Küste bei *Caieta* ermordet. Erhalten sind von ihm 58 vollständige Reden, dazu kommen Entwürfe und Bruchstücke. Als Redner konnte Cicero beweisen, dass man in einer Gesellschaft, in der es nur wenig Verbreitung von Schriftlichem gab, allein durch die Macht des Wortes der Geschichte eine andere Wendung geben konnte, auch wenn ihn am Ende die Angst seiner Gegner vor dem gesprochenen Wort das Leben kostete.

Neben seiner Tätigkeit als Redner erlangte Cicero auch höchste Wertschätzung als Philosoph. Mit der griechischen Philosophie waren die Römer seit der Eroberung Griechenlands in Kontakt gekommen und hatten sich jene philosophischen Strömungen angeeignet, die ihrem praktisch veranlagten Naturell am ehesten entsprachen, nämlich die Philosophie der Stoa und diejenige Epikurs. Beide wollten den Menschen zur Glückseligkeit (*Eudaimonia*) führen, die Stoiker durch den Gewinn der Seelenruhe durch die Ablehnung aller Leidenschaften, die Epikureer durch die Befreiung von Angst, Not und Schmerzen.

Der erste, der die stoische Lehre in Rom populär machte, war Panaitos (um 180–99 v. Chr.), ein Grieche, der mehrmals nach Rom kam um hier zu unterrichten.

Der bedeutendste Philosoph des 1. Jahrhunderts v. Chr. war aber Cicero. Er betrieb die Philosophie mehr von der praktischen Seite, um eine feste Basis für eine nützliche Lebensweisheit zu erlangen. Er war in seinem Bestreben ein Anhänger der sog. Skeptischen Akademie von Athen, der alle philosophischen Gedanken von mehreren Seiten her betrachtete und versuchte, die verschiedensten Strömungen zu verschmelzen, um daraus eine allgemeingültige römische Ethik zu entwickeln.

In seinen sechs Büchern *De re publica* (Vom Staat), die nur zum Teil erhalten sind, diskutierte er die verschiedenen Herrschaftssysteme der Monarchie, Aristokratie und der Republik und welche Gefahren sie in sich bergen. Für Rom sieht er die ideale Staatsform in der Vermischung aller drei (der Volksversammlung als demokratisches Element, den Konsuln als monarchisches Element und dem Senat als aristokratisches Element) und will den Staat vor einer kommenden Despotie, wie er sie zu seiner Zeit schon durch Politiker wie Sulla, Pompeius und Caesar heraufkommen sah, warnen.

Zu erwähnen sind ferner *De finibus bonorum et malorum* (Vom höchsten Gut und vom größten Übel), eine vergleichende Zusammenstellung der gebräuchlichen griechischen Philosophen und die *Tusculanae disputationes* (Gespräche in Tuskulum) über die Fragen der praktischen Lebensweisheiten. Den Gottesbegriff handelte er in dem Werk *De natura deorum* (Über das Wesen der Götter) ab. Dazu schrieb er noch zahlreiche kleinere Schriften aus denen *De senectute* (Über das Greisenalter) und *De amitcitia* (Über die Freundschaft besonders herausragen.

10. Von Augustus zu den Flavischen Kaisern (31. v. Chr. – 96 n. Chr.)

Augustus (63 v. Chr. – 14 n. Chr., Kaiser ab 27 v. Chr.)

Octavian, seit 31 v. Chr. Alleinherrscher, stand mit dem Herrschertitel Augustus ab 27 v. Chr. vor der Aufgabe, nach 20 Jahren Bürgerkrieg das Römische Reich zur Ruhe zu bringen, eine stabile Gesellschaftsordnung aufzubauen und dem Reich zu dessen Sicherheit neue, natürliche Grenzen zu verschaffen.

Dafür verständigte er sich mit den Parthern, welche ihm friedlich die bei Carrhae von Crassus verlorenen Feldzeichen und die römischen Gefangenen herausgaben. In Spanien griff er hart durch und konnte die rebellischen Bergvölker befrieden, 16 v. Chr. schickte er seine Legionen über die Alpen und festigte im Norden nach schweren Kämpfen die Donau als Grenze, dazu wurde auch Moesien (heute die Grenzgegend Rumänien/Bulgarien) besetzt, sodass Rhein und Donau die neuen Grenzen des Reiches im Norden bildeten. Das keltische Königreich Noricum[59] wurde dabei friedlich übernommen, zu Kämpfen kam es hingegen mit den Rätern in den Alpen, die durch Augustus' Stiefsöhne Drusus und Tiberius befriedet werden konnten. Zur Sicherung der Herrschaft wurden an Rhein und Donau zahlreiche Kastelle und Legionslager angelegt und mit Straßen verbunden.

Augustus hätte es vermutlich genügt die Rhein-Donau-Grenze zu halten, gegen die Übergriffe germanischer Völker wie der Sugamber, Usipeter und Tencterer schickte er allerdings immer wieder Expeditionsheere über Rhein und

---

[59] Géza Alföldy, Noricum, London 1974.

Donau, um sich hier ein Vorland, das unter dem Einfluss der Römer stand, zu sichern.

Eine weitere Expansion über die Donau nach Norden gegen das hier entstandene germanische Königreich Marbods wurde 6 n. Chr. durch einen Aufstand in Pannonien und Noricum vereitelt. 9 n. Chr. musste der Versuch, die Grenzen des Römischen Reiches bis an die Elbe vorzuschieben, nach der Niederlage des P. Quinctilius Varus im Teutoburger Wald[60] durch den Cheruskerfürsten Arminius, bei der drei Legionen vollständig vernichtet wurden, abgebrochen werden (*Quintili Vare, legiones redde!* – Quinctilius Varus, gib mir meine Legionen wieder)[61]. Danach wurde die Grenze wieder an den Rhein zurückgenommen, eine durchgreifende Romanisierung des freien Germanien wurde aufgegeben.

Wegen des Todes von Nero Claudius Drusus 9 n. Chr. bei einem Reitunfall in Germanien und da er selbst keinen Sohn hatte, rückte Augustus immer mehr seinen Stiefsohn Tiberius Claudius Nero (42 v. Chr. – 37 n. Chr., Kaiser ab 14 n. Chr.) in den Vordergrund und teilte sich ab 12 n. Chr. die *tribunitia potestas* mit ihm. Als Augustus 14 n. Chr. in Nola eines friedlichen Todes starb, konnte das Reich ohne Probleme einem neuen Imperator übergeben werden.

Als er starb, war Augustus in dritter Ehe mit Livia Drusilla verheiratet und hatte eine Reihe persönlicher Tragödien erlebt. Da er selbst keine Söhne hatte, suchte er zunächst seinen Schwiegersohn M. Claudius Marcellus als seinen Nachfolger aus, nach dessen Tod verheiratete er seine Tochter Iulia mit Agrippa, der allerdings bereits 12 v. Chr. starb und zwei Enkel hinterließ, die schon in jungen Jahren den Tod fanden. Nachdem auch sein Stiefsohn Drusus gestorben war, adoptierte er Tiberius, der später seine Nachfolge antreten sollte.

Augustus hat wie kein anderer vor ihm die römische Gesellschaft verändert. Selbst war er äußerst bescheiden, er wohnte in einem kleinen Anwesen auf dem Palatin

---

[60] Heute bei Kalkriese am Wiehengebirge im Osnabrücker Land vermutet, siehe: Wolfgang Schlüter (Hrsg.), Kalkriese, Römer im Osnabrücker Land, Osnabrück 1993.

[61] Sueton, Augustus 23.

(daher die Ableitung Palast und im Mittelalter Pfalz) und hatte einen einfachen und frugalen Lebensstil. Als Mensch soll er eher kalt und humorlos gewesen sein. Selbst war er von schwächlicher Konstitution, hatte aber eine glückliche Hand bei der Auswahl seiner Freunde und Berater, welche die Aufgaben im Reich für ihn erledigten. Nach außen trat er wie ein Privatmann auf, er trug einfache Kleidung, ging zu Fuß durch Rom und hielt eine Diät, um seine stets angegriffene Gesundheit zu wahren.

Innenpolitisch kümmerte er sich um eine durchgreifende Erneuerung des Staates. Er ließ alte römische Feste erneuern und die Tempel Roms instand setzen. Zur Hebung der Moral erließ er Gesetze gegen sexuelle Freizügigkeit und Scheidungen, Ehebruch wurde zu einem zivilrechtlich verfolgbaren Verbrechen. Selbst seine eigene Tochter Iulia verbannte er 2 v. Chr. wegen ihrer zweifelhaften Moral auf die Insel Pandataria bei Ischia. Er förderte kinderreiche Familien durch Zuschüsse, führte Gesetze gegen den Luxus ein und beschränkte die Freilassungen von Sklaven.

Die Kultur des augusteischen Zeitalters

Augustus hat über Rom gesagt, er habe eine Stadt aus Ziegel übernommen und in eine aus Marmor verwandelt.[62] Tatsächlich hat er ein umfangreiches Bauprogramm in Rom durchführen lassen. Er ließ ein neues Forum errichten (2 v. Chr. eingeweiht) und das Marsfeld mit dem Säulengang der Octavia, dem Marcellus-Theater und seinem Mausoleum ausbauen. Im gleichen Gebiet wurden von seinem Jugendfreund Agrippa das Pantheon und eine ausgedehnte Thermenanlage errichtet, Agrippa ließ auch zwei neue Aquädukte in die Stadt bauen.

Dies kann aber nicht darüber hinwegtäuschen, dass die Mehrzahl der Bürger in Rom in großen Mietskasernen (*insulae*) wohnten, von denen überliefert ist, dass sie immer wieder einstürzten oder in Flammen aufgingen. Es gab hier weder Beleuchtung noch Heizung, und die Bewohner mussten sich die Küche mit anderen teilen. Rechtliche Si-

---

[62] Sueton, Augustus 28.

cherheit für die Mieter fehlte, dafür gab es hohe Mieten. Die Mehrzahl dieser Häuser war nicht an die Kanalisation angeschlossen, sodass es immer wieder zum Ausbruch von Seuchen kam. Es gab keine öffentliche Gesundsheitsversorgung, nachts waren die Straßen dunkel und Mord, Überfälle und Einbrüche waren die Regel. Augustus versuchte dagegen anzugehen, indem er Vorgaben für die Höhe der *insulae* erließ und er stellte eine Truppe von 7000 *vigiles* (Wachen) auf, welche die Sicherheit der Stadt heben sollten. Gegen die immer wiederkehrenden Tiberüberschwemmungen ließ er die Flussufer befestigen. Er organisierte die Getreideversorgung neu und beschränkte die Zahl der kostenlosen Empfänger auf 200 000 Personen. Er war großzügig im Verteilen von Spenden an das Volk und erkannte, dass dieses mit Brot und Spielen (*panem et circenses*) am ehesten ruhig zu halten war.

Augustus verstand es auch, eine effiziente Beamtenschaft und einen den Umständen angepassten Regierungsapparat aufzustellen. In den Provinzen wurde die Steuerpacht abgeschafft und die Verwaltung fest besoldeten Statthaltern übergeben, die für Stabilität, Sicherheit und Frieden sorgten und so die Loyalität der Bevölkerung sicherten.

Das Heer wurde von Augustus nach der Zeit der Bürgerkriege auf 140 000 Mann verringert, die in 28 Legionen und mit einer gleichstarken Hilfstruppe an den Grenzen des Reiches stationiert wurden. Die Dienstzeit der Soldaten wurde auf 20 Jahre festgesetzt, und beim Abschied standen dem Veteranen Geld oder Land in den Provinzen zu. Zur Absicherung dieser Zahlungen wurde eine eigene Militärkasse (*aerarium militare*) eingeführt, die aus neuen Steuern finanziert wurde.

Dichtung

Unter Augustus wurde Rom zu einer Stadt, in der die Gelehrsamkeit aufblühte. Cn. Pompeius Trogus (2. Hälfte 1. Jahrhundert v. Chr.) verfasste mit seiner *Historiae Philippicae* eine Universalgeschichte, die auch jene Völker umfasste, die außerhalb der römischen Herrschaft lebten. Architektur und Baukunst wurden vom Architekten M. Vitruvius

Pollio (etwa 70–10 v. Chr.) in dem Werk *Architectura* ausführlich behandelt, der darauf hinwies, dass der Architekt
auch in Geschichte und Kunst bewandert sein sollte.

Die Dichtkunst lebte in den Jahren nach den Bürgerkriegen auf und die Schriftsteller sammelten sich unter reichen
Gönnern wie C. Maecenas (70–8 v. Chr., nach ihm der Begriff Mäzen), Messala Corvinus (64–8 n. Chr.) und Asinius
Pollio (76 v. Chr. – 5 n. Chr.) und lasen öffentlich aus ihren
Werken vor, die von Verlegern durch Schreibsklaven ver-
vielfältigt wurden.

Der bedeutendste Dichter der augusteischen Zeit war P.
Vergilius Maro (70–19 v. Chr.), in der Nähe von Mantua
geboren. Bekannt wurde er durch die *Bucolica*, zehn roman-
tische Hirtengedichte, in denen er in Gestalt von Hirten die
Freunde und Persönlichkeiten seiner Zeit beschrieb, ferner
durch die *Georgica* (vier Lehrgedichte über die Landwirtschaft einschließlich der Sonderkulturen wie Bienenzucht),
die er auf Anregung seines Gönners Maecenas verfasste
und durch die *Aeneis,* die Flucht des sagenhaften Grün-
dungsvaters von Rom aus Troja und seine Irrfahrten.

Vergils Rang ebenbürtig sind die Werke des Q. Horatius
Flaccus (65–8 v. Chr.), der aus Apulien stammte und in den
Bürgerkriegen sein Vermögen verlor. Unter der Schirm-
herrschaft des Maecenas konnte er sich der Dichtung widmen und schuf in seinen Satiren, Oden und Epoden eine
neue lateinische Lyrik, welche Liebe, Freundschaft, Gesel-
ligkeit beim Wein, Natur und die allgemeine Lebensweisheit zum Inhalt hatte.

Ebenfalls zu den Großen der Dichtkunst zählte S. Pro-
pertius (ca. 48/47–15 v. Chr.), der vermutlich aus *Asisium*
(Assisi) stammte und mit Liebesgedichten, einer Geschichte Roms und einer Beschreibung der Taten des Augustus
Bekanntheit erlangte.

Sein Schüler war P. Ovidius Naso (43 v. Chr. – 17 n. Chr.)
aus Sulmo, der sich durch sein ansehnliches Vermögen
ganz der Dichtkunst widmen konnte. Zunächst schrieb er
die *Amores* (Liebeselegien), dann die verlorene Tragödie
Medea und die *Heroides*, fingierte Briefe sagenhafter Frauen
an ihre verlorenen Gatten oder Geliebten.

Bekannt wurde er aber auch durch seine *Ars amatoria*

(Liebeskunst), die *Remedia amoris* (Heilmittel der Liebe) und *De medicamine faciei* (Über Schönheitsmittel), mit denen er zum Liebling der römischen Gesellschaft wurde. Sein bedeutendstes Werk sind die *Metamorphosen* (Verwandlungen), 15 Bücher mit 250 Verwandlungsgeschichten nach antiken Mythen, die von der Erschaffung der Welt bis zur Apotheose Caesars reichten. Die bekannteste Stelle daraus beschäftigt sich mit dem erstrebenswerten Goldenen Zeitalter[63].

Seine Beschäftigung mit der Liebeskunst, vielleicht aber auch die Mitwisserschaft eines Skandals, erregte den Zorn des Augustus, der ihn 8 n. Chr. nach Tomi am Schwarzen Meer verbannte, wo er 17 n. Chr. einsam gestorben ist. Die Briefe, die er aus dem Exil schrieb, finden neben der Exilliteratur Ciceros und Senecas seit dem 20. Jahrhundert wieder verstärkte Beachtung.

Der bedeutendste Vertreter der römischen Prosa in augusteischer Zeit war Titus Livius (59 v. Chr. – 17 n. Chr.), der ein Geschichtswerk in 142 Büchern verfasste wovon nur 35 erhalten sind und deren Zeitrahmen sich von Aeneas' Ankunft in Italien bis zum Tode des Drusus 9 n. Chr. spannte.

Das iulisch-claudische Kaiserhaus

Die Nachfolge des Augustus war von Beginn an dynastisch geregelt, alles was dem Senat blieb, war die Anerkennung der geschaffenen Verhältnisse. Tiberius Claudius Nero war nicht die erste Wahl des Augustus gewesen, eine Tatsache, die seine ganze Regierungszeit – er galt als mürrisch und misstrauisch – überschattete. Sein Amtsantritt war von Aufständen in Pannonien und am Rhein begleitet, wo die Soldaten eine Verkürzung ihrer Dienstzeit und Solderhöhungen verlangten, die Aufstände wurden aber von Drusus d. J. (15 v. Chr. – 23 n. Chr.) und L. Aelius Seianus (23 v. Chr. – 31 n. Chr.), dem späteren Prätorianerpräfek-

---

[63] *Aurea prima sata est aetas, quae vindice nullo, / sponte sua, sine lege fidem rectumque colebat* (Erst nun sprosste von Gold das Geschlecht, das ohne Bewachung, willig und ohne Gesetz ausübte das Recht und die Treue). Ovid, Metamorphosen 1,89.

ten, niedergeschlagen. 14–16 n. Chr. wurden unter Germanicus, dem Bruder des späteren Kaisers Claudius, Einfälle nach Germanien unternommen, wobei auch die Gefallenen der Varusschlacht bestattet wurden. Der Krieg verlief aber so verlustreich, dass sich Tiberius mit der Rheingrenze zufrieden gab. Unter seiner Herrschaft floh der Markomannenfürst Marbod nach einer Niederlage gegen Arminius nach Italien und wurde in Ravenna interniert.

Im Osten konnte Germanicus die römische Oberhoheit in Armenien wiederherstellen und mit den Parthern einen Ausgleich finden, soll aber vom Statthalter Syriens, Cn. Calpurnius Piso, aus Eifersucht vergiftet worden sein. Allerdings verdächtigte das Volk Tiberius, den beliebten Germanicus beseitigt zu haben und Hass gegen den Kaiser entwickelte sich in Rom. Dagegen ging Tiberius mit der Einführung der Hochverratsprozesse (*lex maiestatis*) vor, er dezimierte damit den Senat und die Ritterschaft und zog die Vermögen der Verurteilten zu Gunsten des Staates ein. Tiberius verbitterte immer mehr und zog sich aus dem öffentlichen Leben nach Capri zurück, an seiner Stelle führte der Prätorianerpräfekt L. Aelius Seianus die Regierung und übte ein Schreckensregiment in Rom aus. Als Seianus aber kurz davor stand, den Kaiser zu beseitigen um selbst die Herrschaft zu ergreifen, wurde sein Plan aufgedeckt und er selbst hingerichtet. Als Tiberius 37 n. Chr. starb, wurde er vom Volk, für das er wenig geleistet hatte, nicht betrauert, er hatte aber das Reich im Inneren klug regiert und nach außen hin gesichert und stark hinterlassen.

Ihm folgte C. Caesar Caligula (12 v. Chr. – 41 n. Chr.) auf den Thron, den Namen verdankte er den Soldatenstiefeln (*caligae*), die er als ein in Feldlagern aufgewachsenes Kind getragen hatte. Er war der Sohn des Germanicus und der Agrippina, der Tochter Iulias, und damit der letzte Kaiser unmittelbar aus der Familie des Augustus. Er gilt als der Urheber des Begriffs vom Caesarenwahn. Ob seine Maßlosigkeit einer Geisteskrankheit oder einer verfehlten Erziehung zu verdanken war, ist bis heute nicht geklärt. Er war als Kaiser ein Verschwender, spendete dem Volk hohe Summen, veranstaltete umfangreiche Spiele und lebte im Luxus. So soll er an einem Tag ein Gastmahl für 10 Millionen Sesterzen gegeben haben, den Jahresertrag dreier Provinzen. Zwischen Palatin und Kapitol ließ er eine Brücke bauen um dem Jupiter nahe zu sein und auch er bediente sich der Majestätsprozesse, um damit seine leeren Kassen zu füllen. Er unternahm Schaufeldzüge am Rhein und am Ärmelkanal um sich im Triumph feiern zu lassen. 41 n. Chr. wurde er im Alter von 29 Jahren von den Prätorianern gestürzt und ermordet, sein Name verfiel der Auslöschung (*damnatio memoriae*).

Auf Caligula folgte Tiberius Claudius Nero Germanicus (10 v. Chr. – 54 n. Chr., Kaiser ab 41. n. Chr.) der Bruder des Germanicus und Onkel des Caligula. Er war bei Regierungsantritt schon 49 Jahre alt, stotterte, wackelte mit dem Kopf und hinkte, sein Naturell war schwach und weltfremd, wenngleich er ein gebildeter Herrscher war. Er widmete sich dem Ausbau der Rheingrenze und richtete Köln (*Colonia Agrippina*) als Zivilstadt ein. 43 n. Chr. unternahm er einen Feldzug nach Britannien, das im Süden dauerhaft besetzt werden konnte, auch Mauretanien wurde unter ihm in zwei Provinzen aufgeteilt und an das Römische Reich angeschlossen.

Privat war er unglücklich. Seine erste Frau Valeria Messalina betrog ihn und wollte ihren Liebhaber Silius zum Kaiser erheben lassen, ehe beide von Claudius' Kanzleileiter Narcissus beseitigt wurden. In zweiter Ehe heiratete Claudius seine Nichte Agrippina, die nur das Bestreben hatte, ihren Sohn Domitius aus erster Ehe zum Kaiser zu machen. Sie ließ ihn als Nero Claudius vom Kaiser adoptieren und beseitigte diesen dann 54 n. Chr. durch Gift. Am Tag nach dem Tode des Kaisers wurde der siebzehnjährige Nero mit Hilfe seines Erziehers, des berühmten Philosophen Seneca, und der Unterstützung der Prätorianer zum Kaiser ausgerufen.

Nero Claudius Caesars (37–68 n. Chr., Kaiser ab 54 n. Chr.) frühe Regierungsjahre waren eine durchaus glückliche Zeit für das Römische Reich, jedenfalls solange der Jüngling unter dem Einfluss seines Erziehers Seneca und des Prätorianerpräfekten Burrus stand. Das Unglück begann, als Agrippina versuchte, den eigentlich von Claudius zum Herrscher ausersehenen Britannicus gegen Nero aufzustacheln, worauf ihn Nero vergiften ließ. Seine Mutter versuchte er mittels eines fingierten Schiffsunglückes zu beseitigen, als dies nicht gelang, wurde sie von Ancietus, dem Kommandanten der Prätorianerflotte am Kap Misenum, im Auftrag des jungen Kaisers ermordet.

Danach ergab sich Nero den Ausschweifungen eines luxuriösen Lebens, die eigentliche Regierung führte der Gardepräfekt Tigellinus. Nero verstieß seine Gattin Octavia und ließ sie ermorden, um eine der verruchtesten Frauen seiner Zeit, Popeia Sabina, heiraten zu können. Die Herrschaft Neros erschöpfte bald die Staatskassen, erschwert wurde die Lage, als 64 n. Chr. zehn der 14 Bezirke Roms in einer Feuersbrunst zerstört wurden. Ob Nero selbst den Brand legen ließ um sich künstlerisch zu inspirieren ist zweifelhaft, auch die der Brandstiftung beschuldigten und verfolgten Christen dürften wenig damit zu tun gehabt haben[64]. Nero veranlasste der Brand dazu, die Stadt nach hellenistischen Städtebauideen wieder aufzubauen. Er selbst ließ sich mit der *Domus Aurea*, dem 80 Hektar großen Goldenen Haus an Palatin und Esquilin, einen prächtigen Palast erbauen.

Seine Herrschaft erregte bald den Abscheu der Römer und Männer des Hochadels und Offiziere der Prätorianer versuchten unter C. Calpurnius Piso eine Verschwörung, die allerdings entdeckt wurde. Neben den hingerichteten Verschwörern musste sich auch der Philosoph Seneca, der als moralischer Warner längst das Missfallen des Kaisers erweckt hatte, die Adern öffnen und Selbstmord begehen.

Von 66–67 n. Chr. weilte Nero in Griechenland, wo er bei den Spielen der Griechen als Athlet und Wagenlenker auftrat und stets als Sieger vom Platz ging. In seiner Abwesenheit von Rom fand sich eine Koalition von Militär und Adel gegen seine Herrschaft, die Entscheidung führten allerdings die Legionen herbei. In Spanien riefen sie Sulpicius Galba (3 v. Chr. – 69 n. Chr.) zum neuen Kaiser aus, der Prätorianerpräfekt Tigellinus unterstützte Galba und

---

[64] Tacitus, Annales, 15,43,3-4: *auctor nominis eius Christus Tibero imperitante per procuratorem Pontium Pilatum supplicio adfectus erat* (Dieser Name stammt von Christus, der unter Tiberius vom Prokurator Pontius Pilatus hingerichtet worden war).

beraubte damit Nero seines militärischen Rückhaltes. Beim vergeblichen Versuch zu fliehen verübte Nero Selbstmord und machte damit dem Leben des letzten Kaisers aus dem iulisch-claudischen Haus ein Ende.

69 n. Chr. kam es zu einem Machtkampf im Römischen Reich. Sulpicius Galba war den Soldaten zu sparsam mit Spenden und Geldgeschenken und wurde durch den von den Prätorianern erhobenen M. Salvius Otho (32–69 n. Chr.) ersetzt, der aber nach wenigen Monaten dem von den rheinischen Legionen zum Imperator erhobenen A. Vitellius (12/15–69 n. Chr.) Platz machen musste. Dieser war aber durch seine Genusssucht, seinem Trieb zu Tafelfreuden und zum Nichtstun nur wenig zum Kaiser geeignet, daher riefen die Legionen in Ägypten, Syrien und Palästina den in Ehren ergrauten Feldherren Titus Flavius Vespasianus (9–79 n. Chr., Kaiser ab 69 n. Chr.) zum Kaiser aus, der nach Rom eilte, wo Vitellus im Straßenkampf erschlagen wurde. Vespasian wurde als Kaiser anerkannt.

Die Flavier (69–96 n. Chr.)

Titus Flavius Vespasianus stammte aus einer bürgerlichen Familie aus der Gegend des sabinischen *Reate*; er selbst stand viele Jahre als Offizier und Verwaltungsbeamter im Dienste der Kaiser. Er galt als harte, arbeitsame und sparsame Natur. Als er von den Legionen zum Kaiser ausgerufen wurde, befand er sich im Krieg gegen Iudaea, das 67 n. Chr. einen Aufstand gegen die römische Besatzung unternommen hatte. Als er nach Rom ging, überließ er den Krieg seinem Sohn Titus, der mit großer Härte gegen die Juden vorging. Er eroberte nach wochenlanger Belagerung die Stadt Jerusalem und zerstörte den Tempel Salomons, der letzte jüdische Widerstand wurde 73 n. Chr. mit der Eroberung der Festung von Masada beendet. Die Niederlage der Juden war so vollständig, dass viele danach das Land verließen und sich in verschiedene Teile des Reiches zerstreuten, der Beginn der jüdischen Diaspora. Niedergeschrieben wurden diese Ereignisse in der *Geschichte des jüdischen Krieges* (Ἱστορία Ἰουδαϊκοῦ πολέμου πρὸς Ῥωμαίους) vom jüdischen Geschichtsschreiber Josephus Flavius (37–100 n.

Chr). Als Sieger erhielt Titus einen Triumph in Rom und den steinernen Titusbogen am Forum zum Gedenken.

Ein zweiter Aufstand beschäftigte Vespasian in Germanien. Im Rheindelta waren die Bataver 69 n. Chr. unter Iulius Civilis gegen Vitellius aufgestanden und hatten zahlreiche Kastelle am Rhein zerstört. Erst unter Petilius Cerealis, einem General Vespasians, konnten die Bataver wieder befriedet werden.

Vespasian bemühte sich auch um den Ausbau des Reiches, im Norden von Britannien schob er die Grenze bis zum schottischen Hochland vor und in Germanien erreichte er den Oberen Neckar und verband die Donaulinie mit dem Rhein mit einer Straße.

Da die Kassen des Reiches unter Nero geleert worden waren, sparte er wo immer er konnte und ließ sogar die öffentlichen Latrinen in Rom besteuern. Als ihm sein Sohn Titus daraufhin Vorwürfe machte, soll er geantwortet haben: *Non olet* (Es – das Geld – stinkt nicht[65].

In Rom ließ er die *Domus Aurea* zum Teil abtragen, die 36 m hohe Kolossalstatue Neros wurde in eine Statue des Sonnengottes *Sol invictus* umgewandelt. Vespasians größtes Vermächtnis ist das *Amphitheatrum Flavium*, heute als Kolosseum bezeichnet, das er aus der Beute des jüdischen Feldzuges erbauen ließ. Es ist mit einer Grundfläche von 77 x 46 m und einer erhaltenen Höhe von 48 m eines der größten noch bestehenden römischen Bauwerke.

· Als er 79 n. Chr. den Tod nahen fühlte, stellte er sich auf die Füße und sagte, *imperatorem … stantem mori oportere* (dass ein Imperator im Stehen sterben müsse)[66].

Er hinterließ seinem ältesten Sohn und Nachfolger Titus Flavius Sabinus Vespasianus (39–81 n. Chr., Kaiser ab 79 n. Chr.) ein geordnetes Reich und dieser war in den zwei kurzen Jahren seiner Regierung *amor et deliciae generis humani* (Liebe und Wonne des Menschengeschlechts)[67], der von sich selbst sagte, dass der Tag verloren sei (*diem perdidi … esse*), an dem er niemandem eine Wohltat erwiesen hätte[68].

---

[65] Sueton, Vespasian 23.
[66] Sueton, Vespasian 24.
[67] Sueton, Titus 1.
[68] Sueton, Titus 7.

In seiner Regierungszeit kam es zu einer der größten Katastrophen, von der wir aus der antiken Welt Nachricht haben. Am 24. August 79 n. Chr. wurden durch einen Ausbruch des Vesuv die Landstädte Pompeii und Herculaneum an einem einzigen Tag völlig zerstört, es sollen dabei mehr als 50 000 Menschen den Tod gefunden haben. Eine Beschreibung der Vorkommnisse findet man bei C. Plinius, dem Neffen des Naturforschers und Kommandanten der kaiserlichen Flotte des westlichen Mittelmeeres. Plinius der Ältere selbst fand bei dem Ereignis den Tod[69].

80 n. Chr. weihte Titus das von seinem Vater begonnene Kolosseum mit hunderttägigen Spielen ein und stiftete für die Bevölkerung die *Thermae Titianae*. Als er im dritten Jahr seiner Regierung mit nur 42 Jahren starb, trauerte ganz Rom um ihn.

Gänzlich anders geartet war sein Bruder und Nachfolger Titus Flavius Domitianus (51–96 n. Chr., Kaiser ab 81 n. Chr.). Zwar war er ein ausgezeichneter Verwalter des Reiches und kümmerte sich um Gesetze und Rechtsprechung, allerdings hielt er nicht viel von der Regierungsform des Prinzipates wie sie Augustus eingeführt hatte. Dafür ließ er sich mit der lebenslänglichen Zensur ausstatten und setzte danach den Senat nach seinen Wünschen zusammen, wer ihm im Wege stand wurde beseitigt und dessen Vermögen eingezogen. Seine Stütze in der Politik waren die Ritter und das gemeine Volk, die er mit großzügigen Spenden und Spielen auf seine Seite brachte. Der Senatsadel hasste ihn dafür und die Historiker seiner Zeit (wie etwa Tacitus)[70], haben kein gutes Haar an ihm gelassen.

In der Außenpolitik ging er den vorsichtigen Weg seines Vaters weiter. In Britannien schob er die Grenze mit General Julius Agricola bis zur Linie Firth of Clyde – Firth of Forth vor, in Germanien besetzte er das Land zwischen Oberrhein und oberer Donau und sicherte es mit einem Wall, Kastellen und Wachtürmen (obergermanisch-räti-

---

[69] Plinius, Epistulae 6,16.
[70] Tacitus, Agricola 2,2.

scher Limes) ab. Das eroberte Land wurde als *agri decumates* (Zehntland) mit Veteranen besiedelt.

Einen schwierigen Feldzug hatte er gegen den dakischen König Decebalus zu führen, der Dakien (das heutige Rumänien) verlassen und die römische Provinz Moesien angegriffen hatte. Domitian, der selbst am Kriegsschauplatz erschien, konnte keine militärische Entscheidung herbeiführen und musste Decebalus durch die Zahlung von Jahresgeldern zum Abzug bewegen. Einen Aufstand der obergermanischen Legionen konnte er hingegen niederschlagen.

Diese Misserfolge erschütterten seine Stellung im Reich und die Gegnerschaft im Senat lebte wieder auf. Domitian antwortete darauf mit großer Härte und Grausamkeit, er führte die zwischenzeitlich ausgesetzten Majestätsprozesse wieder ein und versuchte die erschöpften Kassen mit Vermögenseinziehungen zu füllen. Als sein Wüten immer unberechenbarer wurde, bildete sich eine von seiner eigenen Gemahlin Domitia Longina geführte Verschwörung, der er am 18. September 96 n. Chr. zum Opfer fiel, damit war das Ende des flavischen Kaiserhauses gekommen.

DIE ANFÄNGE DES CHRISTENTUMS

Die Geburt Christi fällt in die Regierungszeit von Augustus, sein Tod, der von Tacitus um die Jahre 30–33 n. Chr. angenommen wird[71], fand unter der Herrschaft von Tiberius statt. Das Christentum entstand in der Jerusalemer Urgemeinde und breitete sich danach in Palästina (Apostelkonzil in Jerusalem 48 n. Chr.) und dann entlang der Küsten des Mittelmeeres aus (Brief an die Thessaloniker, 56 n. Chr.), erreichte Griechenland (erster Korintherbrief, um 55 n. Chr.) und sprang von hier nach Rom über (Enthauptung des Paulus dort 64 n. Chr., Kreuzigung des Petrus um 67 n. Chr. am Mons Vaticanus) Es bildeten sich kleine Gemeinden, die öffentlich ihre Religion ausüben konnten. Der römische Staat war tolerant, wenn es um die Ausübung von Religion ging und hat zahlreiche verschiedenste Kulte aus

---

[71] Tacitus, Annales 15,44.

Ägypten und Persien in seinem Herrschaftsgebiet toleriert. Grundlegend war nur, dass der Gläubige einmal im Jahr ein Opfer im Rahmen der Staatsreligion darzubringen hatte. Eine Ablehnung bedeutete einen Angriff auf Kaiser und Staat und dies war der Punkt, an dem das Christentum mit dem römischen Staat in Konflikt geriet. Dennoch haben bis auf Nero[72], der ihnen die Schuld am Brand Roms gab, und Domitian die Kaiser des 1. Jahrhunderts das Christentum durchwegs toleriert und noch Traian lehnte eine Verfolgung von Staats wegen der Christen ab.

Die wesentlichen Schriften des Christentums entstanden im 1. Jahrhundert n. Chr. Die Evangelien wurden in griechischer Sprache verfasst, das des Markus um 65 n. Chr., diejenigen von Lukas und Matthäus um 60–80 n.Chr., zuletzt das des Johannes (um 100 n.Chr.). Es haben sich aber auch zahlreiche Apokryphen (nicht in den biblischen Kanon aufgenommene Schriften) aus etwas späterer Zeit erhalten.

Das Christentum war im Römischen Reich zunächst die Religion der kleinen Leute und verbreitete sich auch unter den Sklaven. Es war eine wohltätige Religion und die Gemeinden führten Armenlisten zur Unterstützung bedürftiger Mitglieder, dazu gab es allgemeine Begräbniskassen. Christenverfolgungen fanden zuerst nur örtlich und zeitlich begrenzt statt, bei diesen Gelegenheiten ergriffen die Christen die Flucht oder versteckten sich in den Katakomben, ihren Begräbnisstätten. Die bei den Verfolgungen getöteten Märtyrer galten schon in der Urkirche als verehrungswürdig und heilig.

An der Spitze der Gemeinde stand ein *Episkopos* (Bischof), der Gottesdienst wurde in der Frühzeit noch nicht von Priestern sondern von jedem ausgeübt, der sich dazu berufen sah, in der Regel einem *Presbyter* (Ältester). Erst mit später entstand das Amt des Priesters, der die heiligen

---

[72] Tacitus, Annales 15,49 schreibt: *Ergo abolendo rumori Nero subdidit reos et quaesitissimis poenis adfecit, quos per flagitia invisos vulgus Chrestianos appellabat.* (Um das Gerücht aus der Welt zu schaffen, schob Nero die Schuld auf andere und verhängte die ausgesuchtesten Strafen über die wegen ihrer Verbrechen Verhassten, die das Volk ‚Chrestianer' nannte).

Handlungen und das Spenden der Sakramente zu vollziehen hatte.

Um als Christ in die Gemeinschaft aufgenommen zu werden, galt es eine Vorbereitungszeit (*Katechumenat*) von zwei bis drei Jahren zu absolvieren. Nach Ablegung des Glaubensbekenntnisses wurde der Kandidat in der Osternacht durch vollständiges Untertauchen getauft. Die Kommunion wurde in beiderlei Gestalt gespendet, der Sonntag war ein Festtag. Die frühe Kirche kannte auch Ämter für Frauen.

Die Dichtung des flavischen Zeitalters

Die Blütezeit der augusteischen Dichtung hielt auch im 1. Jahrhundert n. Chr. noch an. Vergils Vorbild inspirierte noch den unter Vespasian schreibenden Valerius Flaccus (gest. 92 n. Chr.) zur *Argonautica* (Argonautenfahrt) und zur *Thebais* (Kampf um Theben), beides Werke, die noch die griechischen Helden verklären.

Unter den Historikern ist Silius Italicus (26–101 n. Chr.) zu nennen, der eine *Punica* (Geschichte des Zweiten Punischen Krieges) herausgab. Eine Schilderung des Bürgerkrieges verdanken wir M. Annaeus Lucanus (39–65 n. Chr.), dem Neffen Senecas, der wie sein Großvater im Zuge der Pisonischen Verschwörung den Tod fand.

Die beliebte Gattung der Satire wurde von A. Persius Flaccus (34–62 n. Chr.) weitergeführt, der sechs Satiren im Stil des Horaz verfasste, ihm zur Seite ist Titus Petronius zu stellen, den Tacitus als *elegantiae arbiter*, den Schiedsrichter in Dingen des guten Geschmacks, bezeichnete. Er war Beamter im Dienste Neros und musste im Zuge der Verschwörung des Piso den Freitod wählen. Sein bedeutendstes Werk ist das *Satyricon*, ein Schelmen- und Reiseroman, der auch die berühmte *Cena Trimalchionis* (Gastmahl des Trimalchio) enthält, bei der sein Held Encolpius eingeladen ist.

Die höchste Blüte erlebte die Kunstform der Satire bei M. Valerius Martialis (40–102 n. Chr.) aus *Bilbilis* in Hispanien. Sein Ruhm stützte sich auf 12 Bücher mit satirischen Epigrammen, in denen er die römische Gesellschaft beschrieb, zur Eröffnung des Amphitheatrum Flavium verfasste er Epigramme, welche die Kämpfe in der Arena besangen. Er war ein Diener vieler Herren der zunächst Domitian schmeichelte, ihn aber nach dessen Sturz mit übler Nachrede verfolgte, was aber bei den Kaisern Traian und Nerva nicht gut ankam, sodass er sich um 98 aus Rom nach Bilibilis zurückzog.

Ein Freund Martials war D. Iunius Iuvenalis (60–140 n. Chr.) der aus *Aquinum* (Aquino) in Latium stammte und in Rom als Deklamator (Vortragender) tätig war. Seine Hauptwirkungszeit fällt schon in die Zeit Traians und Hadrians, wo er in 16 Satiren mit düsteren Worten die Lasterhaftigkeit der Großstadt, den Geiz, die geringe Wertigkeit der geistigen Tätigkeit und das Vordringen unrömischer Sitten anprangerte.

Der bedeutendste Schriftsteller des 1. Jahrhunderts war L. Annaeus Seneca (2. v. Chr./2 n. Chr. – 65 n. Chr.) Er war Redner, Schriftsteller, Philosoph und Staatsmann und stammte aus *Corduba* in Hispanien. Er kam schon früh nach Rom, wo er sich in der Umgebung der Herrschenden aufhielt, was ihm unter Claudius eine Verbannung nach Korsika eintrug. Zurückgerufen avancierte er zum Lehrer des jungen Nero. Obwohl er die Vorzüge der Philosophie der Stoa predigte, handelte er selbst nicht danach, sondern ließ sich vom kaiserlichen Hof korrumpieren und half, die Schandtaten Neros zu vertuschen. Er entfremdete sich aber dem Kaiser und musste sich im Zuge der Verschwörung des Piso selbst die Adern öffnen[73].

Unter seinem Namen sind neun Tragödien erhalten, darunter die Werke Phaedra, Oedipus und Medea. Seine philosophischen Schriften behandeln die Stoa und deren Sittenlehre. Er verfasste Schriften wie *De providentia* (Über die Vorsehung), *De constantia* (Über die Standhaftigkeit), *De vita beata* (Vom glücklichen Leben) und *De tranquilitate animi* (Von der Gemütsruhe).

Daneben schreib er noch sieben Bücher *Naturales quaestiones* (Naturwissenschaftliche Fragen), die Pflichtbestandteil eines philosophischen Gesamtwerkes waren.

---

[73] Tacitus, Annales 15,60-64.

Ein ähnliches, aber wesentlich umfangreicheres Werk, schrieb C. Plinius Secundus (23–79 n. Chr.), der beim Ausbruch des Vesuvs in Pompei den Tod fand. Erhalten ist eine *Naturalis Historia* (Naturgeschichte) in 37 Büchern, ein Kompendium des römischen Wissens über die Naturwissenschaften mit Medizin, Kunst- und Kulturgeschichte, das er nach eigenen Angaben aus mehr als 2000 Bänden exzerpiert hatte.

BROT UND SPIELE

Der einzelne römische Bürger war dem Staat gegenüber völlig machtlos und hatte, außer in Zeiten da es zum offenen Aufruhr kam, politisch kein Gewicht. Daher war es sowohl für die Republik als auch für das Prinzipat notwendig, dafür einen Ausgleich zu schaffen, und dies gelang mit drei Maßnahmen: mit der kostenlosen oder verbilligten Getreidezuteilung, der Auszahlung von großzügigen Subsidien durch Politiker oder den Kaiser und schließlich durch das Abhalten von grandiosen Spielen.

Schon gegen Ende der Republik sahen Staatsmänner wie Cato der Jüngere oder andere Politiker, welche sich die Gunst des Volkes erkaufen wollten, die Aufrechterhaltung von Ruhe und Ordnung durch jene Maßnahmen gewährleistet, die als *panem et circenses* (Brot und Spiele) geradezu sprichwörtlich für das Sehnen der römischen Unterschicht geworden sind.

Dabei wurden die Getreidezuteilungen mit der Zeit immer umfangreicher. Ab 62 v. Chr wurden 320 000 Menschen in Rom in der Liste der Getreideanwärter geführt, denen monatlich eine Ration von etwa 50 Liter Getreide zu weniger als dem halben Marktpreis zustanden. 58 v. Chr. verwendete P. Clodius die Hälfte der Einkünfte aus den von Pompeius eroberten Ländern um das Getreide umsonst abzugeben. Das Ziel war dabei, die Volksmassen, von denen man nicht glaubte, dass sie Wesentliches zur Politik beizutragen hatten, von dieser möglichst fernzuhalten, indem man ihnen Spenden und kostenlose Unterhaltung bot.

Welche Mengen dazu notwendig waren hat Augustus stolz in seinem Rechenschaftsbericht (*Res gestae divi Augus-*

ti), nach dem im 16. Jahrhundert in Ankara wiedergefundenen Exemplar, *Monumentum Ancyranum[74] genannt,* dargestellt: *Der römischen Bevölkerung habe ich 300 Sesterzen pro Mann gezahlt … in meinem Namen habe ich während meines fünften Konsulates aus der Kriegsbeute jeweils 400 Sesterzen gespendet während meines zehnten Konsulates aus meinen eigenen Erbteil jedem Mann 400 Sesterzen gezahlt … während meines elften Konsulates ließ ich zwölfmal Getreide verteilen, das ich auf eigene Kosten erworben hatte Mein Großmut hat sich auf nicht weniger als 250 000 Personen erstreckt … Im 18. Jahre meines Tribunates … spendete ich 320 000 Stadtbewohnern je 60 denarii.*

Aber auch was die Spiele anging, war Augustus großzügig: *Dreimal habe ich Gladiatorenkämpfe in meinem Namen veranstaltet und fünfmal im Namen meiner Enkel. An diesen Kämpfen waren etwa 10 000 Mann beteiligt Bei 26 verschiedenen Anlässen habe ich dem Volk im Circus, auf dem Forum oder im Amphitheater afrikanische Wildtierjagden geboten, bei denen etwa 3500 Tiere erlegt wurden. Ich ließ dem Volk auch das Schauspiel einer Seeschlacht am Tiber vorführen.*

Stattgefunden haben diese Kämpfe zunächst im Circus Maximus[75] in einer Talsenke zwischen Palatin und Aventin. Hier befand sich die Rennbahn mit einer Länge von 600 m und einer Breite von 150 m, geteilt durch einen Mittelstreifen (*spina*), den die Wagenlenker bei ihren Wettrennen mehrmals zu umrunden hatten. Bestand der Circus Maximus in der Republik noch aus Holztribünen, so ließ ihn Caesar in Tuffstein und Augustus in Marmor umbauen. Zu Caesars Zeiten fanden etwa 150 000 Menschen darin Platz, unter Vespasian stieg die Zahl auf 250 000 und am Ende der Antike sollen hier 385 000 Menschen die Spiele verfolgt haben.

Die Wagenrennen waren ab der späten Republik eine Angelegenheit von Spezialisten, um die Wagenlenker bildeten sich Renngesellschaften (*factiones*), welche den hohen Aufwand, den die Rennen erforderten, bestritten. Dauerten die Spiele zunächst nur eine Stunde, so wurden sie unter

---

[74] Ekkehard Weber (Hrsg.), Res Gestae Divi Augusti. Düsseldorf 2004.
[75] Augusta Hönle /Anton Henze, Römische Amphitheater und Stadien, Gladiatoren und Circusspiele, Feldmeilen 1981, 93 ff.

den Kaisern einen ganzen Tag lang abgehalten, Caligula soll 24 Rennen hintereinander gestattet haben.

Ebenso populär waren die Gladiatorenkämpfe[76], die zunächst in kleineren Arenen – bekannt ist aus dem Jahr 29 v. Chr. das von Statulus Taurus erbaute erste Amphitheater in Rom – ab 80 n. Chr. im Kolosseum stattfanden. Hier kämpften die ausgebildeten Gladiatoren, deren Truppe sich aus Verbrechern, Kriegsgefangenen, Sklaven und angeworbenen Freien zusammensetzte. Sie wurden in Gladiatorenschulen ausgebildet, dabei gut ernährt und dann zum Siegen oder Sterben in die Arena geschickt.

Nach dem Gruß an den Kaiser mit dem Ruf: *Ave Caesar, morituri te salutant* (Heil Caesar, die Todgeweihten grüßen dich)[77], erfolgten Schaukämpfe mit stumpfen Waffen, dann reale Gefechte bis zum Tode. Die Gladiatoren waren nicht einheitlich bewaffnet, sondern verwendeten unterschiedlichste Ausrüstungen, darunter gab es *retiarii* (Netzkämpfer) und *Thraces* (Thraker), *murmillones* (Fischkämpfer) und Samniten , es gab berittene Gladiatoren und solche, die von Wagen aus kämpften. Nicht jeder Kampf ging bis zum Tode eines Kontrahenten, das Publikum konnte dem Unterlegenen auch die Gnade erweisen, ihn leben zu lassen, oder man verzichtete überhaupt auf den Todesstoß, da es teuer war Gladiatoren auszubilden, nur um sie dann in einem einzigen Gefecht zu töten.

186 v. Chr. fand in Rom die erste Tierhetze statt, besonders unter Pompeius und Caesar waren diese sehr beliebt, man zeigt hier Tiere aus Afrika und importierte auch Bären und Wölfe aus dem Norden Europas. Man ließ nicht nur Tiere gegeneinander kämpfen, sondern schickte auch Menschen gegen sie in die Arena, was besonders verurteilte Verbrecher, Kriegsgefangene und später auch Christen betraf.

Iulius Caesar war der erste, der auf den Gedanken kam, dem Publikum eine Seeschlacht zu zeigen. Dafür ließ er auf dem Marsfeld ein Becken ausheben und 46 v. Chr. zwei kleine Flotten mit fast 3000 Mann gegeneinander kämpfen.

---

[76] Marcus Junckelmann, Gladiatoren, Das Spiel mit dem Tod, Mainz 2008.

[77] Fraglich, da nur bei Sueton, Claudius 21 überliefert.

11. Die Zeit der Adoptivkaiser (96–192 n. Chr.)

Der Staat, den Augustus aufgebaut hatte, war so gefestigt gewesen, dass er auch schwache und schlechte Kaiser wie Caligula, Nero und Domitian und selbst Thronwirren unbeschadet überstanden hatte. In diesem 1. Jahrhundert n. Chr. verschwanden die nationalen Bestrebungen im Römischen Reich fast völlig, die gemeinsame Sprache und Kultur begann sich auszuwirken und es entstand eine gesamtrömische Identität. Man sah sich auch in entfernten Provinzen als Teil des Römischen Reiches und profitierte von der blühenden Wirtschaft, den Verkehrswegen und besonders von der Sicherheit zu Lande und auf dem Meer.

Der Tod Domitians war so plötzlich gekommen, dass sich kein Thronprätendent sofort in Stellung bringen konnte. Der Senat regierte unverzüglich und ernannte den ranghöchsten Senator M. Cocceius Nerva (30–98 n. Chr., Kaiser ab 96 n. Chr.) zum Kaiser, einen sparsamen, nüchternen und wenig glanzvollen Juristen. Nerva war ein guter Verwalter und Gesetzgeber, er schuf in Italien neue Bauerngüter, eine Stiftung zur Förderung kinderreicher Familien, verhängte die *damnatio memoriae* über Domitian und schaffte die Majestätsprozesse ab, alles Maßnahmen welche die Kassen erschöpften, sodass er sein eigenes Vermögen einsetzte, um den Staat zu sanieren. Insgesamt soll er 60 Millionen Sesterzen an die Bevölkerung verteilt haben.

97 n. Chr. meuterte die Prätorianergarde, die er nicht wie seine Vorgänger mit üppigen Geldgeschenken gekauft hatte. Nerva adoptierte daraufhin am 27. Oktober 97 n. Chr. den Hispanier Traian, den Kommandeur der Armeen an der germanischen Grenze, der bei den Soldaten Ansehen und Rückhalt genoss. Damit begründete er das Adoptivkaisertum[78], das jedoch entgegen früherer Anschauung nicht

---

[78] Johannes Pasquali, Die Adoptivkaiser. Das römische Weltreich am Höhepunkt seiner Macht (98–180 n. Chr.), Bochum 2011.

mit einer bewussten Abkehr vom dynastischen Prinzip und aus der schlechten Erfahrung, die Rom mit manchem unzulänglichen dynastischen Nachfolger hatte erleiden müssen, sondern dem Faktum kaiserlicher Kinderlosigkeit geschuldet war. Als Nerva 98 n. Chr. einem Schlaganfall erlag, konnte er ein geordnetes Reich übergeben.

Die fünf „guten Kaiser"

Sein von ihm adoptierter Nachfolger Marcus Ulpius Traianus (53–117, Kaiser ab 96) galt in der senatorischen Geschichtsschreibung später als der beste aller Kaiser. Er stammte aus der Stadt *Italica* im Süden der Provinz *Hispania* und war damit der erste Kaiser, der von außerhalb Italiens kam.

Traian hatte an den verschiedensten Orten und in vielen Funktionen seinen Vorgängern, besonders Domitian, gedient. 97 erhielt er von Nerva die Statthalterschaft der *Germania Superior*, die mit einer Besatzung von 35 000 Mann die militärisch am stärksten abgesicherte Provinz im Römischen Reich war. Als er 97 von Nerva zum Nachfolger adoptiert wurde, gab es gegen diese Stärke keine Opposition und jeder Widerstand gegen Nerva erlosch. Nach seinem Amtsantritt ließ er Nerva vergöttlichen und alle jene hinrichten, die in Opposition zu seinem Adoptivvater gestanden waren.

Als er 99 in Rom einzog, bemühte er sich um ein gutes Verhältnis zum Senat, ließ aber keine Zweifel daran bestehen, dass er allein das Sagen im Reich hatte[79]. Nach außen hin bemühte er sich den Anschein zu erwecken, dass der Senat das Reich regiere und er nur ein *primus inter pares* sei.

101 begann Traian einen Krieg gegen den dakischen König Decebalus unter dem Anschein, dieser habe die Regeln des Friedensvertrages von 89 verletzt, tatsächlich scheint es aber um eine dauerhafte Sicherung der unteren Donaugrenze gegangen zu sein. Er fiel in Dakien ein, brachte Decebalus mehrere Niederlagen bei und annektierte weite

---

[79] Plinius, Epistulae 3,20,12: *Sunt quidem cuncta sub unius arbitrio* (es hängt doch alles vom Willen eines Einzelnen ab).

Teile Dakiens, scheute aber vor der Einrichtung einer neuen Provinz noch zurück. Diese erfolgte erst nach einem zweiten Dakerkrieg 105–107, der mit dem Tode des Decebalus endete. Zahlreiche Neusiedler und Veteranen strömten in das entvölkerte Land und sorgten für eine durchgreifende Romanisierung der Provinz *Dacia* in kurzer Zeit.

Die römische Kriegsbeute in Dakien soll sich auf 50 000 Kriegsgefangene, 500 000 Pfund (165 000 kg) Gold und 1 000 000 Pfund (331 000 kg) Silber belaufen haben. Mit Hilfe des dakischen Goldes veranstaltete Traian verschwenderische Spiele im Circus Maximus und im Kolosseum, allein 108 und 109 kämpften während der Veranstaltungen zum Sieg des Zweiten Dakerkrieges 4 941 Gladiatorenpaare.

Italien hatte für Traian einen besonderen Stellenwert, und er ließ es durch die Anlage von neuen Straßen (*Via Traiana*) und durch neue Häfen wie in Ostia weiter ausbauen (*Italia restituta*). Er ließ neue Wasserleitungen nach Rom bauen und errichtete die *Thermae Traiani*, den bis dahin größten Badekomplex der Stadt. Wesentlich verändert hat er Rom mit der Anlage des Traiansforums, für das er einen ganzen Hügel abtragen ließ und wo er auch seine Siegessäule (Traianssäule) für die Dakerkriege erbauen ließ, die später seine Aschenurne aufnehmen sollte.

Da Traian die Städte als das Rückgrat des Imperiums ansah, ließ er im gesamten Reich zahlreiche neue Städte gründen. In Niedergermanien gründete er in der Nähe des heutigen Xanten die Kolonie *Ulpia Traiana*. Ebenfalls wurde die Hauptstadt der Bataver, *Ulpia Noviomagus Batavorum* (Nijmwegen), neu gegründet und organisiert, damit konnte Traian sich die Gefolgschaft der niedergermanischen Stämme sichern, die ihm fortan wie schon früher als kaiserliche Kavallerieeinheit dienten. Es entstanden im Rhein-Main-Neckar-Gebiet die *Civitas Mattiacorum* mit dem Hauptort *Aquae Mattiacorum* (Wiesbaden), die *Civcitas Ulpia Sueborum Nicrensium* (Hauptort Ladenburg) und die *Civitas Taunensium* mit dem Hauptort *Nida* (Frankfurt-Heddernheim). In Pannonien wurde die *Colonia Ulpia Traiana Poetovio* (Pettau) gegründet.

Außenpolitisch missachtete Traian die Vorgabe des Augustus, das Reich in seinen Grenzen zu belassen, warum er ab 113 mit einem groß angelegten Feldzug gegen Armenien und die Parther begann, ist fraglich, es könnten finanzielle Gründe oder wie es ihm Cassius Dio nachsagte, seine Triumphsucht gewesen sein[80]. Bis 114 brachte er Armenien unter römische Gewalt, zog dann weiter nach Süden, wo er in Babylon die Provinz *Mesopotamia* einrichtete und eroberte 116 ohne Gegenwehr, während die Parther in interne Auseinandersetzungen verstrickt waren, die parthische Hauptstadt *Ktesiphon* am Tigris. Traian drang damit an die Ufer des Persischen Golfes vor, und das Römische Reich hatte unter ihm seine größte Ausdehnung erreicht. *Arabia, Armenia* und *Mesopotamia* wurden neue Provinzen, ob es auch eine Provinz *Assyria* gegeben hat, ist fraglich. Traian hat dem Römischen Reich damit mehr an Land hinzugefügt, als jeder andere Römer vor ihm.

Nachdem aber Aufstände in Judäa, Dakien und Mesopotamien ausgebrochen waren, mussten die römischen Truppen im Osten zurückgenommen werden, ein Großteil der traianischen Eroberungen konnte aber gehalten werden. Als Traian 117 nach Rom zurückreiste, starb er in *Selinus* in Kilikien. Noch auf dem Totenbett soll er seinen Neffen Hadrian zum Nachfolger adoptiert haben, was allerdings von manchen römischen Geschichtsschreibern angezweifelt wurde.[81] Traian galt in der Spätantike als ein Herrscher, der die Rolle des Kaisers vorbildlich ausgefüllt hatte. Er hatte als *propagator finium* (Erweiterer der Grenzen) das Reich gemehrt, als *princeps* die Freiheit von Senat und römischem Volk gewährleistet und auf diese Weise nach der Schreckensherrschaft Domitians innenpolitische *securitas* (Sicherheit) herbeigeführt.

Sein adoptierter Nachfolger, P. Aelius Hadrianus (76–138, Kaiser ab 117), wurde wie Traian in *Italica* in Spanien geboren und erhielt in Rom eine gründliche Ausbildung, die auch Philosophie, Mathematik, Musik, Poesie, Malerei und Bildhauerei umfasste und seine Vorlieben, besonders für alles Griechische, ein Leben lang prägen sollte. Er diente für mehrere Jahre in verschiedensten Truppenteilen

---

[80] Cassius Dio, Römische Geschichte 68,17,1.
[81] Cassius Dio, Römische Geschichte 69,1,1.

und durchlief dann den *cursus honorum* (Ämterlaufbahn) in Rom, die ihn 108 auch zum Konsulat brachte.

Hadrian war mit Vibia Sabina, einer Großnichte Traians, verheiratet, vermutlich war er aber bisexuell. Er hatte keine anerkannten leiblichen Kinder, es wurde jedoch behauptet, dass er der Vater von Aelius Caesar, seinem designierten Nachfolger, gewesen sei. Unzweifelhaft homoerotisch geprägt war seine Beziehung zu Antinoos, einem jungen Bithynier, den Hadrian im Knabenalter in Kleinasien kennengelernt hatte. Antinoos gehörte einige Zeit zum Hofstaat des Kaisers und begleitete ihn auf seinen Reisen, bis er unter nie geklärten Umständen 130 im Nil ertrank.

Als ihn Traian am Totenbett adoptierte, war Hadrian Statthalter von Syrien, der Provinz, in welcher der Großteil der römischen Truppen stationiert war, sodass er keine Opposition im Reich zu fürchten hatte.

Hadrian war ein Reisekaiser und oft für viele Jahre nicht in Rom. Er hatte wenig Interesse an einer Ausweitung des Reichsgebietes und gab sogar die Provinz *Mesopotamia* wieder auf, weil er meinte, dass sie militärisch dauerhaft nicht zu halten sei. Seine Hauptaufgabe sah er in der Grenzsicherung; in Britannien ließ er den Hadrianswall zwischen Solvey Firth und der Tynemündung errichten, und in Germanien baute er den obergermanisch-rätischen Limes mit Steinkastellen weiter aus. Seine Liebe galt aber Griechenland und hier besonders Athen, das er mit zahlreichen Monumentalbauten ausschmücken ließ, sodass man ihm ein Denkmal setzte[82] auf dem stand, dass Athen nun Hadrians und nicht mehr des Theseus Stadt sei. Er legte hier einen neuen Stadtteil an und vollendete den Tempel des Olympischen Zeus, in Italien bestieg er den Vesuv, und im Orient gründete er Jerusalem als *Aelia capitolina* neu und bereiste Ägypten.

Von 131–136 hatte er sich mit dem Aufstand des Bar Kochba in Judäa auseinanderzusetzen, weil er an der Stelle des alten Salomonischen Tempels in Jerusalem einen Jupitertempel hatte errichten lassen. Hadrian nahm an der *expeditio Iudaica* selbst zeitweise teil. Nach der brutalen Niederschlagung der Revolte 135 und der Verwüstung Judä-

---

[82] Das Hadrianstor, erbaut 132.

as – nach Berichten des Cassius Dio wurden 580 000 Juden getötet, 50 befestigte Städte geschleift und 985 Dörfer zerstört[83] – wurden Sanktionen im Reich gegen die Juden ergriffen. Die Tora und der jüdische Kalender wurden verboten, ebenso ließ man jüdische Gelehrte hinrichten und den Juden heilige Schriftrollen auf dem Tempelberg verbrennen. Im Jerusalemer Tempelheiligtum errichtete man Statuen von Jupiter und von Hadrian. Der Provinz wurde der neue Name *Syria Palaestina* gegeben.

134 nach Rom zurückgekehrt, ließ Hadrian als eine seiner bedeutendsten Maßnahmen die Kodifizierung der praetorischen Rechtsbestimmungen im *Edictum perpetuum* durchführen, das später die Grundlage des *Corpus iuris* geworden ist. In Rom ließ er den gewaltigen Doppeltempel von Venus und Roma auf dem Forum errichten, er ließ das Pantheon neu erbauen; und sein Hauptwerk wurde die Villa bei *Tibur* (Tivoli), zu deren Gestaltung architektonische Elemente aus dem ganzen Reich verwendet wurden.

Als er eine Krankheit nahen sah, begann er mit dem Bau seines Grabmales, der *Moles Hadriani*, die als Engelsburg in nachrömischer Zeit zu einer Festung ausgebaut wurde.

Da er selbst keine Kinder hatte, bestimmte er durch Adoption Titus Aurelius Antoninus als seinen Nachfolger, der die späteren Kaiser Marcus Aurelius und Lucius Verus adoptieren musste. 138 starb Hadrian verbittert und unter Qualen in *Baiae* (Baia) im Golf von Neapel.

Wie die spätantike *Historia Augusta* (Kaisergeschichte)[84] berichtet, zeigte sich seine Vorliebe für das Griechentum und insbesondere die Philosophie auch in seinem Äußeren: Er ließ sich einen Bart stehen, angeblich um Narben im Gesicht zu verdecken, vermutlich jedoch eher aus Bewunderung für die traditionell bärtigen griechischen Philosophen. Die Angehörigen der römischen Oberschicht, die seit Jahrhunderten bartlos gegangen waren, folgten seinem Beispiel und auch sein Nachfolger Antoninus Pius, sonst eher altrömischen Traditionen zugetan, folgte dieser Mode.

---

[83] Cassius Dio, Römische Geschichte 69,12–14.
[84] Adolf Lippold, Die Historia Augusta, Eine Sammlung römischer Kaiserviten aus der Zeit Konstantins, Stuttgart 1998.

Eigentlich war T. Aurelius Hadrianus Antoninus Pius (86–161, Kaiser ab 138) nur als Übergangskaiser vorgesehen gewesen, er sollte aber die zweitlängste Regierungszeit aller Kaiser durchleben. Geboren wurde er in *Nemausus* (Nimes) in der Provinz *Gallia Narbonensis*, durchlief die übliche Karriere in Verwaltung und Militär und war Mitglied in Hadrians Thronrat. Hadrian bestimmte ihn am 24. Januar 138 zu seinem Nachfolger, ließ ihn zum *Caesar* erheben und adoptierte ihn am 25. Februar, nachdem der vorgesehene Thronerbe und *Caesar* Lucius Aelius gestorben war. Antoninus musste einen Neffen seiner Frau, Marcus Annius Verus (den späteren Kaiser Marcus Aurelius), und den Sohn des Aelius (später als Kaiser Lucius Verus bekannt) adoptieren. Offensichtlich sollte der bereits 51-jährige nur als Platzhalter für Annius Verus dienen, der noch zu jung für das Kaisertum war. Nach dem Tod Hadrians im Sommer desselben Jahres wurde Antoninus sein Nachfolger als *Augustus* und *Imperator*. Das einzige überlebende Kind aus seiner Ehe mit Faustina, die jüngere Faustina, verheiratete er mit Marcus Aurelius.

In der Geschichtsschreibung gilt er als Friedenskaiser, weil er die Politik seines Vorgängers Hadrian fortsetzte und mehr an der Erhaltung des Reiches als an dessen Ausweitung interessiert war. Dennoch ließ er die Grenze des Römischen Reiches in Britannien weiter nach Norden verlegen und hier gegen die Scoten und Picten den Antoninischen Wall errichten. In Germanien wurde der obergermanisch-rätische Limes weiter nach Osten verlegt und neu ausgebaut. Im Laufe seiner Herrschaft hatte sich Antoninus mit Aufständen in Mauretanien, Oberägypten und Dakien zu beschäftigen, den Quaden gab er einen neuen König.

Im Inneren war das Reich konsolidiert. Antoninus war Jurist, er regierte das Reich von Rom aus und verließ Italien nie. Er erließ neue Gesetze zum Schutz der Sklaven, ließ die Praktiken der Christen untersuchen und schützte diese. Als er starb sagte man von ihm, dass an seinen Händen kein Bürgerblut klebe[85]. Er war der letzte Friedenskai-

---

[85] Historia Augustae, Antoninus Pius 13,4.

ser; unter seinen Nachfolgern sollte der Staat, der eine fast 60-jährige Friedenszeit hinter sich hatte, von Aufständen und Kriegen erschüttert werden.

Ihm folgten Marcus Aurelius Antoninus (121–180, Kaiser ab 161) und Lucius Verus (130–169, Kaiser ab 161), die kollegial das Reich führten, wenngleich Marcus Aurelius stets im Vordergrund stand. Lucius Verus – er war mit der Tochter des Marcus Aurelius vermählt – ging nach Asien, um sich der Partherfrage zu widmen, und konnte die Provinzen im Osten halten und Ktesiphon erobern. Allerdings schleppten seine Soldaten die sog. Antoninische Pest, vermutlich eine Form der Pocken, in das Reich ein. Nach dem Beginn der Markomannenkriege bezogen die Kaiser Marcus Aurelius und Lucius Verus im Frühjahr 168 ihr Hauptquartier in Aquileia in Oberitalien, um von hier aus die Kampfhandlungen zu leiten. Zu Beginn des Jahres 169, als die Pest innerhalb des Heeres wütete, entschlossen sich beide Mitkaiser, nach Rom zurückzukehren. Auf der Reise erkrankte Verus und starb nach wenigen Tagen in dem Städtchen *Altinum*.

Die Kriege mit den Markomannen stellten die erste wirkliche Bewährungsprobe des Römischen Reiches seit fast 100 Jahren dar. Die Markomannen, ein germanischer Stamm der nördlich der oberen Donau siedelte, hatten unter ihrem König Ballomar gemeinsam mit den Quaden zu Beginn des Jahres 168 die römischen Grenzbefestigungen in Pannonien und Noricum überrannt und waren in Raubzügen bis nach Norditalien vorgestoßen, ehe sie von Marcus Aurelius zum Stehen gebracht werden konnten. Von *Carnuntum* (Petronell / Bad Deutsch-Altenburg in Niederösterreich) aus leitete er die Kämpfe zur Niederwerfung der Markomannen, musste sich aber immer wieder mit ihren Vorstößen über die Donau auseinandersetzen. Für mehrere im Zuge der Markomannenkriege an der Donau stationierte Legionen wurden neue Lager gegründet, so 179 *Castra Regina* (Regensburg). In einer Offensive eroberten die Römer 172 die Region *Moravia* (Mähren), womit die ebenfalls den Römern feindlich gesinnten Sarmaten von den Quaden abgeschnitten waren, und unterwarfen bis 174 auch die Markomannen und Quaden. Die Gefahr, die von den Jazygen ausgegangen war, wurde gebannt, als Marcus Aurelius von *Sirmium* (Mitrovica an der Save) aus gegen sie vorging.

175 hatte sich der Kaiser mit einem Aufstand des syrischen Statthalters Avidius Cassius (130–175) auseinanderzusetzen, den er niederschlagen konnte. 180 starb Marcus Aurelius bei der Vorbereitung eines weiteren Feldzuges gegen die Markomannen in *Vindobona* (Wien) oder in *Sirmium*. Es wird angenommen, dass er mit dem geplanten Feldzug zwei neue Provinzen *Marcomannia* und *Quadia* einrichten wollte.

Marcus Aurelius gilt als Philosophenkaiser. Beeinflusst von der Philosophie des Epiktet wandte er sich der Stoa zu und schrieb in den Feldlagern an der Donau sein philosophisches Hauptwerk der Selbstbetrachtungen (*Τὰ εἰς ἑαυτόν*) in griechischer Sprache.

Mit der Ernennung seines Sohnes Commodus zum Nachfolger verließ Marcus Aurelius die fast ein Jahrhundert lang gepflogene Praxis der Adoption des Fähigsten zum Kaiser, obwohl er sich der Mängel seines Sohnes, der ein genusssüchtiger und ausschweifender Mensch war, bewusst gewesen sein muss.

COMMODUS

Lucius Aelius Aurelius Commodus (161–192, Kaiser ab 180) wurde wie sein früh gestorbener Bruder Annius Verus schon im Purpur geboren und sein Vater scheint nie erwogen zu haben, ihn nicht zum Kaiser zu machen. Bereits im Alter von fünf Jahren wurde er zum *Caesar* ernannt und war damit bereits nominell der Nachfolgekandidat um die Herrschaft im Reich, mit 16 wurde er zum Mitregenten (*Augustus*) ernannt. Er begleitete seinen Vater in die Feldlager zur Zeit der Markomannenaufstände und war auch bei den Kämpfen gegen Avidius Cassius an seiner Seite. 177 wurde er zum Mitkaiser ernannt. Nach dem Tode seines Vaters 180 an der Donau schloss er Frieden mit den Germanen und kehrte nach Rom zurück, wo er sich aber bald mit dem Senat überwarf. Nach einer erfolglosen Verschwörung gegen ihn, an der auch seine Schwester Lucil-

la beteiligt war, steigerte sich sein Misstrauen gegen seine
Umgebung, gefördert auch dadurch, dass der Kaiser sich
als neuer Herkules sah und bei Tierhetzen und Wagenrennen selbst in der Arena auftrat[86].

Er kümmerte sich wenig um die Regierung, die er meist
von den Prätorianerpräfekten gestalten ließ, die er aber,
wie Tigidus Perrennis und Aurelius Cleander, wegen seines Misstrauens 185 und 190 hinrichten ließ. 192 kam es zu
einer erneuten Verschwörung und er wurde am Hof unter
Beteiligung seiner Konkubine im Bad vom Athleten Narcissus erwürgt. Mit ihm endete die von Antoninus Pius begründete antoninische Dynastie. Es folgte das zweite Vier-
kaiserjahr, denn seine Nachfolger Pertinax (126–193) und
Didius Julianus (133–193) wurden nach kurzer Zeit ermordet, und außerdem kämpften Septimius Severus, Pescennius Niger (135/140–194) und später auch Clodius Albinus
(150–197) um die Kaiserwürde. Da sich Septimius Severus, der schließlich aus diesen Nachfolgewirren als Sieger
hervorging, zum Zwecke seiner Legitimierung durch eine
fiktive Adoption selbst zum Sohn Marcus Aurelius machte,
wurde die *damnatio memoriae* des Commodus konsequenter-
weise wieder aufgehoben.

REGIERUNG UND VOLK ZUR ZEIT DER ADOPTIVKAISER

Die fast monarchistische Verfassung des Prinzipates hatte die Kaiser mit der Oberaufsicht über die Verteidigung
des Staates und dessen Organisation beauftragt, sie hatten
aber seit Traian stets darauf geachtet, auch dem Senat den
nötigen Platz und Einflussnahme zukommen zu lassen.
Allerdings führte die Ausweitung des Reiches besonders
unter Traian und Hadrian dazu, dass es mehr kaiserliche
Provinzen als senatorische gab und damit auch die finanziellen Möglichkeiten der Kaiser die des Senates bei weitem
überstiegen. Eine wichtige Stellung kam dem Senat nur
dann zu, wenn ein Kaiser starb und sein Nachfolger bestä-
tigt werden musste, hier galt es dann einen Ausgleich zwi-

---

[86] Cassius Dio, Römische Geschichte 73,17,2.

schen dem Senat und der Armee zu finden. Daher bemühten sich alle Kaiser des 2. Jahrhunderts mit Ausnahme von
Commodus um ein gutes Verhältnis zum Senat. Wichtig für
den Kaiser war es auch, sich den Anschein zu geben, dass
seine Stellung zwar die des Kaisers und Prinzeps war, er
sich aber wie die anderen Senatoren auch der praktischen
Arbeit im Staate zu widmen hatte. So hieß es bei Cassius
Dio von Marcus Aurelius[87]: *Sooft ihm der Krieg etwas freie Zeit
ließ, sprach er Recht. Den Rednern ließ er die Wasseruhren [wie sie
bei Gericht gebräuchlich waren] reichlich füllen, und er beschäftigte
sich sehr ausführlich mit den einleitenden Untersuchungen und Ver-
nehmungen, um ein allseits gerechtes Urteil zu fällen. So verwandte
er oft bis zu elf oder zwölf Tage auf die Verhandlung eines einzigen
Falles, obwohl er manchmal sogar nachts Sitzungen abhielt. Denn
er war fleißig und widmete sich den Aufgaben seines Amtes mit der
größten Sorgfalt. Nie sprach, schrieb oder tat er etwas, als ob es sich
um etwas Unwichtiges handle, sondern verbrachte bisweilen ganze
Tage über irgendeiner winzigen Kleinigkeit, weil er glaubte, es stehe
einem Kaiser nicht an, etwas nur obenhin zu tun. Er war nämlich
davon überzeugt, dass schon das geringste Versehen ein schlechtes
Licht auch auf all seine übrigen Handlungen werfen werde.*

Unter den ersten Adoptivkaisern spielte sich das Leben
am Hof im Rahmen eines größeren Privathaushaltes ab,
wie es Augustus vorgelebt hatte. Allmählich nahm dieser
aber die Gebräuche des Ostens auf und der Hof wurde ein
Ort des Luxus mit Festen, Unterhaltung, rhetorischen und
musikalischen Vorträgen. Hadrian und Marcus Aurelius
brachten die griechische Philosophie zur Geltung, Commodus setzte mehr auf seine Beliebtheit beim Volke durch
das Abhalten von Zirkusspielen.

Auch der Senat hatte sich geändert. War er bis ans Ende
des 1. Jahrhunderts den stadtrömischen Familien vorbehalten, so drängten nun immer mehr Bürger aus den
Provinzen hinein um Aufnahme zu finden. Mit der Zeit
umfasste er Söhne von Freigelassenen, Bürger aus Gallien
und Spanien; auch Griechen, Asiaten und Afrikaner saßen
im Senat und besetzten selbst hohe curulische Ämter und
die Statthalterschaft. Was dem Senat bis an das Ende des

---

[87] Cassius Dio, Römische Geschichte 71 (72),6,1.

Römischen Reiches aber blieb, war sein Vorrecht, die alten republikanischen Ämter zu besetzen und das Durchlaufen der Ämterlaufbahn (*cursus honorum*) war immer noch eine Bedingung für die Betrauung mit höheren Aufgaben im Staat.

Der Ritterstand hatte die größte Ausweitung erfahren und sich über das ganze Reich ausgebreitet. Die Kaiser hatten ihn aber durch die Aufnahme zahlreicher Günstlinge und Freigelassener erweitert, dass es zwar noch als ehrenhaft galt den goldenen Fingerring und die purpurgesäumte Toga zu tragen, der Stand selbst aber hatte seine politische Wirksamkeit früherer Zeiten verloren.

Die große Masse der Bevölkerung bildeten die Bürger, unter denen viele Freigelassene und Provinzialen Aufnahme gefunden hatten. Während ein Teil davon als Handwerker, Taglöhner und Händler ihr Brot verdienten, gab es auch die untätige stadtrömische Masse, welche sich als Klienten reicher Senatoren oder Ritter um regelmäßige Gelder bemühten, und jene, die von der Großzügigkeit der Kaiser, die ihr Wohlwollen durch Getreidelieferungen und Spiele sicherten, lebten. Der Bürger Roms hatte viele Vorrechte, vom kostenlosen Eintritt in die Thermen bis zu öffentlichen Speisungen vieler Tausender reichten hier die Möglichkeiten.

Es darf aber nicht vergessen werden, dass aus dieser Schicht viele Künstler, Rechtsgelehrte und auch berühmte Ärzte stammten, welche Rom zu einem Hort der Gelehrsamkeit und der Wissenschaften machten. Dazu kam, dass die Mehrzahl der unteren Beamten aus der Bürgerschaft stammte, ohne die eine effiziente Verwaltung des Staates nicht möglich gewesen wäre. Außerdem bildeten sie das Rekrutierungsreservoir des Heeres, das zwar eine lange Dienstzeit verlangte, dafür mit günstigen finanziellen Bedingungen und Beförderungen sowie einer Pensionsregelung lockte.

Religion und orientalische Kulte

Im 2. Jahrhundert erlebte das Römische Reich eine Zunahme der Religiosität der Menschen, die alte römische

Religion, die immer mehr von der Philosophie verdrängt wurde, genügte nicht mehr.

Die römische Staatsreligion hatte sich im 1. und 2. Jahrhundert als offizielle Glaubensbewegung der Menschen im Römischen Reich erhalten, man feierte die alten Feste, ehrte die Vestalinnen und schuf neue römische Kulte wie den der *Dea Roma* und der *Fortuna*. Sie hatte auch noch die Kraft patriotische Stimmungen zu erzeugen und für den Staat nutzbar zu machen, konnte aber den Menschen keine Antworten auf die existenziellen Fragen des Seins, des Vergehens und des Lebens nach dem Tode geben. Daher wandten sich die Menschen, auch wenn sie den offiziellen Kult weiter ehrten, neuen Formen der Religion zu und hier waren es jene Kulte, welche Erlösung und ein Weiterleben nach dem Tode in den verschiedensten Formen versprachen, die bald vom Großteil der Römer angenommen wurden[88].

Für die Aufnahme in eine dieser neuen Religionen war es notwendig, als Adepten eine Weihe zu durchlaufen, was von antiken Autoren durchaus kritisch gesehen wurde. So schrieb Apuleius: *Ich habe in Griechenland an den verschiedensten Einweihungszeremonien teilgenommen. … Ich habe Kulte über Kulte kennengelernt, Riten ohne Zahl, eine Fülle von Zeremonien*[89].

Zu den nach Rom gebrachten Religionen gehörte der Dyonisos-Kult, der durch ein Verbot seit 186 v. Chr. in Rom nachweisbar ist. Zur Zeit von Iulius Caesar war er jedoch bereits in Rom anerkannt, seine Mysterien liefen darauf hinaus, dass der Mensch ein dem Bacchus (Dyonisos) ergebenes Leben zu führen hat, an dessen Ende die Ungläubigen bestraft und die Frommen belohnt wurden. Die Reinigung der Gläubigen erfolgte im Rahmen von Zeremonien und Feiern, welche die im Jenseits, die einer permanenten Orgie ähnelten, vorausnahmen. Es war auch der erste Kult in Rom, der die Aufnahme von Frauen förderte.

Ebenfalls aus dem griechischen Osten stammte der Kult des Äskulap, der den Glauben an die göttlichen Heilkräfte ansprach, wesentlich in einer Zeit, in der die Medizin und

---

[88] Clifford Ando (Hrsg.), Roman Religion, Edinburgh 2003.
[89] Apuleius, De deo Socratis 13.

die Kenntnisse über Krankheiten noch wenig verbreitet waren.

Typisch für all diese Kulte war, dass sie eine eigene Priesterschaft beschäftigten. Bekannt waren die Eunuchen-priester des Kultes der syrischen Fruchtbarkeitsgöttin Atar-gatis (*Dea Syria*), die halb Frau und halb Fisch war: *Sie waren in verschiedenfarbige Gewänder gehüllt und sahen furchterregend aus, die Gesichter rot bemalt und die Augenlieder geschminkt, ... sie trugen rote Barette, safranfarbene Kultgewänder, seidene Talare und gelbe Schuhe. Manche von ihnen trugen weiße Tuniken mit einem unregelmäßigen Zickzack schmaler Purpurstreifen, ... einer blies auf seinem Horn, und sie begannen gewaltige Keulen und Schwerter zu schwingen und wie Verrückte umherzuspringen*[90].

Bedeutsam war der Kult der orientalischen Muttergöt-tin Kybele, ab 204 v. Chr. in Rom zugelassen, dessen Riten keinen moralisierenden Charakter hatten sondern emotio-nale und orgiastische Tendenzen zeigten. Kybele wurde auf einem von Löwen gezogenen Wagen dargestellt und feierte jedes Jahr den Tod und die Wiedergeburt ihres ju-gendlichen Gatten Attis. In einem orgiastischen Zeremoni-ell, bei dem sich die Priester blutig geißelten und manche Männer sich selbst kastrierten, wurde auf die Unsterblich-keit hingearbeitet. Zu ihren Riten gehörte das *taurobolium*, bei dem sich ein Glaubensanhänger in eine Grube stellte, über der ein Stier geschlachtet wurde, sodass der Adorant vom Blut des Tieres überflossen wurde und ihm dies eine Wiedergeburt sicherte.[91] Der Kult war im 2. Jahrhundert außerordentlich populär, und selbst Kaiser Antoninus Pius und seine Frau Faustina gehörten zu seinen Anhängern.

Eine noch größere Verbreitung hatte der Isiskult. Er war vom 1. bis zum 4. Jahrhundert, also bis zum Sieg des Chris-tentums, die vorherrschende Religion in der antiken Welt und hätte zur Universalreligion aufsteigen können. Prozes-sionen zu Ehren der Isis fanden in Rom bis 394 statt. Der Kult war aus Ägypten nach Rom gekommen und symbolisierte das Werden und Vergehen des Menschen in der Gestalt des Osiris, der Isis begleitet. Die Teilnehmer der Mysterien

---

[90] Zit. Nach: Michael Grant, Rom (1964), S. 288 ff.
[91] Prudentius, Peristephanon 10,1011-1048.

durchwanderten symbolisch Unter- und Oberwelt, begegneten ihren Göttern und fanden am Schluss Erlösung. Auch beim Isiskult standen Mysterienspiele im Vordergrund, der Kult verlangte aber auch das stille Gebet und die innere Einkehr. Von den Gläubigen, die zum Großteil Frauen waren und die gleiche Rechte wie die Männer hatten, scheint in früher Zeit sexuelle Hemmungslosigkeit gefordert worden zu sein, später wurden aber auch Sittsamkeit und Keuschheit verlangt. Der besondere Reiz dieses Kultes lag darin, dass er seinen Anhängern Unsterblichkeit in einer Jenseitswelt, ähnlich dem christlichen Paradies, versprach.

Erlösung versprach auch der aus Persien stammende Mithraskult, der sich von anderen Religionen dadurch unterschied, dass er eine lange und ausführliche Lebensgeschichte des Gottes Mithras bot. Dieser wurde jungfräulich durch Ahuramazda aus einem Felsen, nach anderer Überlieferung aus einem Ei, geboren. Er war der gute Hirte, der die Menschen vor dem ewigen Tod rettete: er war der Mittler zwischen Gott und Mensch und beschützte die Seelen im Angesicht des Todes vor Dämonen. Dargestellt wurde er im Moment als er den mythischen Stier erschlägt, aus dessen Blut und Samen das Korn und die Fülle der Natur entströmten und der das Fortleben nach dem Tode symbolisierte. Nach der Tötung des Stieres wurde das erste Menschenpaar geboren, gegen das Ahriman, das Böse, Feuer und Flammen schickte, die aber von Mithras abgewehrt wurden. Damit war seine Mission auf Erden erfüllt, Mithras fuhr in den Himmel auf und wacht von hier aus über die Menschen, bis die Welt in einem allumfassenden Brand enden wird.

Der Kult wurde in Höhlen und unterirdischen Heiligtümern abgehalten und der Gläubige musste sieben Stufen der Einweihung durchlaufen, er war aber allein den Männern vorbehalten und eine ausgesprochene Soldatenreligion.

Wahrscheinlich haben Legionäre und Händler den Mithraskult im 1. Jahrhundert v. Chr. von der Ostgrenze des Reiches nach Rom gebracht, auch Nero soll 66 n. Chr. in den Kult eingeweiht worden sein. Danach verbreitete er sich im Römischen Reich und fand besonders bei den

Legionen in den Grenzregionen zahlreiche Anhänger, wo deshalb besonders viele Mithräen nachgewiesen sind. Aber auch in Rom gab es 45 derartige Kultstätten. Anders als das Christentum war die Verehrung des Mithras aber der Kult der Händler und der begüterten Mittelschicht und auch der Offiziere im Heer. Der Mithraskult wurde im Reich niemals verfolgt und erschien den Herrschenden als eine religiöse Bewegung, um die Moral in Heer und Bevölkerung zu stärken.

Ein Soldatengott war der Kult des Jupiter Dolichenus, der sich im 1. Jahrhundert n. Chr., ausgehend von der Stadt Doliche in der Kommagene, unter den Soldaten verbreitete. Der Gott wurde mit einem Blitzbündel und einer Doppelaxt dargestellt, und der Kult dauerte bis ins 3. Jahrhundert an. Warum sich dieser Gott, nachdem er viele hundert Jahre nur in Doliche verehrt wurde dann innerhalb kurzer Zeit im ganzen Römischen Reich verbreitete, bleibt rätselhaft. Bekannt ist nur, dass römische Soldaten, die in Syrien und Mesopotamien an der Ostgrenze des Reiches eingesetzt wurden, dort mit dem Gott in Kontakt kamen. Als Herrscher der Welt mit kriegerischen wie auch lebenspendenden Aspekten scheint er für sie besonders attraktiv gewesen zu sein. Daher trugen die Soldaten, wenn sie von Einsätzen in Syrien zurückkehrten, die Verehrung des Gottes aus Doliche in ihre alten Lager oder an ihre neuen Einsatzorte, wo auch die Zivilbevölkerung den Gott kennenlernte.

Literatur

An der Wende vom 1. zum 2. Jahrhundert steht C. Plinius Secundus Minor (61 – ca. 113), ein Adoptivsohn des berühmten Naturforschers C. Plinius Secundus. Er bekleidete eine Reihe von Staatsämtern unter Domitian und Traian, letzterer setzte ihn als kaiserlichen Staathalter der Provinz Bithynien ein. Sein literarisches Werk besteht aus 247 Briefen, die er sorgfältig editierte und als Feuilleton veröffentlichte. Seine bekanntesten Briefe sind die Beschreibung des Unterganges von Pompeii[92] und seine Anfrage an Traian,

---

[92] Plinius, Epistulae 6,16 und 6,20.

wie er mit den Christen seiner Provinz zu verfahren habe[93], und dessen Antwort.

Der bedeutendste Historiker der Zeit war P. Cornelius Tacitus (58–120). Nach der Bekleidung mehrerer Staatsämter ging er als Statthalter in eine Provinz, blieb mehrere Jahre fern von Rom und kehrte erst 93 zurück. Tacitus kann also kaum als Gegner Domitians gelten, sondern er machte unter diesem Kaiser, den er später als Tyrannen bezeichnete, Karriere. Während der Herrschaft Nervas wurde Tacitus 97 n. Chr. Suffektkonsul. Etwa in dieser Zeit, spätestens mit Beginn der Herrschaft Traians, nahm er seine schriftstellerische Tätigkeit auf.

Eines seiner bedeutendsten Werke ist die Beschreibung der Germanen (*De origine, situ, moribus et populis germanorum*), die einzige erhaltene Monographie der Antike, die sich mit einem einzigen Volk beschäftigt und dessen Geschichte, Sitten und Bräuche darstellt.

Als etwa Fünfzigjähriger schrieb er die *Historiae,* welche den Zeitraum von 69–96 n. Chr. darstellen, in der er besonders Vespasian würdigt, unter dem er wieder die Freiheit der Rede und des Schreibens erlangt habe, nachdem er unter Domitian hatte schweigen müssen. 166 und 117 veröffentlichte er sein Spätwerk *Ab excessu divi Augusti* (Vom Tod des vergöttlichten Augustus an), in denen er die Ereignisse vom Tod des Augustus bis zum Tode Neros darstellte. Er gilt durch seine Sprache, seine vielfältigen Informationen und seine Interpretationen der Kaiser als bedeutender Historiker, der auch die Außenpolitik verfolgte und erkannte, dass: ... *gefährlicher als des Arsaces Despotismus ... der Germanen Freiheitsdrang [ist]*[94].

Unter den Geschichtsschreibern ist auch C. Velleius Paterculus zu nennen, der eine *Historia Romana* (Römische Geschichte) in zwei Büchern schrieb, die von der Eroberung Troias bis in die Zeit des Tiberius reichte.

Auch Plutarch (45–125) wird mit einem bedeutenden Teil seines Werkes zu den Geschichtsschreibern gezählt und hat in seinem Hauptwerk *Vitae paralellae* (Parallebio-

---

[93] Plinius, Epistulae 10,96 und 97.
[94] Tacitus, Germania 37.

graphien) 23 Biographienpaare, die jeweils aus einem Griechen und einem Römer bestehen, deren Leben Ähnlichkeiten aufweisen, zusammengestellt.

Eine Art von Hofberichterstatter war C. Suetonius Tranquillus (etwa 70–150) der in seinen acht Büchern *De vita caesarum* (Vom Leben der Kaiser) zwölf Kaiserbiographien von Iulius Caesar bis Domitian beschreibt und dabei auch die kleinsten Anekdoten und den Hoftratsch verwendet hat, was dem Werk eine außerordentliche Farbigkeit und genaue Einblicke in das Leben der Herrschenden gibt.

Unter den Poeten ist in dieser Zeit Apuleius (um 123 – um 170) zu erwähnen, der in seinem *De asino aureo* (Vom goldenen Esel, auch Metamorphosen genannt) den Griechen Lucius beschreibt, der in einen Esel verwandelt wird, sich durch Räuber- und Liebesgeschichten, Märchen und Schwänke zu bewegen hat, bis er durch die Gnade der Isis wieder menschliche Gestalt erlangt.

Musik

Musik diente den Römern weniger zur Unterhaltung als der Begleitung beim Gottesdienst, bei Leichenfeiern und zur Untermalung der Spiele in Circus und Amphitheater. Das älteste Musikinstrument scheint die Flöte gewesen zu sein, die aus dem Schienbein (*Tibia*) von Tieren hergestellt wurde und so ihren Namen bekam.

Von den Griechen übernahmen die Römer die *Lyra* und die *Kithara*, beides Saiteninstrumente, wobei ersteres der Begleitung des Gesanges diente, das zweite als Soloinstrument für Konzerte.

Der Einfluss der Etrusker zeigte sich bei den Blasinstrumenten, die besonders im Heer als Signalgeber Verwendung fanden. Dazu wurde die *Tuba* verwendet, ein gebogenes Rohr aus Eisen oder Bronze mit Mundstück und Schalltrichter, denselben Zweck erfüllte das Horn (*cornu*), das auch im Circus Verwendung fand. Das Signalhorn bei der Reiterei war der *Lituus*, hier wurde auch die *bucina* (Posaune), besonders zur Ablösung der Nachtwachen, verwendet.

Bekannt war auch schon die Orgel, die auf eine Erfin-

dung des Alexandriners Ktesibos um 270 v. Chr. zurück-
geht und von denen man wasser- und pneumatisch ange-
triebene Orgeln kannte. Später kamen auch kleine Orgeln
(*portativ*) auf, die in Haushalten verwendet wurden. Cicero
soll ein ausgesprochener Liebhaber von Orgelkonzerten
gewesen sein[95].

Musik wurde auch im Rahmen des Chorgesanges ausgeübt, ohne den man sich Hochzeiten, Leichenfeiern und
religiöse Zeremonien nicht vorstellen konnte, wobei mehr-
stimmiger Gesang noch unbekannt war.

In den vornehmen Kreisen gehörte es zum guten Ton,
für Feste und Feiern private Musiker zu engagieren. Man
finanzierte auch öffentliche Konzerte (von *concertare* – wett-
eifern) als Wettstreit zwischen Musikern. In der Kaiserzeit
wurden die Orchester immer größer und es wird von hun-
derten Musikern und Sängern berichtet, die gleichzeitig
musizierten.

In diesem Zusammenhang sei auch noch der Tanz erwähnt, von dem Cicero sagte, dass wohl niemand tanze,
wenn er nüchtern sei[96]. Tanz war in der römischen Gesellschaft nur wenig anerkannt und beschränkte sich auf
Frauen und Kinder. Auch wenn es in der Kaiserzeit Familien gab, die eigene Tanzmeister beschäftigten, so bleib der
Tanz für Männer verpönt und noch Cornelius Nepos sagte: *Saltare nostris moribus in vitiis ponitur* (Tanzen wird gemäß
unseren Sitten zu den Lastern gezählt)[97].

PHILOSOPHIE UND WISSENSCHAFT

Im 2. Jahrhundert war im Unterricht neben der Rheto-
rik, die noch immer für unverzichtbar gehalten wurde, die
Philosophie der wichtigste Gegenstand. Man schuf in Rom
aber keine neuen philosophischen Systeme, sondern wandte
sich vermehrt, nicht zuletzt durch das Beispiel des Philoso-
phenkaisers Marcus Aurelius, dem Stoizismus zu, bei dem
aber eine praktische Sittenlehre im Vordergrund stand. Der

---

[95] *Cicero*, Tusculanae disputationes 3,18,43.
[96] Cicero, Pro L. Murena 6.
[97] Cornelius Nepos, Epameinondas 1,1.

173

bedeutendste Vertreter dieser Philosophen war der Grieche Epiktet (50–125), der als Sklave nach Rom gekommen war, wo er nach seiner Freilassung die stoische Philosophie seines Lehrers C. Musonius Rufus einem großen Kreis von Zuhörern darlegte. Unter Domitian wurde er 94 aus Rom verbannt und ging nach Nikopolis in Epeiros, wo er eine Schule für Philosophie begründete. Von ihm selbst ist keine Schrift erhalten, aber Lucius Flavius Arrianus (85–145/146), einer seiner Schüler, gab im *Encheiridion* (Handbüchlein) seine wesentlichen Lehrsätze heraus. Danach ist gut, was unserer Natur entspricht, das Böse entsteht aus dem Irrtum. Die äußeren Güter wie Reichtum, Familie Macht und Ruhm haben keinen Wert für den Menschen, da sie ihm jederzeit genommen werden können. Frei ist nur, wer sich von allen diesen Dingen befreien kann, wer alles, was ihm passiert geduldig hinnimmt und den Außendingen den Einfluss auf den inneren Menschen verwehrt. Als ehemaliger Sklave war Epiktet ein Feind der Sklaverei und sah in Verbrechern Kranke, die man behandeln müsse.

Sein Schüler und der letzte bedeutende Stoiker des Altertums war Kaiser Marcus Aurelius, der in seinen *Selbstbetrachtungen (Τὰ εἰς ἑαυτόν)* kein Lehrbuch über die Stoa schreiben wollte, sondern jene Merksätze notierte, die ihm halfen, sein Leben zu gestalten.

Eine besondere Gattung in die Literatur führte der Grieche Pausanias Periegetes ein (115–180), der eine Reisebeschreibung (*Periegesis*) der wichtigsten Orte und Kulturdenkmäler in Griechenland verfasste und wichtige Informationen über Religionswissenschaften und Landeskunde überlieferte.

Der größte Arzt seiner Zeit war der Grieche Galenos aus Pergamon (129–201/216), dessen auf Hippokrates basierende Viersäftelehre bis in das Mittelalter als medizinischer Standard gelten sollte. In seiner Lehre gibt es die antike Vier-Elemente-Lehre (Feuer, Erde, Luft und Wasser) und vier Grundsäfte im Menschen, (Blut, Schleim, gelbe und schwarze Galle) und er legte zudem vier Qualitäten der Körpersäfte fest, die heiß, kalt, feucht und trocken sein können und im Einklang zueinander stehen müssen, ist dieser gestört, kommt es zu Krankheit und Tod.

12. Die Zeit der Soldatenkaiser (193–285 n. Chr.)

Das Römische Reich stand am Beginn des 3. Jahrhunderts am Rande einer Krise. Im Osten erhob sich das neupersische Reich der Sassaniden, das 224 die Dynastie der Parther ablöste, im Norden drückten die germanischen Stämme auf die Grenzen an Rhein und Donau und überschritten immer wieder die Grenzflüsse mit Raubzügen ins Römische Reich.

Zudem kam es auch zu einer innenpolitischen Krise. Nach dem Tode des Commodus gelangte Septimius Severus (146–211, Kaiser ab 193) an die Macht, nachdem er mit Pertinax, Pescennius Niger und Clodius Albinus weitere Usurpatoren beseitigen konnte. Septimius, der aus *Leptis Magna* in der Provinz *Africa* stammte, regierte das Reich diktatorisch. Er schädigte die Wirtschaft, indem er die Steuern stark erhöhte um seine Soldaten, denen er sein Amt verdankte, besser bezahlen zu können, und ließ im Senat zahlreiche Senatoren durch Angehörige des Militärs ersetzen. Er etablierte ein strenges Klassensystem, sodass soziale Mobilität und ein Aufstieg zu den Senatoren oder Rittern für die Bürger kaum mehr möglich waren. Außenpolitisch war er in einem Krieg gegen die Parther erfolgreich, 211 starb er auf einem Feldzug in Britannien in *Eboracum* (York).

Seine Söhne Marcus Aurelius Severus Antoninus (188–217, Kaiser ab 211), genannt Caracalla nach seinem gallischen Kapuzenmantel, und Publius Septimius Geta (189–211) folgten ihm in kollegialer Regierung nach, wobei Geta schon im ersten Jahr der Herrschaft von Caracalla ermordet wurde. Als Kaiser kümmerte sich Caracalla vor allem um militärische Belange, für Politik und Verwaltung hatte er keine Begabung und wenig Interesse. Nach dem Mord an seinem jüngeren Bruder und Mitregenten richtete er ein Massaker unter dessen Anhängern an, angeblich fanden dabei 20 000 Menschen den Tod.

212 ließ er in der *Constitutio Antoniniana* fast allen freien

Bewohnern des Reiches das Bürgerrecht verleihen, das in der Folgezeit als soziales und rechtliches Unterscheidungsmerkmal weitgehend seine Bedeutung verlor.

213 unternahm er einen wenig erfolgreichen Feldzug gegen die Alemannen, 214 ging er in den Orient, wo er 217 einer Verschwörung des Prätorianerpräfekten Marcellus Opellius Macrinus (164–218), der sich danach selbst zum Kaiser ausrufen ließ, zum Opfer fiel. 218 revoltierten die Legionen im Osten gegen den Usurpator, erhoben Marcellus Aurelius Antoninus, später Elagabal genannt, zum Kaiser und ermordeten Macrinus. Die Kaiser Elagabal (204–222, Kaiser ab 218) und der auf ihn folgende Severus Alexander (208–235, Kaiser ab 222), wurden als uneheliche Söhne Caracallas ausgegeben, was ihnen die Sympathie der Soldaten verschaffte und so den Weg zur Macht ebnete.

Severus Alexander war zum Zeitpunkt seines Thronantrittes noch keine 14 Jahre alt, daher führte seine Mutter Julia Mamea die Regentschaft für ihn. Er hatte sich in seiner Regierungszeit mit dem ersten Sassanidenherrscher Ardaschir I. (spätes 2. Jahrhundert – 242) auseinanderzusetzen, den er von den Grenzen des Reiches fernhalten konnte. Bei einem Aufstand von Truppen im römischen Germanien wurden er und seine Mutter 235 von meuternden Soldaten erschlagen.

Septimius Severus hatte den Generälen der römischen Legionen gezeigt, wie man mit Hilfe der Armee an die Macht kommen konnte. Nach dem Tode Severus Alexanders begann 235 die Zeit der Soldatenkaiser[98]. Diese waren alle Generäle und ließen sich von ihren Truppen auf den Thron heben, verloren aber oft nach kurzer Zeit Macht und Leben, wenn sie den finanziellen Ansprüchen der Legionäre nicht genügten oder ein anderer General sich des Thrones bemächtigte. Dieses halbe Jahrhundert von 235 bis 280 war die verheerendste Periode in der Römischen Geschichte und wird als die Reichskrise des 3. Jahrhunderts bezeichnet. Die Wirtschaft lag am Boden, die Steuern wurden am Wege von Konfiskationen eingetrieben und die Barbaren jenseits der Grenzen nutzen die Gelegenheit von

---

[98] Michael Sommer, Die Soldatenkaiser. Darmstadt 2004.

schwachen Kaisern oder von internen Unruhen, um immer wieder ins Römische Reich einzubrechen.

235 wurde der erste General mit barbarischer Abstammung zum Kaiser erhoben. Maximinus Thrax (235–238, Kaiser ab 235) war ursprünglich ein thrakischer Bauer mit halb gotischer, halb alanischer Abstammung gewesen, der Soldat geworden und bis zum General aufgestiegen war. Er besuchte niemals Rom und die drei Jahre seiner Herrschaft von 235 bis 238 waren der reine Terror, ehe er von seinen eigenen Truppen ermordet wurde. In den 50 Jahren nach seiner Herrschaft sah das Römische Reich 26 Kaiser, manche konnten allein regieren, andere hatten sich mit Gegenkaisern und Usurpatoren auseinanderzusetzen. Alle verdankten ihre Würde dem Militär und alle bis auf einen (Claudius II. Gothicus, der 270 an der Pest starb) wurden vom Militär oder von konkurrierenden Thronanwärtern wieder beseitigt und ermordet.

Die Zeit stand im Zeichen der Abwehrkämpfe gegen die Germanen. Unter den tatkräftigeren Kaisern ist M. Aurelius Claudius II. Gothicus (214–270, Kaiser ab 268) zu nennen, der 268 den Goten mit Erfolg in der Schlacht vom *Lacus Benacus* (Gardasee) entgegentrat. 269 kam es zu einer Invasion von Herulern und Goten, welche die Donau mit ihren Familien überquerten und mit diesen – angeblich umfasste der Zug 230 000 Menschen und 2000 Schiffe – nach Griechenland vordrangen. Diese Invasion konnte von Claudius II. Gothicus bei *Naissus* (Nis) geschlagen und die Truppen der Goten vernichtet werden, die Gefangenen wurden als Kolonen (abhängige Bauern) angesiedelt oder in die Sklaverei verkauft. L. Domitius Aurelianus (214–275, Kaiser ab 270), stellte die Reichsgrenze an der Donau wieder her und nahm die Goten unter seine Schutzherrschaft. Zur Sicherung Roms ließ er die fast 19 Kilometer lange Aurelianischen Mauer um die Stadt bauen, die 7,80 m hoch und an der Basis vier Meter breit war. Sie hatte 383 quadratische Türme und 14 Tore.

Im Osten des Reichs konnte er das aufstrebende palmyranische Reich unter dessen Königin Zenobia besiegen, fiel aber bald darauf einer Offiziersverschwörung zum Opfer.

Sein Nachfolger war M. Aurelius Probus (232–282, Kaiser ab

276) der nach militärischen Erfolgen gegen die Goten, Burgunder und Vandalen meinte, es werde in Zukunft keine Kriege mehr geben, daher müssten die Menschen mit den Friedenswerken beginnen. Er ließ die Soldaten Wälder roden, Sümpfe entwässern und Weingärten anlegen, diese aber, die solche Arbeiten nicht verrichten wollten, erschlugen ihn 282. Eine Heereereform führte Kaiser Gallienus (218–268, Kaiser ab 260) durch, der mit der Schlachtenkavellerie (*protos hippika tagmata*) eine schnelle Eingreiftruppe schuf, die er an den Brennpunkten der Verteidigung des Reiches einsetzen konnte. Claudius II. Gothicus und Aurelian (214–275, Kaiser ab 270) führten seine Reformen weiter und konnten in der Bekämpfung der Germanen eine erste Wende einleiten, indem sie das System der Vorwärtsverteidigung an den Grenzen zugunsten mobiler Heere aufgaben und vermehrt barbarische Söldner für die Truppen anwarben.

Das 3. Jahrhundert sah bedeutende Einfälle von Germanen auf römisches Reichsgebiet, die aber trotz der inneren Wirren unter den rasch wechselnden Kaisern ohne nachhaltige Folgen blieben. Rekrutierung, Taktik, Ausrüstung und Logistik der römischen Truppen funktionierte auch in diesen unruhigen Zeiten und die Truppen waren, wenn sie gut geführt wurden, allen barbarischen Gegnern noch immer weit überlegen.

231–235 musste Kaiser Severus Alexander gegen die Alemannen kämpfen, Kaiser Decius (190–251, Kaiser ab 249) hatte ab 250 Kriege gegen die Goten zu führen. Abgesehen von den fast jährlichen Raubzügen von Germanen über die Grenzen überrannten die Goten 257 die Provinz Dakien, überquerten die Donau und fielen in Griechenland ein.

256 und 258 überschritten die Franken den Rhein, verwüsteten Gallien und stießen bis Tarragona in Spanien vor, 271 bis 274 musste Kaiser Aurelian Dakien aufgeben und die römischen Siedler ins Reich zurückholen, das Land fiel an die Goten.

Ebenfalls zurückziehen mussten sich die Römer von 260 bis 280 aus dem Dekumatsland zwischen den Oberläufen von Rhein und Donau, das von den Alemannen besiedelt wurde.

252 hatte eine Pestepidemie die römische Welt getroffen, in Alexandria starben zwei Drittel der Bevölkerung und in Rom soll es täglich 5000 Tote gegeben haben. Zugleich verlor das Imperium immer wieder Menschen an die Barbaren, welche der Unterdrückung durch Verwaltung und Steuern entgehen wollten und sich den barbarischen Heeren freiwillig anschlossen.

Die Wirtschaftskrise des 3. Jahrhunderts

Das 3. Jahrhundert war durch den Niedergang der römischen Wirtschaft geprägt. Das hochorganisierte und arbeitsteilige Wirtschaftssystem, das die Römer in Italien und in den Provinzen bis ins 2. Jahrhundert aufgebaut hatten, begann zu versagen. Der Schwerpunkt der Wirtschaftskraft verlagerte sich weg von den Städten mit ihren fast industriell aufgezogen Produktionsstätten hin zu den großen Landgütern, die zur Bewirtschaftung oft mehrere tausend Menschen benötigten. Zur selben Zeit kam es zum Niedergang des Sklavensystems, weil durch verschiedene juristische Maßnahmen, welche die Rechte der Sklaven schützten, der Einsatz von Sklaven nicht mehr so lohnend war wie früher und weil durch ausbleibende Eroberungen der Sklavenmarkt stagnierte. Die kleinen Landbesitzer wurden die Grundlage des Staates als neue, stark besteuerte Mittelklasse, die großen Landbesitzer wurden ortsfest gemacht. Dies führte zu einem limitierten inneren Markt, der nicht weiter wachsen konnte. Die Kosten für das Militär um das Imperium zusammenzuhalten stiegen drastisch an, während gleichzeitig die Produktivität und die Möglichkeiten des Einzelnen, mittels Steuern zur Finanzierung beizutragen, sanken. Dazu kam ein Aufblähen der Verwaltung und dadurch zunehmender finanzieller Druck auf die römischen Bürger, der immer mehr in den Vordergrund tretende Materialismus ließ in weiten Teilen des Imperiums den Zusammenhalt durch den römischen Geist verblassen. Dazu kam seit Kaiser Hadrian die fortschreitende Barbarisierung des Militärs, das sich im 3. Jahrhundert als Machtinstrument selbständig machte und die Kaiser nach seinem Willen bestimmte. Am Ende des 3. Jahrhunderts war das Reich wirtschaftlich wie militärisch eigentlich reif zum Zerfall, Eutropius bezeichnete es sogar als die Zeit, als *… das Römische Reich fast vernichtet war*[99], ehe es Kaiser Diocletian durch weitgreifende Reformen gelang, das Römische Reich noch einmal zu stabilisieren.

---

[99] Eutrop 9,9: *deleto paene imperio Romano.*

13. LETZTES AUFBÄUMEN DER RÖMISCHEN HERRSCHAFT (286–395 N. CHR.)

Mit dem Regierungsantritt Kaiser Diocletians (236/245–305, Kaiser ab 285) beginnt die Spätantike und damit auch das Ende des Prinzipates. C. Aurelius Valerianus Diocletianus war der Sohn eines Sklaven oder Freigelassenen, wurde in einem Dorf an der dalmatinischen Küste geboren und hatte im Militär Karriere gemacht. Er reformierte nach seinem Machtantritt zunächst grundlegend die Verwaltung, was zu einer stärkeren Bürokratisierung, Zentralisierung und erhöhter Steuerlast führte. Der Grundgedanke seiner Reformen war die Trennung der Zivilverwaltung vom Militär. Das Reich wurde in drei Präfekturen (*Orient, Illyrien, Italien* und *Africa, Gallien*) und zwölf neue Verwaltungsbezirke (Diözesen) mit 85 Provinzen eingeteilt, in der Steuerverwaltung wurde eine Kopf- und Grundsteuer (*capitatio-lugatio*-System) eingeführt.

285 ernannte er seinen alten Kameraden Maximian zum *Caesar*, 286 zum *Augustus* und begründete so das Mehrkaisertum. Das Militär, das seit der Zeit des Augustus in Legionslagern entlang der Grenzen stationiert war, wurde neu aufgestellt. Diocletian ging weg von der unmittelbaren Grenzverteidigung zugunsten eines weiter im Landesinneren stationierten Bewegungsheeres (*comitatenses*), die Grenzverteidigung wurde von den *limitanei* (Grenzmiliz) übernommen.

Als neue Regierungsform wurde 293 die Tetrarchie eingeführt. Dabei sollten zwei *Augusti* jeweils für 20 Jahre den Westen und Osten getrennt regieren, ihnen zur Seite standen zwei jüngere *Caesares*, die später die Nachfolger der *Augusti* sein sollten. Die Kaiser sollten in Zukunft gottgleich und von den Göttern adoptiert sein. Entsprechend der geänderten Stellung des Kaisers wurde das orientalische Hofzeremoniell eingeführt. Der Kaiser galt als heilig, ebenso alles was ihn umgab. Wer Audienz erhielt, musste sich vor ihm auf den Boden werfen und die Erde küssen (*Proskinese*). Von 303 bis 305 kam es durch den *Caesar* Galerius (250–311), der ein fanatischer Christenhasser war, zu den letzten großen Christenverfolgungen im Reich, allerdings wurde kurz vor seinem Tode 311 das Christentum zur *religio licita* (erlaubten Religion) erklärt, indem er den Christen Zusammenkünfte erlaubte, soweit diese die öffentliche Ordnung nicht störten.

Am 1. Mai 305 legten die *Augusti* Diocletian und Maximian feierlich ihre Amtsgewalt nieder, Diocletian zog sich in seinen Palast nach *Spalato* (Split) zurück.

Das System der Tetrarchie überlebte nur kurz den freiwilligen Rückzug der *Augusti*. Unter den Nachfolgern kam es bald zu Kämpfen um die alleinige Macht im Reich, die im Westen 312 von Flavius Valerius Constantinus (270/288–337, Kaiser ab 312) entschieden wurden, als er in der Schlacht an der Milvischen Brücke seinen Konkurrenten Maxentius (278–312) besiegen konnte, nachdem er das Christusmonogramm auf den Schilden seiner Soldaten hatte anbringen lassen und daraufhin das Christentum annahm (*In hoc signo vinces* – Unter diesem Zeichen wirst du siegen)[100]. 324 war Konstantin nach der Beseitigung seines Mitherrschers Licinius Alleinherrscher im Reich und setzte die Reformen Diocletians weiter fort. Im Militärwesen schuf er neue Ränge, darunter den *magister militum* (Heermeister) und er förderte das Christentum (Edikt von Mailand 313, Zulassung des Christentums), wenngleich er es noch nicht zur Staatsreligion erhob.

326 bestimmte er, dass die alte griechische Stadt *Byzantion* am Bosporus die neue Hauptstadt des Reiches werden sollte und ließ sie unter dem Namen *Konstantinopel* am 11. Mai 330 feierlich einweihen.

An den Grenzen konnte er die Befestigungen und Lager wiederherstellen und die Germanen und Goten hinter Rhein und Donau zurücktreiben, wobei er sich bemühte, sie als Föderaten in römische Dienste zu nehmen. Auch unter ihm wurde die Barbarisierung des Reiches durch Anwerbung von Soldaten, besonders unter den Goten, weitergeführt.

---

[100] Eusebios, Vita Constantini 1,28ff.

Gegen Ende seiner Herrschaft stieg der Druck der Germanen gegen die römischen Grenzen an Rhein und Donau wieder deutlich an. Dies brachte die nachfolgenden Kaiser Constantin II. (317–340, Kaiser ab 337), Constans (320–350, Kaiser ab 337) und Constantius II. (317–361, Kaiser ab 337) mehrmals in die Verlegenheit, einen Zweifrontenkrieg gegen die Sassaniden im Osten und um die Rhein- und Donauprovinzen im Westen führen zu müssen.

Von 350 bis 353 konnten die Franken und Alemannen linksrheinische Gebiete besetzen, zahlreiche römische Städte, darunter Straßburg, Mainz, Worms, Speyer, Wiesbaden und Xanten wurden zerstört. Unter Constantinus II. kam es zur römischen Gegenoffensive, die zwar die Germanen unterwarf, sie aber weiterhin in ihren neuen Siedlungsgebieten unter römischer Herrschaft beließ.

Von 357 bis 359 musste Constantius II. gegen die Sarmaten und Quaden an der mittleren Donau vorgehen, sein Nachfolger Iulian Apostata (311–363, Kaiser ab 361) hatte ebenfalls mit den Alemannen am Rhein zu kämpfen. Unter Kaiser Valens (328–378, Kaiser ab 364) kam es 364 bis 369 zu großangelegten Kämpfen gegen die Goten nördlich der Donau, die in Friedensverhandlungen endeten. Die Terwingen (die späteren Westgoten) wurden aus dem Föderatenverhältnis entlassen, die römischen Subsidienzahlungen eingestellt und der Grenzhandel auf zwei Orte beschränkt, es galt ein Verbot des Uferwechsels an der Donau und es wurden Geiseln gestellt. 364–366 hatte Valens wieder mit den Alemannen zu kämpfen, gleichzeitig musste er sächsische Piraten von den britannischen und gallischen Küsten fernhalten. Bis 375 musste sein Mitkaiser Valentinian I. (321–375, Kaiser ab 364) weiter die Alemannen niederhalten und gegen die Quaden ins Feld ziehen. 376 änderte sich die politische Situation mit dem Erscheinen der vor den Hunnen fliehenden Goten an der Donau und mit ihrer Bitte, ins Römische Reich aufgenommen zu werden. Ihr Überschreiten der Donau und ihre Aufnahme im Römischen Reich werden als der Beginn der Völkerwanderung[101] angesehen.

---

[101] Reinhard Pohanka, Die Völkerwanderung, Marix 2008.

Das Reich im 4. Jahrhundert

Ein wesentlicher Faktor im Reich des 4. Jahrhunderts wurde das Christentum. Dabei kam die Frage nach dem jeweiligen Machtbereich von Kirche und Staat auf, und man suchte eine Entscheidung, welche Form des Christentums die wahre und anerkannte sein sollte. Besonders der Streit zwischen der trinitarischen Kirche, welche die Dreifaltigkeit Gottes vertrat und den Anhängern der Lehre Arians, der die Dreifaltigkeit und die göttliche Natur Jesu leugnete, prägte die Kirchengeschichte des 4. Jahrhunderts mit einem Höhepunkt 325 im Konzil von Nicäa, das zu einer vorübergehenden Vormachtstellung der Arianer führte, die erst 361 mit einem Wiedererstarken der Trinitarier endete. In der Blütezeit des Arianismus wurden zahlreiche germanische Stämme, darunter die Goten, missioniert und behielten über längere Zeit den Arianismus als ihre Form des Christentums bei.

Kurzfristig gewann unter Kaiser Flavius Claudius Iulianus, genannt *Apostata* (der Abtrünnige), von 360 bis 363 nochmals der römische Götterkult an Macht, nach seinem Tode auf einem Feldzug gegen die Sassaniden wurde das Christentum zur alleine herrschenden Religion im Römischen Reich.

380 wurde von den Kaisern Theodosius I., Gratian und Valentinian II. im Dreikaiseredikt die trinitarische Lehre zur Staatsreligion erhoben.

Im Inneren des Reiches kam es im 4. Jahrhundert zu einer Stabilisierung der Wirtschaft. In der Landwirtschaft dominierte das Kolonenwesen, bei dem ein Bauer an sein Land gebunden war, das er gepachtet hatte und das nur mit ihm verkauft werden konnte. Um sich dem steuerlichen Zugriff des Staates zu entziehen, begaben sich viele freie Bauern in die Abhängigkeit von einflussreichen Großgrundbesitzern; als Gegenleistung für dieses *patrocinium* entrichteten sie den Schutzherren jährliche Abgaben. Kolonat und Patrozinium waren charakteristische Merkmale des spätrömischen sozialen Lebens.

Gleichzeit wurde der Umfang des Fernhandels immer

geringer, die lokale Bevölkerung musste ihren Bedarf an Waren des täglichen Lebens in ihrem Umkreis herstellen. Nur mehr Luxusgüter wie Glas, Schmuck oder Gewürze wurden im Fernhandel verkauft. Mit dem Ende der Expansion des Römischen Reiches fehlt es an Sklaven, dies umso mehr, als gefangene Germanen, Goten oder später auch Hunnen auf Grund ihrer „Wildheit" schlechte Zwangsarbeiter abgaben. Es war besser für den Staat, ihnen eigenes Land zur Bestellung zu geben und sie dafür Steuern bezahlen zu lassen, als sie zu versklaven. All dies führt zu einem Niedergang des Geldwesens und zu einfacheren Formen des wirtschaftlichen Austausches.

Die im 3. Jahrhundert einsetzenden Vorstöße germanischer und fränkischer Stämme über den Rhein hatten im Norden und Osten Galliens weitreichende Folgen für die einheimische Bevölkerung, die unter den Verwüstungen und den daraus folgenden wirtschaftlichen Schwierigkeiten zu leiden hatte. Aus dieser Unzufriedenheit mit der wirtschaftlichen Situation, deren Gründe im ausbeuterischen Verhalten der römischen Großgrundbesitzer und im Versagen der nur noch ungenügenden Schutz bietenden römischen Herrschaft gesehen wurden, trat im 3. und 4. Jahrhundert in Gallien und Spanien die Bewegung der Bagauden hervor, kleine Bauern, die ihre Höfe verließen, sich zu Banden zusammenschlossen und plündernd durchs Land streiften. Dennoch stand um 376, dem Jahr, in dem die Goten um Aufnahme ins Römische Reich baten, dieses durchaus gefestigt da.

Seit fast 100 Jahren hatte es keine oder nur unwesentliche Gebietsverluste gegeben. Mit einer Armee von fast 240 000 Mann konnte das Reich die Sassaniden im Osten von den römischen Grenzen fernhalten und gleichzeitig, wenn gut geführt, die Barbaren an Rhein und Donau zwar nicht ständig unterwerfen, aber die Raubzüge immer wieder zurückweisen oder die Stämme auf Reichsgebiet ansiedeln. Das Reich war dabei, sich unter einer einzigen Religion zusammenzufinden und schien die Spaltung in Arianer und Trinitarier überwunden zu haben. Wirtschaftlich hatte es sich auf ein zwar niedrigeres Niveau als in der Prinzipatszeit eingependelt, Wirtschaft und Währung waren aber stabilisiert. Trotz aller Fehler der Herrschenden, ihre internen Kämpfe und der verwaltungstechnischen Schwierigkeiten dieses große Reich zu regieren, deutete nichts daraufhin, dass dieses sich innerhalb der nächsten 100 Jahre zur Hälfte auflösen sollte.

Der Beginn davon wurde 376 mit der Hereinnahme der Goten ins Reich an der Donau im Osten gemacht, am Ende sollte das Weströmische Reich „untergehen", wenngleich es mehr eine Transformation des Staates als ein jähes, dramatisches Ereignis sein würde.

Die barbarische Bedrohung

Die römischen Kaiser verbrachten im 3. und 4. Jahrhundert viel Zeit an den Grenzen zum Barbaricum[102], weit mehr als in Italien, Rom und Konstantinopel. Als Grund dafür wird die Bedrohung des Reiches durch die Barbaren, also von all jenen die nicht im Reich lebten, angegeben. Die Kaiser hatten die Provinz Dakien und das Dekumatsland aufgeben müssen und der Großteil der Steuern wurde für das Heer ausgegeben um *„die wilden Nationen von den römischen Grenzen fernzuhalten"*[103].

Dabei war das Römische Reich bis ins 4. Jahrhundert allen Zusammenschlüssen und Stämmen der Barbaren politisch und militärisch überlegen. Die Römer besaßen ein urbanisiertes Land mit Nachschubbasen, in denen schnell und in großer Anzahl alle Güter hergestellt werden konnten, welche die Armee brauchte. Diese vertraute immer noch auf den schwer gerüsteten Infanterie-Legionär, der gut gekleidet und bewaffnet dem barbarischen Gegner in der Feldschlacht überlegen war, hatte aber auch schon begonnen eine schwere Reiterei als mobile Eingreiftruppe aufzustellen. Dazu kamen noch die oftmals erprobte Taktik und die Organisation der Heere, für die man in Notfällen bis zu 400 000 Mann aufbieten konnte.

Dem gegenüber standen, wenn man den römischen

---

[102] Damit ist insbesondere das Gebiet jenseits der römischen Grenze in Germanien und in Südosteuropa gemeint.

[103] Vegetius, De re militari 6,1.

Schriftstellern Glauben schenken will, zahllose Horden von Barbaren[104]. Diese waren zwar schlecht ausgerüstet und bewaffnet und kämpften in der Schlacht kaum organisiert, ihre große Anzahl und ihr wildes Aussehen ließen sie aber den „zivilisierten" Römern als schrecklich erscheinen. Da sie aber aus einer landwirtschaftlich bestimmten Gesellschaft kamen, fehlte ihnen die Logistik, um einen langfristigen Kampf gegen die Römer zu führen.

Problematisch ist die Rolle der Grenzsoldaten, der *limitanei*. Diese sollten als Milizheer die reguläre römische Armee unterstützen, waren aber kaum trainiert, schlecht bewaffnet und den barbarischen Kriegern zumeist zahlenmäßig unterlegen. Dies führte im 4. Jahrhundert dazu, dass man immer mehr kleine Städte und auch Landgüter befestigte. Hierher konnten sich die Bauern und Großgrundbesitzer zurückziehen und abwarten, bis die Barbaren, die mehr an Beute als an Landgewinn interessiert waren, sich wieder zurückgezogen hatten.

Ein Problem des 4. Jahrhunderts stellte die Korruption in der römischen Armee und ihre Schwierigkeiten dar, Soldaten zu rekrutieren. Man kennt Fälle, in denen die Offiziere eines Kavallerie-Regiments die eigenen Pferde verkauften und das Geld in ihre Taschen steckten, ebenso kam es immer wieder zu Unterschlagungen bei den Geldern für Ausrüstung und Verpflegung.

Die Rekrutierung von Soldaten wurde im 4. Jahrhundert auch durch eine Krise im Bevölkerungswachstum, das langsam zurückging, verschärft. Man rekrutierte Soldaten daher aus den Gladiatoren-Kasernen genauso wie aus den Gefängnissen, was die Qualität der Armee und ihre Disziplin herabsetzte. Großgrundbesitzer wehrten sich gegen die Rekrutierung ihrer Landarbeiter, sodass es notwendig wurde, Soldaten von der barbarischen Seite der Grenzen anzuwerben. Zunächst suchte man nach Soldaten unter den Kriegsgefangenen, später aber auch direkt unter der barbarischen Bevölkerung. Man stellte geschlossene „barbarische" Einheiten auf, diese Freiwilligen waren für die

---

[104] Siehe Walter A. Goffart, Barbarian Tides: The Migration Age and the Later Roman Empire, Philadelphia 2006.

Kaiser von einem größeren militärischen Wert als zum Dienst gepresste Bauern.

Ein weiterer Vorteil für die Sicherheit der römischen Grenzen war, dass sich das Barbaricum politisch niemals einigen konnte und die Herrscher jenseits der Grenzen oft bereit waren, mit finanzieller Unterstützung durch die Römer auch gegeneinander Krieg zu führen. So hatte Tacitus bereits im 1. Jahrhundert n. Chr. beschworen: *Es bleibe, so flehe ich, und bestehe fort bei diesen Völkern, wenn nicht Liebe zu uns, so doch gegenseitiger Hass; denn bei dem lastenden Verhängnis des Reichs kann das Geschick nichts Besseres mehr darbieten als die Zwietracht der Feinde.*[105] Nur in Zeiten politscher Unruhen im Römischen Reich kam es zur kurzfristigen Einigung, und mehrere Stämme konnten unter einer gemeinsamen Führung gegen das Reich vorgehen. Innere Unruhen im Barbaricum führten oft dazu, dass sich die unterlegene Partei mit ihrem Stamm auf römisches Reichgebiet flüchtete und dort angesiedelt wurde, eine Praxis, welche die Römer seit der Zeit von Augustus verfolgten.

Dennoch scheint sich im 4. Jahrhundert die Zahl der germanischen Raubzüge auf römisches Reichsgebiet erhöht zu haben. Als Konsequenz wurden zahlreiche kleine Landstädte befestigt und große römische Landgüter (*villae rusticae*), die nur schwer zu verteidigen waren, aufgegeben. Dies könnte als eine Neuorganisation der römischen Lebensweise verstanden werden, dürfte aber mit den vermehrten Übergriffen durch barbarische Banden zu tun haben.

Im Laufe des 3. und 4. Jahrhunderts wurden vermehrt Barbaren innerhalb der römischen Grenzen angesiedelt, wobei ihr Status im Reich unterschiedlich war. Es gab die *dediticii*, Barbaren die sich dem Römischen Reich unterworfen und um Siedlungsraum innerhalb der Grenzen gebeten hatten, die *laeti* waren ehemalige Kriegsgefangene, die man angesiedelt hatte, und die *foederati* gehörten zu den Barbaren auf der anderen Seite der Grenze, die man mit Verträgen an das Reich band. Dann gab es noch die namenlose Gruppe der zahlreichen barbarischen Soldaten im

---

[105] Tacitus, Germania 33.

römischen Heer, deren Söhne wie Magnentius (303–353, Kaiser ab 350), der einen britischen Vater und eine fränkische Mutter hatte und Silvanus (+355), der fränkischer Abstammung war, versuchten, den römischen Kaiserthron zu usurpieren.

Das gotische Problem 376–396 n. Chr.

Was wir heute als Völkerwanderung bezeichnen, begann 376 mit der Erlaubnis der Ansiedelung der Goten im Römischen Reich. Zu dieser Zeit regiert in Konstantinopel Kaiser Flavius Valens (338–378, Kaiser ab 368) und im Westen die beiden *Augusti* Gratian (359–383, Kaiser ab 375) und Valentinian II. (371–392, Kaiser ab 375), Söhne des im vorangegangenen Jahr verstorbenen Kaisers Valentinian I. (321–375).

Im Sommer 376 erschienen am Norduser der Donau große gotische Gruppen und verlangten die Aufnahme in den Schutz des Römischen Reiches. Diese Goten waren Flüchtlinge, welche die aus Asien nach Europa strömenden Hunnen von ihren Heimstätten vertrieben hatten.

Valens, der mit einem Krieg gegen die Sassaniden beschäftigt war, erlaubte dem Stamm der *Tervingi* (Westgoten), aber nicht den *Greuthungi* (Ostgoten), den Eintritt ins Römische Reich und ließ sie auf Booten übersetzen. Der spätantike Historiker Ammianus Marcellinus hat dazu ironisch geschrieben, dass *man sicher machte, dass kein zukünftiger Zerstörer des Römischen Reiches am Norduser zurück blieb ...*[106], aber für den Moment erschienen Valens die Vorteile einer solchen Ansiedlung größer zu sein als die Angst vor den Goten. Sie würden dringend benötigte Soldaten stellen, verödete Gebiete des Reiches wieder landwirtschaftlich nutzen und das Steuereinkommen erhöhen.

Die römischen Offiziere an der Grenze sahen sich außerstande die Masse der Neuankömmlinge zu entwaffnen und zu ernähren. Als die Versorgungslage der Goten so schlecht wurde, dass sie, wie überliefert wird, gezwungen waren ihre Kinder als Sklaven gegen Hundefleisch zu ver-

---

[106] Ammianus Marcellinus, Res gestae 31,4.

kaufen, und als Lupicinius, der lokale römische Komman-
dant, versuchte die gotischen Führer bei einem Bankett zu
ermorden, kam es zur Rebellion.

Erst 378 konnte sich Valens aus dem Krieg gegen die Per-
ser zurückziehen und die Ostarmee für eine Konfrontation
mit den Goten freimachen. Zusätzlich bat er seinen Neffen
Gratian, den Augustus des Westens, um Unterstützung.

Die Schlacht bei *Adrianopel* (Edirne) am 9. August 378
war für die Römer eine katastrophale Niederlage. Am Höhepunkt der Schlacht brach Panik unter den römischen
Soldaten aus, die während ihres regellosen Rückzuges abgeschlachtet wurden, darunter viele der fähigsten Offiziere
der Ostarmee. Wie Valens zu Tode kam ist unklar, möglicherweise flüchtete er in ein Bauernhaus, das die Goten
über ihm verbrannten. Nach der Schlacht plünderten die
Goten das Umland und bedrohten Adrianopel und Konstantinopel, wurden aber von einem römischen Entsatzheer
mit arabischen Verbündeten, die selbst den Barbaren zu
wild waren, vertrieben. Die im verbliebenen oströmischen
Heer kämpfenden Goten wurden grausam getötet.

Nach dieser Katastrophe rief der Westkaiser Gratian, der
sich außerstande sah, selbst den Osten zu befrieden, den
347 in Spanien geborenen fähigen Armeeoffizier Theodosius (347–395, Kaiser ab 379), der schon Moesien verwaltet
und die Sarmaten geschlagen hatte, aus Spanien, wo er als
Privatmann lebte, zur Armee zurück. Am 19. Januar 379
erhob Gratian Theodosius zum *Augustus*, blieb aber selbst
als *senior Augustus* formal höherrangig. Theodosius I. wurde
von Gratian die *Praefectura Orientis* zugewiesen einschließlich der Diözesen Dakien und Makedonien. Drei Jahre harte
Kämpfe mit den Goten folgten, die am Balkan isoliert und
unterworfen wurden. Zu Beginn des Jahres 383 konnte
Theodosius I. einen Triumph über die Goten feiern, die gotische Krise schien zunächst überwunden.

Das spätantike Heer

Kaiser Gallienus führte ab 260 eine erste Heeresreform
durch. Das Kommando über die Legionen wurde den Senatoren entzogen, die durch Berufssoldaten ersetzt wur-

den, der Anteil an Kavallerie (Schlachtenkavallerie) wurde deutlich erhöht und die taktischen Einheiten, in denen die Infanterie operierte, verkleinert.

Durch die Heeresreform Diocletians wurde die Zahl der Legionen auf 60 erhöht, wobei aber ihre Sollstärke auf etwa 1000 Mann herabgesetzt wurde. Man änderte auch die Ausrüstung der Soldaten; das *pilum* wurde durch eine Stoßlanze (*hasta*), das Kurzschwert (*gladius*) durch das Langschwert (*spatha*) ersetzt; statt dem Spangenpanzer (*lorica squamata*) wurde das Kettenhemd (*lorica hamata*) eingeführt. Der rechteckige, kaiserzeitliche Schild (*scutum*) wurde durch einen Rundschild (*parma* oder *clipeus*) ersetzt, der zuvor bei den Hilfstruppen verbreitet gewesen war. Die Rolle der Reiterei nahm stetig zu, besonders im Rahmen der Auseinandersetzungen mit den Reiterheeren der Goten, Sarmaten und Hunnen und vor allem im Kampf mit den persischen Sassaniden, in deren Heer die Panzerreiterei (Kataphrakten) eine herausragende Rolle spielte. Dadurch ist auch der Bedeutungsverlust der Legion nach dem 4. Jahrhundert zu erklären, obwohl die Infanterie nie völlig vom Schlachtfeld verschwand. Die Standardeinheit der spätrömischen Armee wurde der *numerus* mit etwa 300 Mann.

Unter Kaiser Valentinian I. und seinem Bruder Valens wurde das Bewegungsheer neu organisiert. Es gab drei Klassen von Truppenverbänden: In der obersten Klasse befanden sich die besten Einheiten der Legionen und der Reiterschwadronen sowie alle barbarischen Auxiliartruppen (Hilfstruppen). Diese Gruppe wurde *palatini* genannt, sie waren unter anderem auch die Palastgarden der Kaiser. In der zweiten Gruppe, den *comitatenses*, waren die übrigen Einheiten der Legionen und der Reiterschwadrone zusammengefasst. Unter diesen war noch eine dritte Gruppe angesiedelt, die sog. pseudo-comitatensischen Verbände. Diese Truppen bestanden aus ehemaligen Limitaneinheiten, die durch Verkürzung der Grenzlinie nicht mehr an der Grenze benötigt wurden und als drittklassige Bewegungsheereinheiten zusammengefasst wurden. Unter diesen standen im Rang die Limitaneinheiten, die eine vierte Truppenkategorie bildeten, da sie ausschließlich aus Milizsoldaten bestanden.

Gallien und Italien

Das Jahr 383 brachte für Kaiser Gratian Probleme. Die Legionen auf der britischen Insel revoltierten und ernannten ihren Kommandanten, den aus Spanien gebürtigen Magnus Maximus (355–388, Kaiser ab 383), zum Kaiser. Dieser gab die römische Präsenz am Hadrianswall und in Wales auf, führte die dadurch freigewordenen Legionen nach Gallien und stellte sich Gratian bei Paris zur Schlacht. Der Kaiser wurde von seinen Truppen in Stich gelassen und am 25. August 383 auf der Flucht in *Lugdunum* (Lyon) im Alter von 23 Jahren erschlagen. Maximus, der als Kaiser durchaus populär war, konnte seine Regierung nach Gratians Tod auf Britannien, Gallien und Spanien ausdehnen, er regierte fünf Jahre von Trier aus und wurde von Theodosius I. als Mitkaiser anerkannt. Sein nächstes Ziel war die Invasion Italiens, dabei vertrieb er Valentinian II. (371–392, Kaiser ab 375), den Augustus des Westens; zweimal versuchte er danach in den Balkan einzufallen, wurde hier aber von Theodosius bei *Siscia* (Sisak) und *Poetovio* (Ptuj) geschlagen. Wenig später wurde Maximus in Aquileia von seinen eigenen Soldaten ermordet, seine Familie abgeschlachtet und seine Soldaten in das Heer von Theodosius eingereiht.

Valentinian II. wurde wieder auf den westlichen Thron gesetzt, stand aber unter der Führung des fränkischen Heermeisters Arbogast (gest. 394), der Victor, den Sohn des Maximus, beseitigt hatte.

Valentinian wurde am 15. Mai 392 erhängt in seinem Palast in *Vienne* in Gallien aufgefunden. Die Umstände seines Todes sind nicht klar, vielleicht wurde er auf Veranlassung Arbogasts ermordet, möglicherweise beging er aufgrund seiner faktischen Machtlosigkeit Selbstmord. Mit Arbogast begann die Vormachtstellung der Heermeister, welche in der Folge den Kaisern gleichgestellt und oft sogar übergeordnet waren und das Schicksal der Kaiser und ihrer Nachkommen bestimmten.

Arbogast setzte an Stelle Valentinians einen Strohmann, den Rhetor Eugenius, als Augustus auf den westlichen Thron. Theodosius sammelte im Osten gegen den Usurpator eine Armee, in der auch zahlreiche gotische Einheiten dienten. Am 5. und 6. September 394 schlug er Arbogast und Eugenius in der Schlacht am *Frigidus*, einem Nebenfluss des Isonzo. Eugenius wurde hingerichtet, Arbogast beging Selbstmord.

Theodosius war nun für ein Jahr Kaiser des gesamten Römischen Reiches, er starb aber zu Beginn 395 in Mailand. Er hinterließ den Westen seinem jüngeren Sohn Honorius und den Osten dem älteren Arcadius.

14. Die Reichsspaltung und das Ende des Weströmischen Reiches (395–476 n. Chr.)

Nach dem Tode des Theodosius wurde das Reich politisch neu geordnet und in zwei Hälften geteilt, in der jeweils ein Kaiser residierte. Die Idee, die Macht im Römischen Reich auf mehrere Herrscher aufzuteilen, denen unterschiedliche regionale Aufgabenbereiche zugewiesen wurden, war nicht neu. So verlief die Trennlinie der beiden neuen Reiche von 395 fast genau dort, wo etwa 450 Jahre zuvor die Grenze zwischen den Machtbereichen von Octavianus und Marcus Antonius festgelegt worden war. Spätestens im 3. Jahrhundert war diese Idee unter Kaiser Valerian, der sich die Herrschaft mit seinem Sohn Gallienus geteilt und diesem die Westhälfte des Reiches zugewiesen hatte, erneut aufgegriffen worden. In der Spätantike war seit Diocletian das Mehrkaisertum die Regel geworden. Allerdings dachte man bei der Reichsteilung von 395 nicht daran, zwei völlig unabhängige Reiche zu errichten; der spätantike Historiker Eunapios von Sardes äußerte dazu: *Die Kaiser regieren in zwei Körpern ein einziges Reich*[107].

Theodosius hatte zwei Söhne hinterlassen, den 18-jährigen Arcadius (374–408, Kaiser in Ostrom ab 395) und den 11-jährigen Honorius (384–423, Kaiser in Westrom ab 395), für den aber der vandalische Heermeister Stilicho (um 360–408) eine Art von Vormundschaft ausübte. Im Osten hatten sich die Goten nach der Schlacht von Adrianopel in Moesien und Thrakien angesiedelt, lebten hier als Bauern und fanden in Alarich (um 370–410) einen neuen Anführer, der

---

[107] Eunapios, Historien, Fragment 85.

sich als Offizier im oströmischen Heer verdient gemacht hatte.

Nach Theodosius Tod scheint Alarich nach höheren Aufgaben getrachtet zu haben, die Position eines Kommandanten der *foederati* schien ihm nicht zu genügen. Er begehrte den Rang eines Heermeisters in einer regulären römischen Truppe, was aber von Arcadius abgelehnt wurde, ein Fehler des Kaisers, denn die Stimmung der Visigoten (Westgoten) war zu diesem Zeitpunkt aufgebracht und auf Rebellion ausgerichtet.

Mit seinen Einheiten, die nicht allein aus Goten sondern auch aus unzufriedenen Bauern, entlaufenen Sklaven, Alanen und hunnischen Söldnern zusammengesetzt waren, versuchte Alarich gegen Konstantinopel zu marschieren, fand die Stadt aber gut verteidigt vor. Alarichs Einheiten wurden ausbezahlt, waren damit nicht mehr im Dienste der oströmischen Kaiser und machten sich selbstständig, immerhin mussten das Heer und die mitziehenden Familien verköstigt und bezahlt werden.

Alarich fiel daher mit seinen Truppen in Griechenland ein, Athen ergab sich kampflos und wurde verschont, Eleusis geplündert und die Bevölkerung von Sparta, Korinth und Argos in die Sklaverei verkauft. Stilicho versuchte zweimal militärisch zu intervenieren und marschierte in Griechenland ein, wurde aber jedes Mal von Honorius zurückgerufen, da Ostrom fürchtete, Stilicho würde nach einer Niederlage Alarichs das Land dem Weströmischen Reich zuschlagen. Alarich zog sich erst aus Griechenland zurück, als er von Arcadius, vielleicht wegen seiner Erfolge gegen Stilicho, zum Heermeister (*magister militum)* von Illyrien ernannt wurde.

Wieweit Alarichs Truppen in Illyrien das Leben von Siedlern oder von Soldaten in einer Garnison lebten, ist nicht klar zu entscheiden. Jedenfalls ermöglichten es ihm die Gelder aus Konstantinopel, seine Soldaten regelmäßig zu bezahlen und aus den kaiserlichen Arsenalen auszurüsten.

401 kam es zum politischen Umsturz in Konstantinopel, welche mit der Ermordung aller gotischen Generäle und Soldaten endete. Alarich scheint sich danach seiner Position

nicht mehr sicher gewesen zu sein, verlor er seinen Titel als *magister militum*, so war es auch vorbei mit Geld und Ausrüstung für seine Goten, daher scheint er sich entschlossen zu haben, im Herbst 401 in Italien einzumarschieren. Stilicho war zu diesem Zeitpunkt mit einem Aufruhr in Rätien beschäftigt, eilte aber zurück und konnte in zwei Schlachten bei *Pollentia* und *Verona* Alarich zum Stehen bringen, wenngleich er dessen Truppen nicht vernichten konnte. Es scheint daraufhin eine Übereinkunft zwischen den beiden Heermeistern gegeben zu haben. Alarich trat in die Dienste Stilichos, erhielt von ihm ein militärisches Kommando und zog sich für drei Jahre nach Pannonien zurück.

405 bis 406 kam es zu einer Invasion von 20 000 gotischen Kriegern mit ihren Familien unter Radagaisus in Pannonien und Illyrien, wobei diese Truppen bis Norditalien vordringen konnten. Es scheint sich dabei um eine Truppe gehandelt zu haben, die zuvor in hunnischen Diensten gestanden hatte, sich aber nun der Macht der Hunnen entziehen wollte und in das Römische Reich wechselte, um hier Siedlungsland zu bekommen. Stilicho konnte den Vormarsch der Goten bei *Faesolae* (Fiesole) in einer Schlacht aufhalten, Radagaisus wurde hingerichtet, die überlebenden Goten in das römische Heer eingegliedert.

Am 31. Dezember 405 überquerten große Gruppen von Vandalen, Sueben und Alanen den zugefrorenen Rhein und drangen bis nach Nordgallien vor. Die hier angesiedelten salfränkischen Föderaten wandten sich ohne die Hilfe römischer Truppen gegen die Invasoren und töteten den König der Vandalen im Kampf, konnten sich aber auf Dauer nicht halten und wurden besiegt. Die Rheingrenze lag damit auf breiter Front offen. Dies war der Moment, den die in Britannien noch verbliebene römische Armee nutzte, um auf dem Kontinent einzugreifen. Sie verließ Britannien, rief einen ihrer Offiziere zum Kaiser Konstantin (III.)[108] aus, dieser brachte die germanische Invasion in Nordgallien zum Stehen und nahm das Land bis nach Lyon ohne

---

[108] Weil Konstantin (III.) als Kaiser nie allgemein anerkannt wurde, führt er die Ordnungszahl III. nur inoffiziell. In den ost- bzw. gesamtrömischen Kaiserlisten ist sie Kaiser Konstantin III. (641) vorbehalten.

Gegenwehr von Honorius und Stilicho in Besitz. Stilicho hingegen beschloss, die unruhigen Zeiten zur Eroberung des Balkans zu nutzen. Er plante, mit vier Legionen nach Konstantinopel zu marschieren, Alarich hingegen sollte mit seinen Truppen nach Oberitalien kommen, dort mit römischen Einheiten verstärkt werden und sich nach Gallien gegen Konstantin (III.) wenden, um Stilicho den Rücken freizuhalten.

Während der Vorbereitungen zu seinem Feldzug begann sich unter Stilichos Offizieren und Beamten das Gerücht zu bilden, dass der Heermeister den Sohn des Arcadius beseitigen wolle, um seinen eigenen auf den Thron zu setzen. Die Truppen unter seinem Kanzleileiter Olympius revoltierten und Stilicho wurde nach Ravenna vertrieben, wo er von den aufgebrachten Truppen hingerichtet und seine Familie getötet wurde.

Olympius ging in seinen Bemühungen, das Erbe des Heermeisters zu vernichten, aber zu weit. Er ließ die Familien von Stilichos barbarischen Truppen ermorden, was überlebende Angehörige dazu brachte, die Truppen des Honorius zu verlassen.

Nördlich der Alpen stand Alarich mit seinen gotischen Truppen, nach dem Tode seines Verbündeten Stilicho fehlte ihm die formale Anerkennung als Offizier mit einem römischen Rang. Alarich beschloss, sich diesen in Italien direkt von Honorius zu erkämpfen, führte seine Truppen über die Alpenpässe und marschierte in Norditalien ein, wo er von den ehemaligen barbarischen Einheiten aus dem Heer Stilichos Verstärkung erhielt.

Nach mehreren Jahren des Kampfes und vergeblicher Versuche, zum Heermeister ernannt zu werden, belagerte Alarich die Stadt Rom, die ihm am 24. August 410 die Tore öffnete. Alarich ließ seine Truppen drei Tage lang die Stadt plündern, gab aber den Befehl alle Menschen zu verschonen, die sich in Kirchen geflüchtet hatten. Der Fall der Stadt, die zum ersten Mal seit der Invasion des Brennus 387 v. Chr. von fremden Truppen besetzt wurde, schockierte die gesamte römische Welt. Politisch brachte der Fall Roms Alarich keinen Erfolg, allerdings erbeutete er die Halbschwester des Kaiser Honorius, Aelia Galla Placidia

(390–450), und er ließ in Rom Priscius Attalus als Gegenkaiser ausrufen, der aber keine Anerkennung fand.

Alarich meinte, dass die einzige Maßnahme um Kaiser Honorius zum Einlenken zu bringen, der Besitz Nordafrikas und damit der Getreideflotte sei. Er beschloss eine Invasion Nordafrikas und marschierte mit seinen Truppen in Italien nach Süden, um über Sizilien nach Afrika zu gelangen. In Süditalien, in der Landschaft Bruttium nahe dem Fluss Busento, starb Alarich im Herbst 410 am Fieber.

Nachfolger wurde sein Schwager Athaulf, der 412 Italien nach Gallien verließ und sich hier 414 mit Galla Placidia vermählte, um das Römische Reich zu erneuern. Athaulf stellte die Ruhe in Gallien wieder her und eroberte auch Teile von Spanien, wurde aber 415 ermordet. Sein Nachfolger Wallia (415–418) lieferte Placidia an Honorius aus, erhielt drei Provinzen im Süden Galliens als Wohngebiet für die Goten und gründete hier das Tolosanische Reich, das erste germanische Königreich auf römischem Boden. Offiziell war er dem Kaiser untergeben, tatsächlich aber agierte er selbständig nach westgotischem Recht.

Nach dem Tode des Kaisers Honorius 423 wurde dessen erst fünfjähriger Sohn Valentinian III. (419–455, Kaiser in Westrom ab 425) zum Augustus des Westens gekrönt, für den seine Mutter Galla Placidia aber zunächst die Regierung führte.

Der bestimmende Mann am römischen Hof war aber der Heermeister Flavius Aëtius (390–454). Sein Vater Gaudentius war bereits Heermeister gewesen, seine Mutter stammte aus einer reichen und hochgestellten italischen Familie. Einen Teil seiner Jugend verbrachte er als Geisel bei den Westgoten (wohl von 405 bis 408) und später bei den Hunnen. Er wurde als der „letzte Römer" bezeichnet, weil er noch einmal versuchte, den germanischen Einfluss aus Staat und Armee zurückzudrängen.

Zwischen ihm und dem Statthalter der Präfektur *Africa* Bonifatius kam es von 427 bis 432 zum Kampf um den Besitz von Italien, diese unruhige Zeit nutzte der Vandalenkönig Geiserich (um 389–477), führte sein Volk 429 über die Meerenge von Gibraltar, eroberte 439 Karthago und gründete hier ein vandalisches Reich. Damit ging die Präfektur *Africa*, eine der Kornkammern des Reiches, den Römern verloren.

Flavius Aëtius ging mit großer Energie an sein Vorhaben, die alte Rheingrenze wieder zu erreichen. 435–436 eroberte und unterwarf er das erste Burgundische Reich, wobei dessen König Gundahar getötet wurde. In diesem Kampf hatte Aëtius die Unterstützung von angeworbenen hunnischen Hilfseinheiten, was 700 Jahre später in der Nibelungensage ihren Niederschlag fand. Die überlebenden Burgunder wurden in *Sapaudia* (Savoyen) im Süden um den Genfer See angesiedelt. Für ihre Unterstützung trat Aëtius den Hunnen Teile von Pannonien ab.

Die Hunnen, die sich seit fast 80 Jahren nördlich der Donau gehalten hatten, bekamen 444 einen neuen Anführer, als Attila (um 406–453) seinen Bruder Bleda ermordete und zum alleinigen König aufstieg.

Attila, in der Sage auch als *Etzel* bekannt, wurde 406 geboren und vollendete zusammen mit seinem Bruder Bleda die Einigung der westlichen Hunnen. Das neue Reich, über das er seit etwa 434 herrschte, umfasste verschiedene iranische und germanische Völkerschaften, die er von seinem Hauptlager aus in der ungarischen Tiefebene an der Theiß, wo er in einem prächtigen Holzpalast residierte, regierte.

Er unternahm mehrere Feldzüge gegen Ostrom, wo man 444 die Zahlung der Jahrgelder an ihn eingestellt hatte. 447 wurde er vom oströmischen Heermeister Arnegisculus in der Schlacht am Utus (Vit) auf dem Balkan aufgehalten, Teile seiner Truppen drangen aber bis zu den Thermopylen in Griechenland vor.

451 sammelte er seine Truppen, zu denen Ostgoten, Heruler, Skiren und Gepiden gehörten, und marschierte von der Theißebene aus nach Westen. Er überquerte den Rhein und zerstörte zahlreiche Städte darunter Metz, Worms, Köln und Mainz. Als er die Loire erreichte, begann sich der römische Widerstand zu formieren, und Attila sah sich zu einer langwierigen Belagerung von Orléans veranlasst.

In der Zwischenzeit hatte Aëtius ein Heer aus verschiedensten Völkerschaften zusammengestellt. Zu seiner römischen Armee kamen die Truppen der Westgoten unter König Theoderich I., linksrheinische Franken, Truppen der *bagaudae,* ehemalige rheinische *limitanei,* Reste der römisch-britischen Armee, Alanen und Burgunder.

Attila wurde gezwungen, die Belagerung von Orléans aufzuheben und zog sich nach Osten zurück, stellte sich aber am *Campus Mauriacus,* den sog. Katalaunischen Feldern, zwischen Troyes und Chalons sur Marne, zur Schlacht. Diese war eine der größten des Altertums mit zahlreichen Toten, darunter auch König Theoderich I. von den Goten. Die antiken Schriftsteller[109] berichten von Opferzahlen bis 100 000 Kriegern, was aber zu hinterfragen ist. Vermutlich dürften auf jeder Seite etwa 30 000 bis 50 000 Mann gestanden haben. Die Schlacht scheint keinen sicheren Sieger gehabt zu haben, Attila zog sich danach aber nach Pannonien zurück.

Attila war zwar angeschlagen, aber weiter handlungsfähig. 452 marschierte er in Oberitalien ein, plünderte Mailand, Aquileia und Bergamo und wurde hier angeblich durch Papst Leo I. (440–461) zum Umkehren bewogen. Wahrscheinlicher ist aber, dass Krankheiten wie Dysenterie (Ruhr) und Malaria die Hunnen dezimierten und zum Rückzug brachten.

Attila starb ein Jahr später bei der Hochzeit mit der germanischen Prinzessin Ildico an einem Blutsturz, sein Reich löste sich schon bald danach auf.

Aëtius, dem es gelungen war für einige Zeit das Weströmische Reich noch zusammenzuhalten, fiel 455 einer Palastverschwörung zum Opfer, da man ihn beschuldigte, für seinen Sohn Gaudentius den Thron zu suchen. Sein Tod gab Vandalenkönig Geiserich die militärische Möglichkeit, nach Italien einzufallen, 455 Rom zu erobern und zu plündern. Als auch noch der weströmische Kaiser Petronius Maximus (396–455, Kaiser in Westrom 455), der Nachfolger Valentinians III. eines gewaltsamen Todes starb, schien das Weströmische Reich am Ende angelangt zu sein. Durch das Eingreifen des westgotischen Königs Theoderich II. wurde der Heermeister des Maximus, Flavius Eparchus Avitus (385–457, Kaiser in Westrom 455–456), auf den Thron gesetzt, der durch seinen suebischen Heermeister Flavius

---

[109] Jordanes, Getica 37,197.

Ricimer (405–472) die Vandalen schlagen und aus Italien und Sizilien vertreiben konnte. Ricimer war arianischer Christ, Sohn eines suebischen Prinzen und einer Tochter des westgotischen Königs Wallia. Er wurde 456 nach Avitus erzwungener Abdankung zum Regenten dessen, was vom Weströmischen Reich übrig war. Als Germane und Arianer konnte er den Titel eines Augustus nicht selbst annehmen, aber seine Macht über die in Ravenna oder Rom residierenden Kaiser gab ihm Ansehen und Einfluss, und diese ernannten ihn zum *patricius*, zum ersten unter den Heermeistern. Dies ließ ihm zwei Möglichkeiten: er konnte den kaiserlichen Hof auflösen und offiziell als *dux* oder Statthalter des Kaisers in Konstantinopel agieren, oder von ihm ausgewählte Personen als Kaiser auf den Thron setzen, um durch sie zu herrschen. Er wählte den zweiten Weg und ging dabei so weit, seinen Namen auf Münzen neben den des Kaisers zu setzen.

Ricimer, sich seiner Macht bewusst, ernannte ab 456 die weströmischen Kaiser nach seinen Vorstellungen, sein erster Kandidat dabei war der Heermeister Maiorianus (Anfang 5. Jahrhundert – 461, Kaiser in Westrom ab 457).

Das Christentum in der Spätantike

Das Römische Reich in der Spätantike ist vom Christentum geprägt. Dass nach Konstantin alle nachfolgenden Kaiser, abgesehen von der kurzen Herrschaft Iulian Apostatas, ebenfalls Christen waren, förderte die Ausbreitung des Christentums weiter. Um 300 hatte es sich noch in der Defensive befunden; um 400 dagegen mussten diejenigen, die noch die römischen Götter verehrten, bereits ihre Positionen gegenüber den zunehmend intoleranten christlichen Eiferern verteidigen. Als Alarich 410 Rom eroberte, kam es zwischen Christen und Altgläubigen zu Kontroversen darüber, wer die Schuld an dieser Katastrophe trug.

Die eigentlichen Konfliktursachen aber schufen sich die Christen selbst. Mit dem Ende der Christenverfolgungen 311 brachen verstärkt diejenigen Meinungsverschiedenheiten unter den christlichen Gemeinden aus, welche die Spätantike prägen sollten. Die Zeit vom 4. bis zum 7. Jahrhundert kennt keine homogene christliche Kirche, sondern war eine Zeit der Auseinandersetzungen, wie Gregor von Nyssa (um 335 bis 394) ironisch anmerkte: *Jede Ecke in den Städten war voller Diskussionen; die Straßen, die Märkte, die Läden der Geldwechsler, die Lebensmittelgeschäfte. Frag einen Händler, wie viel er für die Ware in seinem Geschäft haben möchte, erhältst du von ihm eine theologische Abhandlung über das gezeugte und das nicht gezeugte Dasein. Wenn du nach dem Preis des Brotes fragst, gibt der Bäcker die Auskunft, dass der Sohn (Gottes) dem göttlichen Vater untergeordnet ist. Fragst du deinen Diener, ob das Bad schon hergerichtet ist, antwortet er, dass der Sohn aus nichts geschaffen ist.*[110]

Staat und Kirche lassen sich in dieser Zeit nicht klar voneinander abgrenzen, da der Kaiser als *pontifex maximus* auch für religiöse Angelegenheiten zuständig war. Als von Gott eingesetzter Herrscher über ein Imperium, das als Nachbildung des himmlischen Gottesreiches verstanden wurde, hatte er über die Religion und das Leben der christlichen Bevölkerung zu wachen. Dass die Kaiser immer wieder in innerkirchliche Belange eingriffen, war damit vorgegeben. Die enge Verflechtung zwischen Staat und Kirche in der Spätantike zeigt sich auch daran, dass die Kaiser Konzilien einberufen und ihnen vorsitzen konnten. In den Debatten der Konzilsteilnehmer ging es um die großen Kontroversen innerhalb der Glaubenslehre. Das trinitarische Problem der gleichberechtigten Dreifaltigkeit hatte der alexandrinische Presbyter Arius (gest. um 336) aufgeworfen: War Christus, der Sohn Gottes, ebenso ungeschaffen und zeitlos wie Gottvater selbst oder war er nur dessen vornehmstes Geschöpf? Christus bliebe in diesem Fall Gott untergeordnet, in der Dreifaltigkeit gäbe es damit einen Rangunterschied, der das Erlösungswerk entwertet hätte. Arius und seine Anhänger fanden im Bischof von Alexandria Athanasios (gest. 373) einen erbitterten Gegner, der deshalb mehrfach in die Verbannung gehen musste. Die germanischen Völker, die sich in dieser Zeit auf Reichsgebiet ansiedelten, wurden weitgehend nach arianischen Vorstellungen christianisiert. Später wurde der Arianismus auf den Synoden

---

[110] Gregor von Nyssa, De deitate filii et spiritus sancti (Migne PG 64.557b).

von Nicäa (325) und Konstantinopel (381) zurückgedrängt und verlor stark an Bedeutung. Christus galt fortan als wesensgleich (*homo-ousios*) mit Gott. Diese Lehre führte zum christologischen Streit über das Verhältnis von menschlicher und göttlicher Natur in Christus. Die eine Seite sah Göttlichkeit und Menschlichkeit in Christus zu einer Natur (*mia physis*) vereinigt, wobei die göttliche die menschliche Natur gleichsam in sich aufgenommen habe. Gegen diesen Miaphysitismus wandten sich diejenigen, die eine Vermischung beider Naturen ablehnten (Dyophysitismus oder Zweinaturenlehre). Zwar wurde der Dyophysitismus auf dem Dritten Ökumenischen Konzil von Ephesos (431) verurteilt, eine Kompromissformel, die auf dem 4. Ökumenischen Konzil von Chalkedon (451) gefunden wurde, war zwar ein Meisterstück der Diplomatie, konnte den Zwist aber nicht beenden. Der Streit von Chalkedon führte zum ersten großen Schisma der Kirchengeschichte. Von 484 bis 519, also kurz nach dem Ende des Weströmischen Reiches, gingen Rom und der Osten getrennte Wege, bis sich Konstantinopel unter den Kaisern Justin I. (450–527, Kaiser ab 518) und Justinian (482–565, Kaiser ab 527) den päpstlichen Forderungen beugte.

Die Literatur

In der Spätantike erlebte die römische Dichtung eine Nachblüte. Zu den bemerkenswerten Dichtern zählen Claudius Claudianus (um 370 – um 404) aus Alexandria, der in Rom wirkte und unter Honorius und Stilicho zum Hofdichter aufstieg, sowie der vornehme Gallier Rutilius Claudius Namatianus (im 5. Jahrhundert), der in Rom das Amt des *praefectus urbi* bekleidete. Aurelius Prudentius (348–410) hingegen schilderte in seiner *Psychomachia* (Kampf um die Seele) das Ringen der heidnischen Laster und der christlichen Tugenden um die Seele des Menschen.

Die hervorragenden Schriftsteller des 4. und 5. Jahrhunderts sind die Kirchenväter. Hier ist Ambrosius (340–397) zu nennen, der es wagte Theodosius dem Großen den Eintritt in eine Kirche zu verbieten und der in seinem Buch *De officiis ministrorum* (Über die Pflichten der Kirchendiener) das erste Werk zur Gestaltung des Gottesdienstes schrieb. Die heutige Form der Bibel, die *Vulgata*, verdanken wir dem Dalmatiner Sophronius Eusebius Hieronymus (345–420), der zunächst in der Wüste als Einsiedler lebte und 384 ein Kloster in Bethlehem gründete, wo er bis zu seinem Tode blieb.

Als größter kirchlicher Redner gilt Johannes Chrysostomus („Goldmund", 347–407), der Patriarch von Antiochia und später Kanzelredner in Konstantinopel war, ehe man ihn wegen seiner sittenstrengen Ansichten vom Hof verbannte.

Die größte Persönlichkeit unter den Kirchenvätern war Aurelius Augustinus (354–430) aus *Thagaste* in Numidien. Er erhielt eine heidnisch-klassische Bildung, hatte aber in der Osternacht 387 ein Erweckungserlebnis und ließ sich taufen. 391 zum Priester geweiht, wurde er 395 Bischof von *Hippo Regius* in Afrika. Sein wichtigstes Werk ist das Buch *De civitate dei* (Vom Gottestaat), in dem er zwei Welten, eine irdische und eine himmlische postulierte, wovon eine untergeht und die andere das Reich Gottes errichten wird. Allerdings vertrat er auch die Verfolgung der Heiden bis hin zum gerechtfertigten Krieg, was die Kreuzritter des Mittelalters als Legitimation für die Kreuzzüge nahmen.

Der Untergang des Weströmischen Reiches (457–476 n. Chr.)

Der aus Illyrien stammende Flavius Iulius Valerius Maiorianus (420–461, Kaiser in Westrom ab 457) hatte in der Armee noch unter Heermeister Flavius Aëtius gedient. Unter Petronius Maximus wurde Maiorian zum *comes domesticorum* (Kommandeur der Garde) ernannt, unter Avitus behielt er diesen Posten und wurde am 1. April 457 durch Ricimer zum Kaiser erhoben. Der oströmische Kaiser Flavius Valerius Leo I. (401–474, Kaiser in Ostrom ab 457) erkannte Maiorian zunächst nur als *Caesar* und erst nach längeren Verhandlungen als *Augustus* an. Maiorian war als einer der letzten Kaiser Westroms noch ernsthaft darum bemüht, die Herrschaft über das ehemalige Reichsgebiet zu stabilisieren.

Es gelang ihm zunächst, Gallien wieder enger an das Reich zu binden und sich auch der Unterstützung durch den Westgotenkönig Theoderich II. zu versichern. Zur selben Zeit konnte er auch mit Hilfe des Aegidius, Heermeister in Gallien, die Westgoten und Burgunder ruhig halten. Tatsächlich wurde die römische Herrschaft in diesem Raum ein letztes Mal stabilisiert. Maiorian plante aus dieser für ihn günstigen Situation eine Attacke gegen die Vandalen.

Er betrieb zunächst zur Sicherung der Finanzen eine Reformpolitik im Steuerwesen und beim Militär, dann drang er mit einem Heer bis nach Spanien vor und beabsichtigte eine Rückeroberung der von den Vandalen besetzten Präfektur *Africa*. Das Unternehmen scheiterte, nachdem seine Flotte von den Vandalen bei Cartagena aufgerieben worden war und er Frieden mit den Vandalen schließen musste. Anfang August 461 wurde er, wohl aufgrund seines zu selbstständigen Handelns, durch Ricimer abgesetzt und wenige Tage darauf in *Dertona* (Tortona) hingerichtet.

Mit seinem Tod endete der letzte Versuch Westroms, die Initiative gegenüber den Barbaren wieder an sich zu ziehen. Der Heermeister Aegidius hingegen rebellierte nach der Ermordung Maiorians gegen Ricimer und gründete in Nordgallien ein bis 486 bestehendes gallo-römisches Restreich, wo er sich selbst als König der Franken einsetzte.

Unter dem Patronat des Ricimer hatte das Weströmische Reich weitere Substanzverluste zu beklagen. Die Westgoten konnten ihr Territorium im Süden bis nach Narbonne und die Mittelmeerküste ausdehnen, was bedeutete, dass römische Truppen nicht mehr auf dem Landweg von Italien nach Spanien gelangen konnten.

Der von Ricimer eingesetzte neue weströmische Kaiser war der Senator Libius Severus (Kaiser in Westrom 461–465), der fügsamer als Maiorian war, sich aber der Missbilligung durch Leo I. im Osten und der Rivalität von Aegidius in Gallien gegenübersah. Er wurde niemals von Ostrom, aber auch nicht von Theoderich II. oder Geiserich als legitimer Kaiser des Westens anerkannt. Aegidius, der selbsternannte König der Franken, starb 464/465 in Gallien und wurde von seinem Sohn Syagrius nachgefolgt, der ein reströmisches Reich um Soissons südlich der Loire halten konnte, nördlich davon konnten die Franken unter Childerich ihr Gebiet ausweiten.

Nach dem Tod des Libius Severus 465, der vielleicht durch Gift eingetreten war, regierte Ricimer über 18 Monate ohne einen Kaiser. Schließlich akzeptierte er Leos Vorschlag Anthemius (420–472, Kaiser in Westrom ab 467), der gemeinsam mit oströmischen Truppen 467 nach Italien kam, zum Kaiser zu machen. Ricimer heiratete Anthemius Tochter und kommandierte einen großen Teil der römischen Streitkräfte in einem Feldzug, den Leo und Anthemius 468 gegen Geiserich anstrengten. Eine oströmische Flotte unter dem dalmatischen General Marcellinus sollte die Vandalen von Libyen her angreifen, Ricimer von Italien über Sizilien und Theoderich II. von der gallischen Südküste aus. In die Enge getrieben handelte Geiserich einen Waffenstillstand aus und nutzte die Zeit, um die oströmische Flotte mit Branderschiffen[111] anzugreifen und zu vernichten. Die Vandalen besetzten danach Sizilien und Sardinien, Marcellinus fiel einer von Ricimer angezettelten Verschwörung zum Opfer.

Als Anthemius nach der Niederlage versuchte, gegen Ricimers Freund und Verwandten, den Westgotenkönig Eurich, der Theoderich II. ermordet hatte und selbst nun König der Westgoten war, vorzugehen und Gallien wieder unter römische Kontrolle zu bringen, scheint es zu einer Entfremdung zwischen Kaiser und Heermeister gekommen zu sein.

471/72 erklärte Ricimer Anthemius den Krieg. Epiphanius, der Bischof von Pavia, vermittelte einen kurzzeitigen Waffenstillstand, nach dessen Ende Ricimer mit seiner Armee aber vor Rom stand, wo Anthemius residierte. Ricimer proklamierte im März 472 Olybrius (gest. Ende 472) zum Kaiser und eroberte Rom nach dreimonatiger Belagerung am 1. Juli 472. Anthemius floh als Mönch verkleidet, wurde aber erkannt und enthauptet. Rom wurde zur Beute für Ricimers Soldaten, der Heermeister starb aber nur zwei

---

[111] Mit Brennstoff beladene Boote, die man auf eine feindliche Flotte zutreiben ließ, um diese in Brand zu setzen.

Monate später am Fieber. Sein Titel ging auf seinen Neffen, den burgundischen Heermeister Gundobad über. Auch Olybrius sollte nicht lange Kaiser sein, er starb bereits im Oktober oder November 472 an der Wassersucht.

Mit Anthemius Tod schien es auch den Zeitgenossen, dass das Weströmische Reich am Ende war. Außerhalb von Italien kontrollierte der weströmische Kaiser nur mehr Teile des südlichen Gallien, Dalmatien und Noricum. Der Kampf zwischen Ricimer und Anthemius hatte die römische Heimatarmee praktisch aufgelöst. Dazu kam ein Interregnum in Italien, das bis in den März 473 andauerte, als Gundobad Glycerius (um 420 – nach 480, Kaiser in Westrom 474) zum Kaiser proklamierte. Glycerius versuchte nochmals, Gallien unter seine Herrschaft zu bekommen und sandte seine ostgotischen Truppen gegen die Westgoten aus. Diese Truppe verschwand in Gallien, ob sie besiegt wurde oder sich den Westgoten anschloss, ist ungewiss. 474 dankte Glycerius ab und wurde Bischof von Salona, während Iulius Nepos (ca. 430–480, Kaiser in Westrom ab 474), der Neffe von Marcellinus, mit einer dalmatischen Armee und mit Unterstützung des Kaisers Zeno (oströmischer Kaiser ab 474, gest. 493) in Italien landete und sich zum weströmischen Kaiser erklärte. Gundobad verließ daraufhin Italien nach Burgund, um sich seinen Platz als König zu sichern. Nepos versuchte mit seinem Heermeister Ecdicius nochmals nach Gallien vorzustoßen, wurde aber von den Westgoten zurückgeschlagen. 475 rebellierten die Reste der römischen Armee in Italien gegen den Kaiser unter Ecdicius Nachfolger Orestes, der seinen Sohn Romulus Augustus (460 – um 500, Kaiser in Westrom 475 bis 476) auf den Thron setzte, während Iulius Nepos nach Dalmatien floh. Aber bereits im nächsten Jahr revoltierte die Armee in Italien unter ihrem skirischen General Odoaker (um 433–493), besiegte Orestes und ließ ihn hinrichten, sodass das Kind Romulus „Augustulus" (der kleine Augustus) als letzter Kaiser auf dem weströmischen Thron saß. Odoaker ließ ihn am Leben und verbannte ihn und seine Mutter in ein Kloster.

Odoaker wollte selbst nicht den weströmischen Thron als Kaiser besteigen, er wandte sich an Kaiser Zeno in Konstantinopel und verlangte seine Ernennung zum *patricius*, was dieser aber ablehnte, da Iulius Nepos noch am Leben in Dalmatien und Romulus im Kloster war. Es gab also de iure noch zwei weströmische Kaiser. Zeno überließ es Iulius Nepos, Odoaker zu ernennen, was dieser aber ablehnte, und Odoaker tat das in seinen Augen einzig Mögliche: er erklärte sich zum König von Italien und brachte damit die Geschichte des Weströmischen Kaiserreiches zum Ende.

Selbst den Zeitgenossen entging nicht die Bedeutung dieses Datums, und es wurde allgemein als das Jahr erkannt, ab dem das Weströmische Reich nicht mehr existierte, obwohl es mit Iulius Nepos noch einen legitimen Herrscher gab, der erst um 480 ermordet wurde. Mit seinem Tod und der Übernahme Dalmatiens durch Odoaker kam das Reich endgültig an sein Ende.

Zu diesem Zeitpunkt war es bereits nicht mehr als römisch zu bezeichnen. Zahlreiche „barbarische" Völker hatten sich innerhalb seiner Grenzen angesiedelt, Sprachen, Kleidung und Sitten hatten sich in weiten Teilen bereits so verändert, dass seine Eigenheiten als Römisches Reich bereits verloren gegangen waren.

15. Die Ursachen des Untergangs des Weströmischen Reiches

Über die Gründe des Unterganges des Weströmischen Reiches gibt es eine Vielzahl von Theorien[112]. Allgemein wird heute anerkannt, dass der Grund nicht die Unfähigkeit seiner Herrscher war, die bis zuletzt versucht hatten, das Reich immer wieder zu restaurieren. Einer der möglichen Gründe[113] war die vermehrte Abhängigkeit des Reiches von barbarischen Soldaten, die nach einiger Zeit begannen, sich in die Innenpolitik des Reiches einzumischen. Dazu kommt, dass selbst die fähigsten Generäle des Reiches wie Aëtius und Ricimer nicht erkannten, dass sie sich weniger mit der Innenpolitik als mit den Barbaren an den Grenzen oder innerhalb des Reiches hätten beschäftigen sollen. Es gab so etwas wie einen römischen Hochmut. Man erlaubte immer mehr Barbaren, sich im Reich anzusiedeln, weil man lange Zeit dachte, sie jederzeit beherrschen zu können und übersah, dass sich mit der Hereinnahme der Barbaren zwar die Rekrutierungsbasis für Soldaten verbreiterte, die wirtschaftliche Basis zur Finanzierung von Staat und Armee aber immer kleiner wurde.

Ging man früher auch von einem allgemeinen Niedergang der Wirtschaft in der Spätantike aus, so betonen die meisten Forscher heute die Prosperität vieler Gebiete in dieser Zeit. Im Westen des Imperiums war zwar ein Bevölkerungsrückgang festzustellen, aber dieser setzte erst im 5. und 6. Jahrhundert in voller Stärke ein, während die Verhältnisse im 4. Jahrhundert vermutlich sogar günstiger waren als in der Zeit der Soldatenkaiser. Die großen Städte

---

[112] Adrian Goldsworthy, How Rome Fell: Death of a Superpower, 2009.

[113] Es gibt zahlreiche Theorien zum Untergang des Weströmischen Reiches, eine der neuesten ist: Peter Heather, Der Untergang des römischen Weltreiches, Stuttgart 2007.

wie Rom, Karthago, Trier, Konstantinopel, Antiochia und Alexandria, standen noch lange in Blüte und verfielen im Westen erst nach den Eroberungen durch die Germanen, im Osten noch später. Westrom erlebte aber, bedingt oder verstärkt durch die Einfälle der Germanen, im 5. Jahrhundert einen regional sehr unterschiedlich ausgeprägten wirtschaftlichen Niedergang. Hinzu kam, dass die reichsten Gebiete wie etwa Nordafrika dem Zugriff der Westkaiser entzogen waren.

Ein weiterer Grund für den Niedergang könnte gewesen sein, dass Westrom einfach am Geldmangel zugrunde ging, da es seine Soldaten nicht mehr bezahlen konnte. Die lokale Aristokratie, die *curiales*, erlebte seit dem 3. Jahrhundert, wohl aufgrund steigender steuerlicher Belastungen, einen langsamen Niedergang. Man versuchte daher, sich seinen Verpflichtungen dadurch zu entziehen, dass man Kleriker wurde, in kaiserliche Dienste trat oder sich auf Landgüter zurückzog und sich auf diese Weise der kollektiven Haftung für das städtische Steueraufkommen entzog.

Das private Vermögen verteilte sich auf eine kleine und wohlhabende Oberschicht, die sich auf prächtige Landgüter zurückzog, zugleich aber auch in den Städten präsent blieb. Dem gegenüber galt der Großteil der Bevölkerung als „arm", was aber nur bedeutete, dass man nicht von seinen Pfründen oder seinem Grundbesitz leben konnte, sondern für seinen Broterwerb arbeiten musste.

Welche Gründe auch immer dafür entscheidend waren – das Weströmische Reich war 476 mit der Einsetzung Odoakers zum König von Italien nominell am Ende, für die einfache Bevölkerung bedeutete dieses Datum aber wenig. Man lebte weiter wie bisher, zahlte seine Steuern an den jeweiligen lokalen Herrscher und versuchte, den umherziehenden Truppen, egal woher sie kamen und auf welcher Seite sie standen, zu entkommen. Auch die Nobilität und die römischen Senatoren waren von diesem Datum kaum beeinflusst, man verwaltete weiter seine Güter, handelte wie immer und engagierte sich in der jeweiligen Politik, auf lokaler Ebene oder am Hofe, egal ob es sich dabei um Kaiser Iulius Nepos oder König Odoaker handelte. Und man konnte in seinem Glauben an die Größe des Reiches immer noch auf den Kaiser in Konstantinopel zurückgreifen, der sich mit dem Ende Westroms wieder als gesamtrömischer Kaiser sehen konnte. Ostrom sollte bis 1453 existieren, und seine Einwohner nannten sich bis zuletzt *Rhomaioi* – Römer. Die Idee eines Römischen Reiches und eines römischen Kaisers wurde von den mittelalterlichen Herrschern aufgegriffen, die sich seit Otto I. (912–973, römisch-deutscher Kaiser ab 962) in Rom krönen ließen. So gesehen ist das Ende Westroms nur ein fiktives Datum, die Idee des Römischen Reiches lebte noch über fast eineinhalb Jahrtausende fort.

DAS RÖMISCHE ERBE

Es ist nicht vermessen zu sagen, dass unsere Gesellschaft noch viele Elemente enthält, die von den Römern entweder geschaffen oder aufgenommen und verbreitet und uns überliefert wurden. Wie kaum eine Kultur der Weltgeschichte war die römische in der Lage, praktische und wertvolle Kulturelemente selbst zu integrieren und weiterzugeben. Dies beginnt bei der Zeitrechnung, der Einteilung der Monate und deren Namen. Maße und Gewichte der Römer haben sich im angelsächsischen Raum erhalten, unsere Rechtssysteme basieren zum Teil auf den Rechtsvorstellungen der Römer, Sätze wie *ne bis in idem* (niemand darf für das selbe Vergehen zweimal verurteilt werde), *nulla poena sine lege* (keine Strafe ohne Gesetz) und *in dubio pro reo* (im Zweifel für den Angeklagten) haben bis heute Gültigkeit und erweisen Rom als wichtige Station in der Geschichte der Idee des Rechtsstaates.

Der Aufstieg der mittelalterlichen Welt wäre ohne das römische Straßensystem, das bis um die erste Jahrtausendwende in weiten Teilen Europas noch bestand, kaum möglich gewesen, da diese Straßen den reisenden Kaisern und deren Truppen als Wege dienten. Die Medizin der Römer und ihre naturwissenschaftlichen Ansichten haben bis in die Renaissance das Denken in Europa bestimmt, ihre Leistungen auf dem Gebiet der Literatur und der Geschichtsschreibung waren Vorbild für die mittelalterliche Welt.

Die Sprache der Römer, das Lateinische, findet bis heute bei Fachbegriffen und in der Medizin Verwendung und lebt in seinen Tochtersprachen (Italienisch, Spanisch, Französisch, Portugiesisch und Rumänisch, hinsichtlich des Wortschatzes sogar Englisch) fort, die ihrerseits weltweite Verbreitung fanden. Nach dem Niedergang Westroms bis weit in die Renaissance hinein war Latein die Gebrauchssprache in Form des Vulgärlateins, mit dessen Hilfe man sich in ganz Europa verständigen konnte. Zahlreiche Lehnworte aus dem Lateinischen haben sich bis heute erhalten, ein Beispiel dafür ist der Kaiser (russisch: Zar) der sich von *Caesar* ableitet, während der Begriff für diese Funktion in den romanischen Sprachen vom *Imperator* her stammt (französisch: empereur).

In Kunst und Kultur griff die Renaissance auf das antike Erbe zurück und schuf damit eine neue Welt, die sich von der des Mittelalters deutlich abhob.

Eines der wesentlichen Vermächtnisse der römischen Zeit ist die Verbreitung des Christentums, seit 380 Staatsreligion im Römischen Reich. Hier bildeten sich auch in der Spätantike die ersten mönchischen Gemeinschaften, welche im Zuge des Niederganges der antiken Kultur nach 476 all jene Bücher und Aufzeichnungen retteten, die heute zum Kulturerbe Europas von den Römern gehören.

Nicht zuletzt sind auch die zahlreichen Bauten der Römer zu nennen, die entweder zur Gänze oder als Ruinen fast 2000 Jahre Bestand hatten und heute noch als Zeugnis der Kunst und Architektur der der Römer stehen.

Das Römische Reich ist 476 nicht untergegangen, sein Erbe war zunächst das Oströmische Reich, das unter Justinian I. (482–565, Kaiser in Ostrom ab 527) weite Teile des alten Reiches und fast das gesamte Mittelmeer umfasste. Dieses Oströmische Reich, das im Laufe der Zeit starken geographischen Veränderungen unterworfen war, konnte sich weitere 1000 Jahre halten, ehe Konstantinopel 1453 den Osmanen zum Opfer fiel. In der Zwischenzeit aber war Westrom auch bei den Völkern nicht in Vergessenheit geraten, die ihm ein Ende bereitet hatten. Schon Karl der Große (747–814) ließ sich 800 in Rom zum Kaiser krönen und sah sich in der Nachfolge der römischen Kaiser. Die mittelalterlichen Herrscher des fränkisch-deutschen Reiches sahen sich – in Anknüpfung an die spätantike Kaiseridee und die Idee der *renovatio imperii*, der Wiederherstellung des Römischen Reichs unter Karl dem Großen – in direkter Nachfolge der römischen Caesaren und der karolingischen Kaiser. Sie propagierten wie Otto I. den Gedanken der *translatio imperii*, nach der die höchste weltliche Macht, das Imperium, von den Römern auf das fränkisch-deutsche Reich übergegangen sei. Unter dem Begriff der *renovatio imperii romanorum* versuchte Otto III. (980–1002, römisch-deutscher Kaiser ab 996) die Idee des Römischen Reiches wieder auferstehen zu lassen. Das römische Kaisertum deutscher Nation bestand de facto bis 1806, als es der Habsburger Franz II. als römischer Kaiser niederlegte um als Franz I. ein eigenes österreichisches Kaisertum zu gründen.

Der weströmische Staat dauerte von 753 v. Chr. bis 476 n. Chr., also 1229 Jahre, es war damit eines der am längsten bestehenden Imperien, rechnet man auch noch die Zeit bis zum Untergang Konstantinopels 1453 dazu, so umfasst die römische Geschichte einen Zeitraum von 2206 Jahren. Kein anderes Imperium hat länger bestanden, kein anderes Reich hatte mehr Einfluss auf die Kultur Europas und damit auf die Geschichte der Welt. Ausgehend von einem kleinen Hirtenvolk, das auf den sieben Hügeln Roms lebte, brachten ihre Tugenden die Römer zur Herrschaft über die damals bekannte Welt und zu jenem Vermächtnis, das heute noch besteht und dem wir täglich begegnen.

Anhang

Zeittafel

Rom von der Gründung bis zur Herrschaft in Italien, 753–264 v. Chr.

um 1200	Eroberung und Zerstörung Trojas, Aeneas flieht über Karthago nach Italien (nach der Sage)
753	Gründung Roms durch Romulus (nach der Sage)
750	Gründung Kymes, der ältesten griechischen Kolonie Italiens
735	Gründung von Syrakus in Sizilien durch die Griechen
600	Gründung Capuas durch die Etrusker
510	Sturz der Königsherrschaft in Rom, Einrichtung der Republik
509	Schaffung des Konsulates
508	Krieg der Römer gegen Etruskerkönig Porsenna
494	Auszug der Plebejer auf den heiligen Berg im Rahmen der Ständekämpfe mit den Patriziern
451	Schaffung des Zwölftafelgesetzes
445	Lex Canuleia (Eheerlaubnis)
443	Einrichtung des Amtes der Zensur
396	Eroberung Veiis nach 10- jährigem Krieg
387	Gallier erobern und zerstören Rom
366	Beendigung der Ständekämpfe
343–341	Erster Samnitenkrieg
340–338	Latinerkrieg, Auflösung des Latinischen Bundes
327–304	Zweiter Samnitenkrieg
298–290	Dritter Samnitenkrieg
272	Einnahme von Tarent, ganz Süditalien in der Hand der Römer

Roms Weg zur Herrschaft über das Mittelmeer, 264–133 v. Chr.

264–241	Erster Punischer Krieg gegen Karthago
260	Erster Seesieg der Römer bei Mylae
241	Sieg über die karthagische Flotte bei den Aegatischen Inseln, Sizilien wird römische Provinz
219	Eroberung von Sagunt durch Hannibal
218–201	Zweiter Punischer Krieg
218	Hannibal überschreitet die Alpen
217	Schlacht am Trasimenischen See
216	Schlacht bei Cannae
212	Eroberung von Syrakus durch die Römer
202	Schlacht von Zama, Unterwerfung Karthagos
189	Sieg bei Magnesia gegen Antiochus III.
183	Tod Hannibals und Scipios
168	Sieg der Römer bei Pydna, Ende des Königreiches Makedonien
149–146	Dritter Punischer Krieg
146	Zerstörung Karthagos und Korinths
133	Zerstörung Numantias durch Scipio Aemilianus

Die Zeit der Bürgerkriege, 133–31 v. Chr.

133–121	Revolution der Gracchen
125	Bau der Via Domitia
121	Südgallien wird römische Provinz
113–101	Einfall der Kimbern und Teutonen
113	Schlacht bei Noreia
112–105	Krieg gegen Jughurta in Numidien
102	Marius besiegt die Teutonen bei Aquae Sextiae
91–82	Bundesgenossenkrieg
89	Italiker erhalten das römische Bürgerrecht
88	Mithridates VI. ermordet die Römer in Kleinasien
88–85	Erster Mithridatischer Krieg
88–82	Erster Bürgerkrieg in Rom zwischen Sulla und Marius
83–82	Sulla vernichtet die Anhänger des Marius besiegt die Samniten
83–82	Zweiter Mithridatischer Krieg
74–64	Dritter Mithridatischer Krieg
73–71	Sklavenaufstand unter Spartacus

67	Pompeius beseitigt die Seeräuber im Mittelmeer
64–63	Einrichtung von Provinzen in Vorderasien, Eroberung von Jerusalem
63	Cicero verhindert die Verschwörung des Catilina
60	Erstes Triumvirat: Pompeius, Crassus, Caesar
58–51	Eroberung Galliens durch Caesar
55–54	Caesar in Britannien
53	Crassus fällt in der Schlacht von Carrhae gegen die Parther
52	Aufstand des Vercingetorix in Gallien
49–46	Bürgerkrieg zwischen Caesar und Pompeius
48	Schlacht bei Pharsalus, Tod des Pompeius
48–47	Caesar in Ägypten, Einsetzung Kleopatras als Königin von Ägypten
46	Caesar siegt bei Thapsus über die letzten Pompeianer, Einführung des iulianischen Kalenders, Sieg Caesars bei Munda
44	Ermordung Caesars
43–42	Krieg gegen die Mörder Caesars
43	Mutinesischer Krieg: Octavian gegen Marcus Antonius, Zweites Triumvirat: Octavian, Lepidus, Marcus Antonius
42	Schlacht bei Philippi, Marcus Antonius besiegt Brutus und Cassius
31–30	Krieg zwischen Octavian und Marcus Antonius
31	Seeschlacht bei Aktium, Marcus Antonius und Kleopatra begehen Selbstmord, Ägypten wird römische Provinz

ZEIT DES PRINZIPATES, 27. V. CHR – 192 N. CHR.

27	Octavian wird zum Augustus ernannt
16–13	Tiberius und Drusus erobern die Alpenländer
12–9 v. Chr.	Drusus dringt bis zur Elbe vor
4–6 n. Chr.	Drusus unterwirft die Germanen bis zur Elbe
9	Schlacht im Teutoburger Wald
14	Tod des Augustus
14–37	Tiberius
37–41	Caligula
41–54	Claudius
43–47	Einrichtung der römischen Provinz Britannia
um 50	Gründung der Colonia Agrippinensis (Köln)
54–68	Kaiser Nero
69	Erstes Vierkaiserjahr: Galba, Otho, Vitellius, Vespasian
69–79	Vespasian

79	Ausbruch des Vesuv, Zerstörung Pompejis
79–81	Kaiser Titus
80	Fertigstellung des Colosseums
81–96	Kaiser Domitian
um 85	Baubeginn des obergermanisch-rätischen Limes
96–98	Nerva
98–117	Traian
107	Unterwerfung Dakiens
114–117	Krieg gegen die Parther
117–138	Hadrian
122–127	Bau des Hadrianwalls in Britannien
132–135	Bar Kochba Aufstand in Judäa
138–161	Antoninus Pius
161	Marcus Aurelius
161–180	Markomannen- und Quadenkriege Marcus Aurelius

ZEIT DES DOMINATES, 193–395 N. CHR.

180–192	Commodus
193–211	Septimius Severus
um 200	Starke Ausbreitung des Christentums und des Mithras-Kultes
ab 210	Bündnisse der Germanen zum Einfall ins Reich
211–217	Caracalla
212	Constitutio Antoniniana: Verleihung des römischen Bürgerrechtes an alle freien Bewohner des Römischen Reiches
217–284	Soldatenkaiser
284–305	Diocletian
286	Teilung der Kaisergewalt in *Augusti* und *Caesares*
312–337	Konstantin der Große
313	Schlacht an der Milvischen Brücke, Toleranzedikt von Mailand
325	Konzil von Nicaea
330	Konstantinopel wird Reichshauptstadt
376	Goten werden im Reich angesiedelt
379	Schlacht von Adrianopel, Tod Valens
379–395	Theodosius der Große
380	Das Christentum wird Staatsreligion

REICHSSPALTUNG UND DAS ENDE DES WESTRÖMISCHEN REICHES, 395–476 N. CHR.

395	Reichsteilung
395–423	Honorius, erster Kaiser des Weströmischen Reiches
410	Alarich erobert und plündert Rom, stirbt in Süditalien
429	Vandalen unter Geiserich setzen nach Afrika über
437	Heermeister Aetius besiegt die Burgunder
439	Eroberung Karthagos durch Geiserich
450	Angeln und Sachsen besetzen Britannien
451	Schlacht auf den Katalaunischen Feldern
453	Tod Attilas
455	Vandalen plündern Rom
476	Odoaker setzt den letzten römischen Kaiser Romulus Augustulus ab und ernennt sich selbst zum König von Italien; Ende des Weströmischen Reiches
800	Krönung Karls des Großen in Rom zum Kaiser
962	Krönung Ottos d. Gr. zum römischen Kaiser
996–1002	Otto III., *Renovatio Imperii Romanorum*
1453	Osmanen erobern unter Mehmed II. Konstantinopel, Ende des Oströmischen Reiches
1806	Der Habsburger Franz II. legt als letzter römischer Kaiser die Kaiserwürde nieder

LITERATURAUSWAHL

Alföldi, Andreas, Das frühe Rom und die Latiner, Darmstadt 1977

Baldson, Dacre, Die Frau in der römischen Antike, München 1979

Bleicken, Jochen, Geschichte der römischen Republik, [Oldenbourg, Grundriss der Geschichte, Bd. II] München 1980

Bringmann, Klaus, Römische Geschichte. Von den Anfängen bis zur Spätantike, München 2008

Bringmann, Klaus, Geschichte der Römischen Republik: Von den Anfängen bis Augustus, München 2010

Christ, Karl, Krise und Untergang der römischen Republik, Darmstadt 1979

Christ, Karl, Geschichte der römischen Kaiserzeit, München 2010

Christ, Karl (Hrsg.), Der Untergang des römischen Reiches [Wege der Forschung, Bd. CCLXIX] Darmstadt 1977

Cornell, Tim / Matthews, John, Rom, Weltatlas der alten Kulturen, München 1982

Dahlheim, Werner, Geschichte der römischen Kaiserzeit [Oldenbourg Grundriss der Geschichte, Bd. III] München 1984

Demandt, Alexander, Geschichte der Spätantike, Das Römische Reich von Diocletian bis Justinian 284–565 n. Chr., München 2008

Eck, Werner, Augustus und seine Zeit, München 2009

Gilliver, Kate, Auf dem Weg zum Imperium: Eine Geschichte der römischen Armee, Stuttgart 2003

Giardina, Andrea (Hrsg.), Der Mensch der römischen Antike, Frankfurt/Main 2004

Goffart, Walter / Barbarian, Tides, The migration age and the later Roman Empire, Philadelphia 2006

Grant, Michael, Rom. 133 v. Chr. bis 217. n. Chr., Zürich 1960

Grant, Michael, Das römische Reich am Wendepunkt. Die Zeit von Mark Aurel bis Konstantin, München 1968

Grant, Michael, Die römischen Kaiser von Augustus bis zum Ende des Imperiums, Augsburg 1997

Grant, Michael, Der Untergang des Römischen Reiches, Bergisch Gladbach 1977

Hartmann, Udo / Gerhardt, Thomas / Johne, Klaus-Peter, Die Zeit der Soldatenkaiser: Krise und Transformation des Römischen Reiches im 3. Jahrhundert n. Chr. (235–284), Berlin 2008

Heftner, Herbert, Von den Gracchen bis Sulla: Die römische Republik am Scheideweg 133–78 v. Chr., Regensburg 2006

Nack, Emil / Wägner, Wilhelm, Rom, Land und Volk der alten Römer, Wien 1963

Kornemann, Ernst, Römische Geschichte, 2 Bde., Stuttgart 1970

Pohanka, Reinhard, Die Völkerwanderung, Wiesbaden 2008

Schmalzriedt, Egidius (Hrsg.), Hauptwerke der antiken Literaturen, München 1976